Überlebt –
der »Alte« wird 100

AF286251

Detlef Vetten &
Barbara Volkmer

Überlebt – der »Alte« wird 100

Bibliografische Information der Deutschen Nationalbibliothek:
Die Deutsche Nationalbibliothek verzeichnet diese Publikation
in der Deutschen Nationalbibliografie; detaillierte bibliografische
Daten sind im Internet über dnb.dnb.de abrufbar.

*Die automatisierte Analyse des Werkes, um daraus Informationen
insbesondere über Muster, Trends und Korrelationen gemäß §44b
UrhG (»Text und Data Mining«) zu gewinnen, ist untersagt.*

Verlag: BoD · Books on Demand GmbH, In de Tarpen 42,
22848 Norderstedt

Druck: Libri Plureos GmbH, Friedensallee 273, 22763 Hamburg

ISBN: 978-3-7693-4158-4

Inhalt

und braucht das Geld. Er wird älter und braucht immer noch Geld. Er trifft die Frau seines Lebens. Dann ist er fast alt – und wird berühmt. Und Geld hat er obendrein. 209

LETZTER VORHANG   Rolf Schimpf, der Star aus dem Fernsehen, geht unter im Sozialstaat. Er erfährt, wie schlimm es sein kann, in seinem Deutschland sehr alt zu werden.   259

SCHLUSSAPPLAUS   Der Mann, der hundert wird, hat ganz viel zu erzählen. Seine Freundin Barbara erinnert sich an die vielen Treffen mit ihm – und er gibt ein letztes Interview.   306

PROLOG

März 2024. Warme Sonne. Krokusse, lila und gelb. Im Park vor dem Heim zwängen sich die Tulpenblätter an die Luft. Zwei junge Menschen sitzen auf einer Bank und flirten schüchtern. Er ist dünn und himmelt das Mädchen an. Es kichert und ist nicht abgeneigt.

Zwanzig Meter weiter sitzen Rolf, der alte Schauspieler, in seinem Rollstuhl und Barbara, die Fotografin. Sie hat sich einen frühlingsfarbenen Schal um den Hals gewunden, sie ist heiter und hält die Hand von Rolf.

Er sagt: »Ich will hier weg. Komme ich weg von hier?«

Er fordert die Antwort ein.

»Nein Rolf. Du musst hier bleiben.«

Sein Blick wird hart.

»Ich muss aber raus.«

»Das ist jetzt Dein Zuhause.«

»Nein, das ist nicht mein Zuhause. Mein Zuhause ist in Esslingen. Ich will nach Esslingen. Da sind beide Familien. Die vom Papa und die von der Mama.«

»Ich verstehe Dich, Rolf. Aber Dein Papa und die Mama leben ja nicht mehr.«

»Das weiß ich, glaubst Du, ich weiß das nicht? Aber die Anderen sind da. Die Onkel und Tanten, die Schwester und die Brüder, die Esslinger Kinder. Da gehöre ich hin.«

Er blickt in die Sonne, kneift ein Auge zu, reibt das andere mit einem Fingerknöchel. Barbara versucht es mit einem Trick.

»Willst Du in die Mettinger Straße?«

»Ach, Quatsch!«

»Was heißt da Quatsch?«

»Du weißt doch, dass es die Mettinger Straße nicht mehr gibt. Weißt Du das nicht?«

»Wie: Die gibt es nicht mehr?«

»Das Haus haben sie abgerissen. Da ist nix mehr von den Schimpfs.«

»Also, Du weißt es ja. Die Villa gibt es nicht mehr. Und die Schimpfs gibt es auch nicht mehr in Esslingen.«

Rolf denkt nach. Das kann doch nicht sein! Diese Villa ist immer in seinem Kopf und seinem Leben gewesen. Immer. Sie ist eine Legende.

»Ich erzähl' Dir mal, wie das war. Eine riesige Villa war das, in der Mettinger Straße. Aber meiner Oma hat es nicht gepasst, wo sie stand. Da hat sie die Villa umstellen lassen. Einfach so. Die ganze Villa hat sie versetzen lassen. War das nicht doll?«

Schweigen. Sonntagsruhe. Die Amseln geben ein Platzkonzert.

»Da will ich hin. Nach Esslingen. Neckarstraße.«

Das Mädchen auf der anderen Bank kichert. Der junge Mann lächelt froh.

Rolf blickt zum Heim am Rand des kleinen Parks. Es ist ein unansehnlicher grün-weißer Nutzbau, vorne zwei, dahinter fünf Stockwerke hoch. Eine kleine Terrasse, kein Fenster geöffnet. Das »Haus am Wiesengrund« in Pullach ist eines von – so pflegemarkt.com – »11750 vollstationären Alten- und Pflegeheimen, in denen rund 922000 Plätze zur Pflege angeboten werden. Der Begriff Altenheim und Pflegeheim wird dabei synonym verwendet – für Wohnstätten, in denen Senioren wie in der eigenen Häuslichkeit wohnen und zusätzliche Pflegedienste in Anspruch nehmen können, hat sich der Begriff ›Betreutes Wohnen‹ durchgesetzt.«

Rolf Schimpf war einmal einer der bekanntesten Fernsehstars im Land. 80 Prozent der Deutschen haben ihn als den »Alten« gekannt, er war der TV-Kommissar der Nation.

Jetzt kümmert sich – außer der Lebensfreundin und Fotografin Barbara, seinem Sohn Daniel und einem Arzt, der auch die Vormundschaft übernommen hat – niemand mehr um Rolf Schimpf. Er ist 99, gerade aus einem teuren Seniorenstift in das »Haus am Wiesengrund« abgeschoben worden und kann nicht mehr über sich bestimmen.

Er sticht mit dem Zeigefinger in Richtung des Eckfensters im zweiten Stock des Vorbaus vom Heim.

»Da oben! Da! Ich! Mein Zimmer! Was für eine Scheiße! Ich habe in meinem Leben viel Scheiße gehabt. Aber so eine große Scheiße wie jetzt: noch nie!«

Barbara streichelt seinen Arm. »Wenn ich zaubern könnte, würde ich Dich nach oben zu Deiner Ille zaubern.«

Mit Ille war Schimpf heiter. Sie zogen 2010 ins beste Seniorenheim von München, nachdem bei Ille Demenz festgestellt worden war. Zwei Jahre später war sie sehr krank. Als sie 2015 starb, war Rolf ganz allein.

»Wie bitte?«

»Ich würde Dich zu Ille zaubern. Zu Deiner Frau. Dann wärst Du mit Ille zusammen.«

»Ja. Mit Ille.«

Er lässt das sacken. Ihm kommt ein Gedanke.

»Und ich wäre mit der Mama zusammen.«

»Ja, das wärst Du.«

»Und mit dem Papa.«

»Ja, den hast Du ja auch lieb.«

»Mit allen.«

»Mit allen wärst Du zusammen, die Dich lieben.«

»Ja, das ist schön. Und ...«

»Was?«

»Es ist gut, dass die Mama ...«

»Was meinst Du?«

Rolf Schimpf konzentriert sich und strengt sich für den nächsten Satz an. Mit dem Finger deutet er zornig aufs Heim.

»Es ist gut, dass die Mama das nicht mehr sieht. Diese Scheiße!«

HEILE WELT

1924-1935

MIT-MENSCHEN

ASTA NIELSEN

14. November 1924. Großer Auftrieb im *Alham-bra*. Tout Berlin ist da.

Filmpremieren wie diese lässt sich der Marine-kapitän Hans Schimpf nicht entgehen. Da sitzt er in einer der vorderen Reihen, in Begleitung eines – immer wechselnden – aparten Fräuleins, hernach soupiert man schick und lässt die Puppen tanzen.

Wenn Schimpf bei solch einer Premiere nicht er-scheint, schippert er gerade durch die Weltmeere.

Am 14. November schwänzt er die Premiere der »Schmetterlingsschlacht« im »*Alhambra*«.

Aber nicht, weil er auf See ist.

An diesem Tag kommt in einer Villa in Berlin Steglitz Sohn Rolf zur Welt.

Mit der »Schmetterlingsschlacht«-Premiere hat Hans Schimpf nix verpasst. Der Film ist nicht doll, nörgeln anderntags die Kritiker. Man hat mehr er-wartet.

Das Stück hat Hermann Sudermann fürs Thea-ter geschrieben. Dreharbeiten Mitte 1924 im Ber-liner National-Film-Atelier. Der Film passierte am 18. September knirschend die Zensur. Sechs Akte, verteilt auf 2635 Meter Länge, der Streifen kriegte gleich mal Jugendverbot.

Regie der stummen Liebes-Schmonzette: Franz Eckstein. Auf der Leinwand zu sehen: Lori Leux, Mary Parker, Adele Sandrock, Reinhold Schünzel, Gregori Chmara.

Und Asta Nielsen.

Sie kommt als Einzige in der Kritik gut weg. Im »Film-Kurier« schreibt Willy Haas: »Es gibt zwar allerhand große schöne Talente bei uns; aber es gibt auf der ganzen Welt nur ein Filmgenie; und dieses Genie heißt Asta Nielsen.«

Sie wird in den kommenden Jahren eine der schillerndsten Personen im glamourösen Berlin sein. Sie und die Menschen in ihrer Umgebung tun das, was der Volksmund mit »*sie brennen die Kerze an beiden Seiten an*« beschreibt. Asta Nielsen kennt keine Grenzen der Lebenslust.

Man schmeißt ihr das Geld hinterher – und sie haut alles auf den Kopf.

Anfang der 1930er Jahre hat sie das hochherrschaftliche Leben an der Kaiserallee satt und sucht sich was Besseres. Sie zieht um. Neue Adresse: Fasanenstraße 69. Ein Traum aus der Gründerzeit, gebaut 1895. Asta Nielsen residiert in einer der beiden Beletage-Wohnungen im ersten Stock: Vorderhaus und Seitenflügel mit sieben Zimmern. Einer der ersten Besucher ist Allan Hagedorff, der Sohn einer dänischen Freundin.

Er schreibt: »Sie lebte in einer riesigen Wohnung in der Fasanenstraße, dicht am Kurfürstendamm, mit Butler, Köchin, Haushälterin, Putzfrau, Sekretär und Chauffeur. Es war der verrückteste Luxus, den ich bis dahin erlebt hatte.«

Bei der rastlosen Schauspielkünstlerin geht es zu wie im Taubenschlag. Asta empfängt, hält Hof, feiert, macht Geschäfte. Joachim Ringelnatz, den sie liebevoll *Ringel* nennt, schläft schon mal sternhagelvoll auf der Chaiselongue ein. Die Ausdruckstänzerin Gret Palucca verliert *en passant* ein Oberteil – und der Heinrich George quiekt dann ein weibisches »Huch!« in die Runde. Zu Butterbrot und Bier lädt die Nielsen das Ehepaar Kracauer ein. Siegfried Kracauer, Chef des Berliner Feuilletons der Frankfurter Zeitung, futtert sich durch und amüsiert sich königlich. Im Gegenzug revanchiert er sich mit einem Artikel über »Asta Nielsen und die Filmbranche«. Und schon landen ein Dutzend Rollenangebote im Briefkasten der Fasanenstraße 69.

So schillernd kann Berlin sein. Wenn man denn auf der Sonnenseite des Lebens ist.

Übrigens residiert auch Hans Schimpf wie ein Fürst. Er bewohnt mit Familie und Angestellten in Steglitz eine verträumte Villa mit Spitzturm. So etwas kann sich in Berlin nur leisten, wer wichtig ist.

Sonnenseite ebent.

LORIOT

14. 11.1924. Vico von Bülow ist vor zwei Tagen an seinem ersten Geburtstag gefeiert worden. Die Erwachsenen waren gedrückter Stimmung. Es stimmt nicht mehr zwischen den Eltern, außerdem kränkelt die Mutter. In drei Jahren wird sie sterben, der Vater wird 1932 wieder heiraten.

»Bürgerlich« heißt *Loriot* Bernhard-Viktor Christoph-Carl von Bülow. Er wurde als Sohn des preußischen Polizeioffiziers Johann-Albrecht Wilhelm von Bülow (1899–1972) und dessen erster Ehefrau Charlotte Mathilde Luise, geborene von Roeder (1899–1929), Tochter des Majors Otto von Roeder (1876–1943) und seiner Frau Luise, geborene Schemann, in Brandenburg/Havel geboren.

Die Familie von Bülow: ein altes mecklenburgisches Adelsgeschlecht mit gleichnamigem Stammhaus im Dorf Bülow bei Rehna. Als *Loriot* wird von Bülow dem *Spiegel* sagen: »Ich habe meine erste Mutter nie wirklich kennengelernt. Sie starb, als ich sechs Jahre alt war. Darum habe ich an sie fast keine Erinnerungen. Dann bin ich von meiner Großmutter aufgezogen worden, bis mein Vater wieder geheiratet hat. Da war ich zehn.«

FRITZ HAARMANN

Im November 1924 sitzt der Greifswalder Psychiater Ernst Schultze mit dem Untersuchungshäftling Fritz Haarmann in Hannover zusammen.

Der Mann soll 24 Männer getötet haben. Nun will Schultze herausfinden, ob Haarmann für das Grauen verantwortlich gemacht werden kann.

Haarmann ist geschmeichelt, weil sich so ein Professor dermaßen für ihn interessiert. Also erzählt er frank und frei:

»Ich habe mich mit ganzem Leibe auf die jungen Leute geworfen. Ich habe ihren Adamsapfel durchbissen, zugleich wohl auch mit den Händen gewürgt und gedrosselt. Wenn sie nicht mehr lebten, bin ich an den Leichen zusammengebrochen. Ich hab' mir erstmal einen starken Kaffee gekocht. Den Toten legte ich auf den Boden und deckte ein Tuch übers Gesicht, dann sieht er einen nicht so an. Ich öffnete die Bauchhöhle mit zwei Schnitten und tat die Eingeweide in einen Eimer. Ich bin immer mit Grauen an diese Arbeit gegangen, und doch war meine Leidenschaft stärker als das Grauen vor der Zerstückelung.«

»Ich will geköpft werden, dann habe ich Ruh'.«

Für den 24-fachen Mord verurteilt das Landgericht Hannover Fritz Haarmann 24-Mal zur Todestrafe. Am 15. April 1925 wird er enthauptet.

Die Details aus den Gesprächen und den Verhören, die Gespräche mit dem Psychiater Schultze werden noch vor dem Prozess an die Berliner Gazetten durchgesteckt. Na, das ist ja mal ein Stoff!

Da kann man doch gleich 'nen Gassenhauer draus machen.

In Hannover an der Leine,
Rote Reihe Nummer 8,
Wohnt der Massenmörder Haarmann,
Der schon manchen umgebracht.
Haarmann hat auch ein' Gehilfen,
Grans hieß dieser junge Mann.
Dieser lockte mit Behagen
Alle kleinen Jungen an.

Warte, warte nur ein Weilchen,
Bald kommt Haarmann auch zu dir,
Mit dem kleinen Hackebeilchen,
Macht er Schabefleisch aus dir.
Aus den Augen macht er Sülze,
Aus dem Hintern macht er Speck,
Aus den Därmen macht er Würste,
Und den Rest, den schmeißt er weg.

Solche Lieder liebt Hans, der frischgebackene Vater von Rolf Schimpf.

ADOLF HITLER

Im kalten November 1924 sitzt im separaten Trakt des Gefängnisses Landsberg am Lech der Häftling Adolf Hitler und hat es gut. Er bekommt jeden Tag Besuch, er liest viel und bildet sich, er hat gut zu essen und zu trinken, man ist zuvorkommend.

Er arbeitet hart. Hitler schreibt an seiner Biographie und an seinem Katechismus. »Mein

Kampf« wird das Buch heißen, zwei Bände sind geplant, der Autor nähert sich in diesem November dem Ende des ersten Bandes.

Fünf weitere Stuben im Obergeschoss des Gefängnisses werden von Kampfgefährten Hitlers bewohnt – sie alle spüren, dass in diesem Jahr 1924 ein weiterer großer Schritt zur Herrschaft übers Weltwesen getan wird. Der Leiter der Gefangenenanstalt Landsberg am Lech, Oberregierungsrat Otto Leybold, erachtet die Putschisten als »national hoch gesinnte Männer« und formuliert an das Justizministerium München folgende Zeilen:

»Während der Zeit seines sechsmonatigen Aufenthalts in der Festungshaftanstalt Landsberg und während der vier Monate, in denen er vorher als Untersuchungsgefangener hier weilte, zeigte er sich als ein Mann, der strenge Ordnung und Disziplin bei sich und anderen zu halten weiß. Er war stets verständig, genügsam, bescheiden und höflich gegen jedermann, insbesondere auch gegen die Beamten der Anstalt. Er vermied jede Ausfälligkeit gegen Behörden und Beamte. Er raucht und trinkt nicht und fügt sich willig allen Einschränkungen, welche mit dem Entzug der Freiheit und dem Strafvollzug verbunden sind. Zu seinen Haftgenossen stellt er sich kameradschaftlich und ohne Überhebung.«

Adolf Hitler hackt derweil in seiner Klause in die Tasten der Schreibmaschine, als ob es kein Morgen gäbe:

EINE ABRECHNUNG

Ich wollte nicht Beamter werden.

Mir wurde gähnend übel bei dem Gedanken, als unfreier Mann einst in einem Bureau sitzen zu dürfen; nicht Herr sein zu können der eigenen Zeit, sondern in auszufüllende Formulare den Inhalt eines ganzen Leben zwängen zu müssen.

Als ich zum ersten Male die Frage gestellt bekam, was ich denn nun eigentlich selber werden wollte und ziemlich unvermittelt mit meinem unterdessen fest gefaßten Entschluß herausplatzte, war der Vater zunächst sprachlos.

»Maler? Kunstmaler?«

Er zweifelte an meiner Vernunft.

»Kunstmaler, nein, solange ich lebe, niemals.«

Auf beiden Seiten blieb es dabei bestehen. Der Vater verließ nicht sein »Niemals«, und ich verstärkte mein »Trotzdem«. Freilich hatte dies nun nicht sehr erfreuliche Folgen. Der alte Herr ward verbittert und, so sehr ich ihn auch liebte, ich auch. Der Vater verbat sich jede Hoffnung, daß ich jemals zum Maler ausgebildet werden würde. Ich ging einen Schritt weiter und erklärte, daß ich dann überhaupt nicht mehr lernen wollte.

Wenn ich nun nach so viel Jahren mir das Ergebnis dieser Zeit prüfend vor Augen halte, so sehe ich zwei hervorstechende Tatsachen als besonders bedeutungsvoll an:

Erstens: Ich wurde Nationalist.

Zweitens: Ich lernte Geschichte ihrem Sinne nach verstehen und begreifen.

Am 14. November 1924 ist Herr Hitler mit seinem ersten Band fast durch. In einem Monat werden sie ihn entlassen – da hat er Band zwei und die Zukunft des Deutschen Reichs schon in Arbeit.

THOMAS MANN

Am 14. November 1924 ist der ohnehin nicht besonders sanguinische Schriftsteller Thomas Mann dunkel gestimmt – gleichzeitig schwelgt er im Hochgefühl eines Mannes, der Großes geleistet hat.

In sechs Tagen wird sein *Zauberberg* bei Fischer erscheinen.

Zehn Jahre hat er dran gearbeitet. Das Wort »Besessenheit« hat da seine ganz eigene Bedeutung: Das Arbeiten am *Zauberberg* hat den Menschen Thomas Mann »besessen«.

Bis kurz vor Drucklegung hat Mann noch im Manuskript rum gefummelt. Jetzt ist der Zug abgefahren. Er wollte noch eine letzte Änderung nach Berlin depeschieren. Hat einen Korb bekommen. Jetzt wird gedruckt.

Das Werk kommt unter die Leute. Thomas Mann kaut an den Nägeln.

Er weiß, was für ein Genius er ist. Jetzt muss es nur noch die Menschheit schnallen.

MARLENE DIETRICH

Hochschwanger ist Marlene Dietrich. Vor einem Jahr hat sie ihren ersten Film gedreht. Da war sie Zofe in »*So sind die Männer*«. Den Film wird sie immer hassen, sich selbst beschreibt sie später als »eine Kartoffel mit Haaren«.

Dann kam »*Tragödie der Liebe*«, wo sie den Aufnahmeleiter Rudolf Sieber kennenlernte und heiratete. Er hat sie geschwängert, doch nun will sie nichts mehr von ihm wissen. Sie wird mit ihm verheiratet bleiben – aber das Kind, beschließt sie, gehört allein ihr.

Ihre Tochter Maria Riva schreibt darüber in »Meine Mutter Marlene«:

Marlene genoss ihre Schwangerschaft. Sie genoss die damit verbundenen Bequemlichkeiten und nutzte sie in ihrem Sinne aus. Marlene hatte leidenschaftlichen Romanzen schon immer den Vorzug vor purer Sexualität gegeben. Nur aus ehrlichem Pflichtgefühl vermochte sie den Liebesakt zu erdulden.

Jetzt diente ihr die Ausflucht, das Kind könne Schaden nehmen, als Vorwand, die körperliche Liebe endgültig aus ihrer Ehe zu verbannen. Punkt.

Der liebende Gatte stimmte allem zu, was sie für richtig hielt.

Bis zu ihrer Niederkunft war es ihr gelungen, das Kind als eigene Schöpfung zu betrachten. So etwas Gewöhnliches wie männliches Sperma hatte damit nichts zu tun. Sie, nur sie allein, hatte dieses Kind nach ihrem Ebenbild geschaffen. Es war ihr Kind, es war das Produkt einer unbefleckten Empfängnis.

Eine Hausgeburt kam für Marlene nicht in Frage. Ihre Tochter kam in Berlins führender Privatklinik im Beisein eines berühmten Professors zur Welt.

»Oh, wie ich gelitten habe. Er musste da unten einen kleinen Schnitt machen, um dich herauszuholen, und deshalb hattest du so einen wunderschönen Kopf.«

Die Erinnerung an Ihre durchlittenen Qualen und die zarte Ermattung, die der jungen Mutter so gut zu Gesicht stand, nutzte sie zehn Jahre später fürs Kino.

Am 14. November 1924 streicht Marlene Dietrich über ihren prallen Leib und will die Welt erobern. Ein Kind wird da schon nicht schaden.

PAUL FLORA

Paul Flora wird später der Lieblingskünstler von Rolf Schimpf sein. Der Zeichner schreibt über seine erste Zeit in der Welt:

Geboren wurde ich im Jahre 1922 in Glurns, einer ungemein kleinen Stadt im Vinschgau, welche auf italienisch auch Glorenza heißt, was wenigstens hübsch klingt. Mein Vater, Arzt in Glurns, hatte glücklicherweise die Idee, sich wenigstens bis Innsbruck zu entfernen, wo ich von meinem sechsten Lebensjahr an inmitten von sechs Geschwistern aufwuchs, also eher hastig und beiläufig erzogen wurde, ein schwieriges Kind war und mehrere interessante Komplexe bekam, welche seither meine Geschäftsgrundlage bilden.

GANZ GROSSES KINO

Rolf Schimpf liebt Essen und Trinken. Im Oktober 2019 – da ahnt noch niemand, dass sich bald das Corona-Virus durch die Welt frisst – sitzt Rolf in der »Harlachinger Einkehr« und freut sich wie Bolle über Bier und Gans. Er ist 95, hört sehr schlecht, die Augen schwächeln. Rolf braucht den Rollator; vor ein paar Wochen ist er gestürzt.

Der berühmte Joachim Fuchsberger hat seiner Biographie den Titel »Altern ist nichts für Feiglinge« gegeben. Der wunderbare Vico von Bülow (Loriot) bezeichnete das Altwerden als »Zumutung«. Rolf Schimpf kann da nur nicken.

Aber dadurch mag er sich nicht unterkriegen lassen. Er hat sich im Krieg zwei Verletzungen eingefangen, er hat jahrzehntelang mit seiner Ille um karge Schauspielergagen gekämpft. Hauptrollen? Fehlanzeige!

Dann: »Der Alte«. 222 Folgen im ZDF. Geld. Bekanntheit. Keine Sorgen mehr.

Bis Ille krank wurde. Bis sie starb. Jetzt ist er sehr einsam.

Es ist Rolf Schimpfs letzter Akt. Und wieder lässt er sich nicht unterkriegen.

Er mag die »Harlachinger Einkehr«; hierher ist er oft mit seiner Ille gekommen. Sie haben nicht weit von ihrer Wohnung zur »Einkehr« gehabt, meistens sind sie geradelt.

2019. Die Wirtin und das Personal begrüßen ihren Gast respektvoll-herzlich. Für sie ist er der elegante Herr, der nichts auf seinen großen Namen gibt, der beim Trinkgeld nicht knausert. Ein alter stolzer Mann mit einem großen Lebenswerk.

Rolf gibt den Mantel ab, setzt sich, studiert die Speisekarte. Bestellt Gans und Bier, ein großes Bier.

Aah! Das Leben kann gut sein.

Das Helle wird serviert.

Aah! Großer Schluck. Rolf wischt mit dem Handrücken übers Bärtchen.

»Jaja«, sagt er. »So mag ich's.«

»Rolf hast du eine schöne Kindheit gehabt?«

»Kindheit? Meine Kindheit? Ja, das war sehr schön. Schreibst du mit?«

»Nein, aber ich könnte das Handy auf Diktat stellen.«

»Na, dann tu mal.«

Und so erzählt Rolf Schimpf – während er liebevoll und mit chirurgischer Präzision am Ganserl arbeitet – von einer Zeit, die 90 Jahre zurück liegt.

Kindheit in Berlin. Ich kann mich nur an Fetzen erinnern. Wir lebten in einer riesigen Villa, ich war viel

mit Jungs und Mädchen aus der Nachbarschaft zu-
sammen. Es gab Kindermädchen, aber ihre Namen
weiß ich nicht mehr. Zur Sommerfrische sind wir an
die Ostsee, in die Heimat meiner Mutter in Schwaben,
nach Planegg bei München. Schöne Erinnerungen
habe ich auch an die sogenannte graue Jahreszeit. Am
14. November wurde mein Geburtstag groß gefeiert.
Und zu Weihnachten und an Neujahr war jeder Tag
ein Festtag.

Die Mama: immer da.

Der Papa: Wenn er da ist, dann ist es herrlich.
Die Mama blüht auf, so schön wie sonst nie ist sie.
Sie lacht und singt, und wenn sie mit den Kindern
zum Spielen in den Park geht, ist alles ein Paradies.

Wenn der Papa nicht zu Hause ist, fehlt etwas
an der Mama.

Erst als Erwachsener wird Rolf Schimpf begreifen,
wie sehr seine Mutter ihren Mann geliebt hat.

Den Papa lieb zu haben ist nicht schwer. Er hat so
ein Lachen. Er beschützt die Menschen. Ein strah-
lender Soldat in einer weißen Uniform.

Der Papa erzählt oft von der Schifffahrt. Bei der
Marine bringt er es zum Korvettenkapitän. Strah-
lend weiße Uniform, schmuckes Mützenband mit
der goldenen Schrift. Mehr Held geht nicht.

Oft erzählt er von den Meeren, der Papa. Von Abenteuern und großen Fahrten und von den fremden Ländern.

Dabei hat er die Augen des Siegers.

Oft ist er weg.

Niemand redet davon, was er gerade macht. Er ist einfach weg.

Später fährt der Papa nicht mehr mit dem Schiff aufs Meer. Er hat ein Büro in Berlin. Auch in dieser Zeit kommt er oft nicht nach Hause.

Die Mama hat uns nicht gesagt, warum.

Damit lernten wir zu leben. Es war eben so: Wenn der Papa weg war, habe ich nicht viel drüber nachgedacht. Wenn der Papa da war, war es traumhaft.

Wir sind an den Wannsee gefahren und haben das Schlauchboot zu Wasser gelassen. Wir sind durch den Grunewald gestreift, mittenmang durchs Unterholz, haben uns vor den Wildschweinen gegruselt und den Hirschen auf der Lauer gelegen. Der Papa hat uns erzählt, wie es sein würde, wenn wir später als erwachsene Männer auf Jagd gehen dürfen.

Eine behütete Kindheit. Der Vater trägt Uniform und ein Lachen. Die Mutter ist immer da. Manchmal ist das neue Kindermädchen nicht so nett wie das letzte – aber das merkt die Mutter schnell, dann kommt ein nächstes Mädchen. Die Familie wohnt wie im Märchen, es gibt einen Fahrer und einen Gärtner und für jedes der drei Kinder ein Zimmer. Manchmal ist die Welt zu Gast – das sind dann Damen in raschelnden Kleidern und Herren mit Zigarren und Anzügen.

Super-Inflation? Arbeitslosigkeit? Politik? Sorgen?

Davon bekommen Rolf und seine Geschwister nichts mit.

Geboren wurde ich am Schlachtensee. Dann sind wir nach Lichterfelde-Süd umgezogen, dann Zehlendorf-West. Gelandet sind wir in der Schwerinstraße 7.

Der Papa war eine Wucht. Hans Schimpf, Korvettenkapitän. Großer Seefahrer.

Wir hatten einen Horch 780. Das war eine Limousine mit Fahrer. Warte mal, warte mal: Der Chauffeur hieß Neugebauer, das war ein netter Mann. Später hat der mich auch mal die Kutsche lenken lassen, großartig war das.

Ich kann mich erinnern, dass Herr Neubauer den Papa täglich abgeholt hat. Das war, als er nicht mehr Korvettenkapitän war und nicht mehr zur See gefahren ist. Da hatte er einen Beruf, von dem wir nicht viel wussten. Das war ganz seltsam. Einmal sollten wir in der Schule erzählen, was der Vater machte – und da konnte ich nichts sagen. Ich wusste ja nichts.

Tja: Dass der Papa Berufsoffizier gewesen ist. Mehr hatte ich nicht zu berichten.

Ich wusste, dass mein Vater ein Freund von dem Hermann Göring gewesen ist – und der Göring war schon zu dieser Zeit ein sehr bekannter Mann. Ein paarmal war er bei uns in der Schwerinstraße. Meistens kam er in Uniform, er war dann wie ein behängter Christbaum. Einmal sah er aus wie ein Geschäftsmann, im grauen Anzug. Es waren auch noch andere da, die sind gleich mit dem Papa in den Keller und haben Karten gespielt. Mit der Mama mussten wir hinunter und den Herren Guten Tag sagen. Herr Göring hat sich wohl nicht sehr für uns begeistert. Er hat das Sakko ausgezogen gehabt und saß in der Weste am Tisch. Mir hat er über den Kopf gestrichen, dann hat er sich wieder für seine Karten interessiert.

Sehr dick ist er gewesen. Und er hat geschwitzt.

Wir waren froh, als wir wieder zum Spielen durften. Was die Herren da besprachen, war uns egal. Die Mutter hat gesagt, das ist wichtig.

Ich habe damals nicht gewusst, dass der Papa der Chef vom Forschungsamt war. Es wusste ja kaum einer in Berlin, was das war: das Forschungsamt. Wichtig für uns war, dass er so ein wunderbarer Papa gewesen ist.

Er erzählte die dollsten Geschichten, er alberte mit uns herum, er spielte jedes Spiel mit. Wir hatten immer zu lachen. Besonders schön waren die Ausflüge. In den Grunewald sind wir, nach Potsdam, übers Wochenende an die Ostsee. Und vor allem an den Wannsee. Das waren ja nicht mal 20 Minuten Fahrt.

Am Wasser war der Papa in seinem Element. Es gab da auf der Avus-Seite einen Baum, der seine Äste *vom Ufer über den See hängte. Jemand hatte ein Seil geknotet, das hing wie da eine Liane. Papa griff die Leine, schwang los und ließ sich ins Wasser platschen. Die Leute, die vorbei spazierten, haben sich ihr Teil gedacht.*

Ein erwachsener Mann, der sich aufführt wie ein Halbstarker! Was für ein Kindskopf!

Mit Papa ist immer was los. Da brennt die Berliner Luft.

Er schuckelt mit den Jungs im Horch nach Britz, und man bewundert das »Raketenautomobil Valier-Heylandt-RAK 7« von den Erfindern Max Valier und Dr. Heylandt. In Spandau stehen die Schimpfs am Bahnsteig und sehen dem sensationell modernen Schienenzeppelin hinterher, der in Richtung Hamburg die Stadt verlässt. Dann wieder sitzen sie im *Wintergarten* und bestaunen einen silbernen überlebensgroßen Roboter, der eine Besucherin zärtlich in den Arm nimmt. Natürlich sind die Schimpfs dabei, wenn auf der Avus Rennen gefahren werden und die silbernen Pfeile durch die Steilkurven hämmern. Manchmal nehmen sie auch die Mama und die Schwester mit – dann geht man am besten ins *Kranzler* und vertilgt einen Baumkuchen oder man kuckt, was die Elefanten und die Affen im nahegelegenen Zoo treiben. Die Mama ist auch dabei, wenn im *Esplanade* zum Kinder-Kostümball geladen wird. Nur für die Männer: ein Ausflug zum Pferderennen nach Hoppegarten. Und ganz schick ist auch der Nachmittag, als die Schimpfs in den Lunapark gehen – dort kriegen die Kinder Kulleraugen. Nach 60 Stunden Schwof geht den Dauertänzern dort noch immer nicht die Puste aus; müde klammern sie sich aneinander fest und fallen nicht um – die Schimpfs haben ihren Spaß dran.

Mein bester Freund hieß Dieter Brammer. Sein Vater war wohl reich; er hatte, soweit ich mich erinnere, vier Kinos. Außerdem stand bei ihm in der Garage ein Maybach. Das war vielleicht eine Wucht.

Technik begeisterte mich. Ich kannte die größten Schiffe, ich las alles, was ich über Flugzeuge und Flugschiffe in die Finger bekam. Und ich klaute dem Papa die Automobilbücher aus den Regalen. So habe ich auch eine Broschüre über den Maybach gefunden. Ich lernte sie auswendig, den Text kenne ich noch heute: ›Nur Bestes aus Bestem zu schaffen, von dauerndem Wert, in höchster Vollendungsform neuen Entstehens. Als Verkörperung des hochwertigen Reise- und Repräsentationswagens – wie als rassiger Typ für den passionierten Sportsmann – ist der ›Maybach-Zeppelin‹ das Automobil letzter Wunscherfüllung mit ausgeprägtem Charakter von vornehmster Eleganz und Kraft.‹

Genauso war es. Dieter und ich schlichen uns manchmal am Chauffeur vorbei und krabbelten auf die Vordersitze. Dann spielten wir Erwachsen-Sein und stellten uns vor, dass wir ganz langsam den Ku'-damm rauf und runter fuhren.

Bis wir erwischt wurden – aber das war nicht schlimm, man hat nicht sehr geschimpft.

Einmal in der Woche sagte Herr Brammer »Jetzt aber mal los.«

Ab ins Kino!

Tarzan. Trenker. Emil und die Detektive.

Der Maybach war riesig. Die Brammer-Damen waren sehr füllig. Für uns war vorne kein Platz. Wir mussten auf den Notsitz.

Naja, dann nich.

Hauptsache, Kino.

Die wöchentliche Fahrt ins Kino ist ein Highlight für die Jungs. Am liebsten begleiten sie Herrn Brammer in die *Parklichtspiele* in Steglitz.

Ist kein großes Ding. Sie fahren zur Linden-thaler, die Argentinische Allee entlang bis zur Sven-Hedin-Straße. Rechts auf die Onkel-Tom-Straße, sie machen rüber zur Berliner. Dort fädeln sie sich in den geschäftigen Verkehr, vor dem Rat-haus Steglitz biegen sie rechts ab. Und gleich sind sie da.

Albrechtstraße 48/49, dort ist es.

In Steglitz gibt es an jeder Ecke ein Kino. *Allegro. Titania. Palast-Lichtspiele. Filmburg. Albrechtshof ...*

Manche Passanten verdrücken sich in eine Seitenstraße und verschwinden hinter einer schmuddligen Tür in eine Wein- und Bier-Pinte, in der ein Kinematograph 18 Stunden vor sich hin schnurrt und laufende Bilder aus einer frivolen Halbwelt an die Wand wirft. Mütter machen sich beim Konditor einen sorgenfreien Kintop-Nachmittag. Die Kids dürfen malen, die Frauen haben Film-frei. *»Familientag im Haus«. »Prellstein«. »Der Juxbaron.« »Die Frau im Mond«. »Mutter Krausens Fahrt ins Glück«.* Lil Dagover. Gerda Maurus. Hertha von Walter. Asta Nielsen. Buster Keaton. Emil Jannings. Werner Krauss. Charlie Chaplin.

Astor. Häsi-Lichtspiele. Flora ... Globus. Deutsches Theater ... Bismarck-Lichtspiele ...

Im Steglitzer Anzeiger vom 11.10.1924 schwärmt der Autor, wie grandios das Unterhaltungsangebot im Viertel ist. »Man muss nicht den zeitraubenden Weg nach Berlin antreten, wenn man die neuesten und beliebtesten Darbietungen der gegenwärtigen Filmkunst genießen will.«

In Steglitz werden sogar 3-D-Filme gezeigt. Einen Monat vor Rolf Schimpfs Geburt läuft in den *Albrechtshof Lichtspielen* im Vorprogramm zu einem amerikanischen Western *Plastikkram, der Film der dritten Dimension*. Gratis-Brillen machen die Zuschauer ganz wuschig, sie bilden sich ein, die Schauspieler würden aus der Leinwand treten und in den Saal hinunter steigen.

Die *Parklichtspiele* sind eines der imposantesten Kinos in ganz Berlin. Architekt Hans Siegmund Jaretzky hat den Lichtspieltempel in einen viergeschossigen Wohnblock eingegliedert, das Ergebnis begeistert die Steglitzer und regt den Autor von *Kinoarchitektur in Berlin* zu einer Hymne an (die auch noch im Jahr 2023 bei Augenschein des Gebäudes Bestand hat):

Durch eine aufgesetzte Blendfassade erreicht das Kino dieselbe Bauhöhe wie die umgebenden Wohnungen. Eine fast quadratische, hell verputzte Fläche dominiert den Mittelteil der Fassade über dem Eingangsbereich. Über seinem leicht vorragenden Dach werben rechteckige Reklametafeln. Vier schmale parallele Fensterbänder nehmen die quadratische Form auf und belichten das dahinter gehende Rangfoyer. Über die zwei verbleibenden Flächen erstreckt sich der Schriftzug. Zwei niedrigere Bauteile flankieren die Mittelachse. Leicht zurückgesetzt greifen sie das Fensterband der Hauptfassade auf, rahmen diese mit ihrem horizontalen Klinkerverbund und grenzen sie gegenüber der anschließenden Bebauung ab. Ein Drittel der fast 1000 Sitzplätze befindet sich auf dem geräumigen Balkon. Der Saal mit Lichterornamentik ist in gelben Tönen gehalten.

Großes Kino

Hier also nehmen die Freunde Dieter Brammer und Rolf Schimpf regelmäßig Platz und lassen sich in die Filmwelt entführen.

Rolf sitzt am liebsten vorn. Da hört man besser.

1933 ist das Jahr von *Hitlerjunge Quex*. Im Jahr zuvor ist der Roman erschienen, jetzt lässt die UFA einen abgefeimten Propagandafilm auf die Menschen los. Nazi-Mime Heinrich George hat die Hauptrolle, er ist der grobschlächtige Vater Völker, der einen Gesinnungswandel weg vom Kommunismus erlebt. In die Rolle von Mutter Völker passt Berta Drews, auch im richtigen Leben die Frau von Heinrich George. Rudolf Platte schnarrt seine Plattitüden, Heini Völker wird gespielt von Jürgen Ohlsen, der später eine Affäre mit dem schwulen Reichsjugendführer Baldur von Schirach haben wird (In der Hitlerjugend wird dann von »quexen« die Rede sein).

Der fünfzehnjährige Tischlerlehrling Heini Völker wohnt mit seinen Eltern in dem Berliner Arbeiterviertel Beußelkietz. Vater Völker, Kommunist, säuft, schlägt Frau und Kinder, die Mutter bringt die Familie gerade so durch.

Heini findet seine Rettung in einem Zeltlager der Hitlerjugend. Das ist seine Bestimmung: Lagerfeuer, patriotische Lieder, Fahnen und Wimpel, die nationalsozialistische Bewegung.

Er will aus dem Elternhaus flüchten. In der letzten Nacht, die Heini daheim verbringt, versucht die Mutter, sich und den Sohn mit Gas umzubringen. Der Junge überlebt, die Mutter stirbt.

Jetzt wird Heini Mitglied der HJ. Er wird: *Hitlerjunge Quex.*

Alles könnte happy enden. Doch dann erschießen die Kommunisten Heini auf offener Straße.

Das ist Propaganda vom Feinsten. Ein Held opfert sich und bahnt den Weg für die Führer.

Hitlerjunge Quex ist hochtoxische »Unterhaltung«. In den Außenlagern des Bundesfilmarchivs lagert mehr als ein halbes Jahrhundert nach dem Nazi-Horror das gefährliche Material. 1200 Filme wurden im Dritten Reich hergestellt, 300 von ihnen wurden nach Kriegsende von den Alliierten verboten.

Heute gibt es noch etwa 40 »Verbotsfilme« – Veit Harlans antisemitischer *Jud Süß* ist der berüchtigtste unter ihnen, auch *Hitlerjunge Quex* ist darunter oder der Durchhaltefilm *Kolberg*.

Rolf Schimpf und Dieter Brammer sind gebannt vom *Hitlerjungen Quex*. Der Schund vergiftet sie – wie sollen sie auch wehren dagegen? Sie sind ja gerade mal zehn. Und das Land taumelt kollektiv.

Es ist die Zeit, in der sich das Lied, das bei *Hitlerjunge Quex* zu Beginn und am Ende des Films geschmettert wird, in die Köpfe der Deutschen frisst:

Uns're Fahne flattert uns voran.
In die Zukunft ziehen wir Mann für Mann
Wir marschieren für Hitler
Durch Nacht und durch Not,

Mit der Fahne der Jugend
Für Freiheit und Brot.
Uns're Fahne flattert uns voran,
Uns're Fahne ist die neue Zeit.
Und die Fahne führt uns in die Ewigkeit!
Ja die Fahne ist mehr als der Tod!

Jugend! Jugend!
Wir sind der Zukunft Soldaten.
Jugend! Jugend!
Träger der kommenden Taten.
Ja, durch unsre Fäuste fällt,
Wer sich uns entgegenstellt
Jugend! Jugend!
Wir sind der Zukunft Soldaten.
Jugend! Jugend!
Träger der kommenden Taten.
Führer, wir gehören dir,
Wir Kameraden, dir.

80 Jahre später, im Oktober 2019, in der *Harlachinger Einkehr,* wird Rolf darüber reden, dass ihm einleuchtete, was die Lehrer erzählten. Dass er die Nationalsozialisten schon deshalb bewunderte, weil er seinen Papa bewunderte – und der gehörte ja wohl zu den Nationalsozialisten. Es ging den Schimpfs in der Steglitzer Villa prächtig. Und sie gehörten zu den Guten – er selbst wollte ein prima Kerl werden.

Dann wird Rolf Schimpf ins Stocken geraten. Er wird, im Oktober 2019, sagen:

1935 ist alles anders geworden. Der Papa war nicht mehr der Papa von früher. Er hat immer schlechte Laune gehabt. Besonders schlimm war es, wenn er morgens vom Fahrer zur Arbeit abgeholt worden ist. Dann hat er wütend den Mantel angezogen – und bevor er aus dem Haus gegangen ist, hat er zum Spiegel im Flur gesagt:

»Diese Aasbande.«

Ich habe das immer wieder beobachtet – aber ich habe es nicht verstanden. Wir Kinder haben nicht gesehen, wie sich der Himmel über uns verdunkelt hat.

Eines Tages kam mein Vater nicht nach Hause. An den Abend erinnere ich mich gut, der Schrecken ist immer noch da.

Der Vater ist also nicht zum Abendessen da gewesen. Die Mutter hat ganz aufgeregt herumtelefoniert. Sie hat auch geweint. Das war furchtbar. Ich hatte meine Mutter noch nie weinen gesehen.

Am nächsten Morgen ist die Tante Hanni angereist, sie hat in den nächsten Tagen auf uns aufgepasst. Die Stimmung ist immer fürchterlicher geworden, manchmal klingelten fremde Männer bei uns und gingen mit der Mutter ins Wohnzimmer. Die Tür war zu, wir haben nichts mitbekommen. Später gingen die Männer wieder, sie waren sehr ernst und unangenehm. Und die Mutter hat im Wohnzimmer gesessen und bitterlich geweint.

Dann klingelte das Telefon, die Tante Hanni ist rangegangen. Sie hat nur zugehört. Hat Danke gesagt und aufgehängt.

»Kinder, lasst uns mal allein. Ich muss mit Eurer Mutter reden.«

Wir sind auf unsere Zimmer. Durch alle verschlossenen Türen haben wir gehört, wie die Mama geschrien hat.

Später hieß es: Der Papa ist unter mysteriösen Umständen gestorben.

Ich habe gar nichts verstanden.

»DIE AASBANDE HAT IHN KALT GEMACHT«

1935

MIT-MENSCHEN

LORIOT

Zu meiner zweiten Mutter habe ich seit 54 Jahren ein gutes, völlig komplexfreies Verhältnis. Ödipus kommt also nicht auf seine Kosten. Dennoch glaube ich, daß jeder Mann, ob er es nun leugnet oder nicht, sich in der Nähe einer starken Frau nicht unwohl fühlt. Ich könnte mir denken, daß er es nicht wahrhaben will; aber irgendwo ist es natürlich angenehm. Man kann einen Teil der Verantwortung übertragen; es gibt jemanden, der einem sagt, was richtig und was falsch ist. Denn auch die alten Mütter sagen: »Junge, das kannst du nicht machen!« Und wenn sie 85 ist, wird sie immer noch sagen: »Nee, nee, also Kinder, das nun wirklich nicht.« Und der Sohn wird sich durch eine Autorität gern zwingen lassen, weil es ihn der Verantwortung enthebt. Eine starke Mutter, die zur Unzeit ein Brahms-Lied singt, ist nun mal komischer als eine Leiche.

MARLENE DIETRICH

1935 lebt Marlene Dietrich in Los Angeles. Der Propaganda-Chef der Nazis, Paul-Joseph Goebbels, baggert an der Diva, sie möge zum deutschen Film zurückkehren. Lustvoll verpasst sie ihm einen Korb nach dem anderen.

In Hollywood kultiviert sie das Leben einer Super-Diva. Aus allem macht sie das große Drama. Ihre Tochter Maria Riva wird später schreiben:

Ich wache auf zu den Klängen von Rhapsody in Blue. Häh? denke ich. Gershwin? Gershwin vor dem Frühstück? Irgendwas stimmt hier nicht.

Wie der Blitz wasche ich mich, ziehe mich an und eile nach unten. Meine Mutter ist schon im Tennis-Dress, das Haar hat sie mit einer weißen Schleife nach hinten gebunden. Sie begrüßt mich und ist ganz aufgekratzt:

»Guten Morgen Liebling. Frühstück ist fertig.«

Sonst ist für meine Mutter jede Form von Begrüßung pure Zeitvergeudung. Ein Morgenmuffel ist sie auch. Und liebenswürdig und heiter nur dann, wenn sie einen Vorteil davon hat.

Jetzt wünscht sie mir einen fröhlichen guten Morgen – auf Englisch.

Wenn sie wenigstens Deutsch spräche! Dann wüsste ich, dass etwas nicht stimmt. Deutsch redet sie nur noch bei tragischen Ankündigungen und dem Erörtern großer Geheimnisse, wenn sie lästern will oder unter dem Einfluss von Tabletten oder Alkohol.

Heiter ist sie, federt in ihren Tennisschuhen durch die Villa, wir gehen nach draußen. Sie schaut über den Frühstückstisch.

»Wo ist der Orangensaft?«

Ich sinke in den nächstbesten Stuhl. Wunder über Wunder! Orangensaft (der ist doch gesund)! Mutter ruft das Dienstmädchen, sie will Toast und Speck. Sie lässt Benny Goodman auflegen, um acht zieht sie mit dem Tennisschläger in der Hand los zum Sport.

Sie kommt zurück und ist die Lebensfreude in Person.

»Liebling, gleich besucht uns John Gilbert, Du wirst ihn kennenlernen. Er ist ein schöner Mann. Seine Augen sind wie glühende Kohlen. Sieh in seine Augen – und Du weißt, was ich meine.

Meine Mutter ist sehr verliebt. Sie liest einen Brief von John Gilbert vor:

»Mein geliebtes Pfannkuchengesicht,

Du wärest in einer furchtbaren Klemme, wenn ich mit Trinken und Rauchen aufhörte und nachts nicht mehr so lange wach bliebe. Dann hättest du nichts mehr, worüber du dich aufregen könntest.

Ich liebe Dich, wie Du bist. Weil Du vollkommen bist. Du hast mich betäubt und benebelt. Der Gedanke an Dich und die Sehnsucht nach Dir machen mich schwindelig. Ich liebe dich, Du bist so süß, so großzügig, so edel. Wie schön wäre die Welt, wenn alle wären wie du.«

Sie hat geantwortet:

»Es tut mir leid, dass ich Dir wehgetan habe. Seit Du wieder angefangen hast zu trinken, war ich in ständiger Sorge um Dich, und jedes Zeichen der Schwäche machte mir noch mehr Angst.

Wahrscheinlich bist du erleichtert, dass Du Dir jetzt jeden Drink genehmigen kannst, den du willst – und wahrscheinlich wirst Du zerstören, was ich versucht habe aufzubauen. Vielleicht habe ich nicht die richtige Methode, ich kann Dir aber versichern, dass ich nur von den schönsten und selbstlosesten Gedanken geleitet wurde.«

Solche Briefe schreiben sie sich. Sie lieben sich sehr, wirklich.

Ein Jahr drauf stirbt er.

Ich höre die Nachricht im Radio. Ich mache mich auf die Suche nach meiner Mutter. Ich finde sie in ihrem Schlafzimmer. Sie trägt ein mönchisches Gewand aus schwarzem Samt, sie hat Dutzende von Tuberosen in Vasen gesteckt und alle freien Flächen damit voll gestellt. Das Zimmer ist vollkommen abgedunkelt, die schweren Vorhänge sind zugezogen und mit Sicherheitsnadeln zusammengesteckt. Kleine Votivkerzen in roten Glasbehältern verbreiten ein flackerndes Licht. Sie stehen vor einer Fotografie John Gilberts und werfen einen rötlichen Schimmer auf sein sanftes Gesicht.

Mit kummervoller und mutlos verzweifelter Stimme schickt meine Mutter mich hinaus.

Sie befiehlt, sie wolle nicht gestört werden. Schließt die Türe ab. Meine Mutter vergräbt sich vier Tage lang. Das Haus riecht schwer und unangenehm nach den Tuberosen, Tag und Nacht kommt aus dem versperrten Zimmer Musik von Rachmaninow.

Als meine Mutter wieder aus dem Zimmer kommt, ist ihr Gesicht genauso schmal und weiß wie der Herrenanzug, den sie trägt.

Sie begrüßt niemanden, ist düster und wortlos. Sie geht ins Studio und arbeitet bis zur Erschöpfung.

MAX SCHMELING

Reichssportführer Hans von Tschammer kann den Boxer Max Schmeling nicht ausstehen. Der ist Weltmeister im Schwergewicht und lässt sich nicht zähmen. Millionen verdient der Mann in den Vereinigten Staaten, die tschechische Schönheit Anny Ondra hat er geheiratet und tanzt lässig auf dem Vulkan. Hans von Tschammer hat seit dem Weltkrieg einen lahmen Arm, er ist nicht schön und nicht stark und nicht reich.

Schmeling: Everybodys Darling. Hans von Tschammer: Nazi-Nobody.

Schmeling hat einen Manager, der sich einen Jux mit den Deutschen macht. Nach Schmelings K.o.-Sieg gegen den Amerikaner Steve Hamas in der Hamburger Hanseatenhalle singen 25000 Menschen die Nationalhymne – da hebt Joe Jacobs (das ist Schmelings Manager) mitten im Ring den rechten Arm zum Hitlergruß, in der Hand hat er seine unvermeidliche Havanna.

Es ist, als hätte sich Charly Chaplin die Szene einfallen lassen.

Ein amerikanischer Jude, der sich über den Nazi-Kult lustig macht.

So nicht!

Hans von Tschammer kann endlich austeilen.

Max Schmeling erinnert sich in »8-9-aus!«

Er schickte einen Brief. Ich sei wohl der einzige deutsche Sportler, der noch einen jüdischen Manager hätte. Und es sei wohl an der Zeit, endlich »gleichzuschalten«.

Ein paar Tage lief ich mit dem Brief der Reichssport-Führung in der Tasche herum. Was tun? Dann fiel mir ein, dass mich Hitlers Adjutant Brückner einmal aufgefordert hatte, mich getrost mit meinen Sorgen an ihn zu wenden. Brückner musste mir helfen!

Brückner hält Wort. Er vermittelt ein Treffen mit dem »Führer«.

Lächelnd kam Hitler auf uns zu. Anny küsste er die Hand.

Zu dritt, ohne jede Gesellschaft, nahmen wir Platz.

»Trinken Sie Tee oder Kaffee, gnädige Frau?«, erkundigte sich unser Gastgeber.

»Tee bitte«, sagte Anny verlegen.

»Und Sie Herr Schmeling?«

»Ich bin ein leidenschaftlicher Kaffeetrinker.«

Der Diener rollte auf einem Teewagen verschiedene Kuchen heran. Hitler bediente Anny.

»Ich nehme Gugelhupf«, sagte sie.

»Du lieber Himmel, Gugelhupf«, rief Hitler und klopfte sich entzückt auf die Schenkel. »Wie

lange habe ich das Wort Gugelhupf nicht mehr gehört.«

Der Führer ist unwirklich liebenswürdig. Er tauscht mit Anny Ondra das Rezept über den Gugelhupf und andere Kuchensorten aus. Man redet über das Kino und das Wetter und Österreich und die tschechische Heimat von Schmelings Frau.

Aus heiterem Himmel fragte der Führer:

»Sagen Sie, Schmeling, sind Sie eigentlich Parteigenosse?«

Schmeling stottert, er wolle sich als Sportler nicht politisch festlegen.

Der Führer würdigte mich keiner Antwort. Laut schlürfte er seinen Tee und wandte sich wieder meiner Frau zu.

Wetter. Film. Kuchenrezepte ...

Dann:

»Was für einen Brief haben Sie von der Reichssportführung erhalten, Schmeling?«, fragte er.

»Ich weiß nicht, ob Ihnen bekannt ist, dass Jacobs seit 1928 mein Manager ist.«

Schweigen

»Mister Jacobs hat sich immer mit seiner ganzen Kraft für mich eingesetzt.«

Schweigen.

»Zwischen uns war noch nie von Protestanten, Katholiken oder Juden die Rede.«

Schweigen.

»Ich wüsste gar nicht was ich ohne ihn tun sollte.«
Schweigen.
»Ich brauche ihn wie die Butter aufs Brot.«
Schweigen.
»Er ist tüchtig. Er ist ordentlich, er ist korrekt.«
Hitler schaute mich lauernd an, aber er sprach kein Wort.

Wieder dieses Schweigen. Der Führer gabelt ein Stück Napfkuchen, er schmatzt und schlürft, in seinem Bärtchen hängt ein Krümelchen. Anny Ondra und Max Schmeling haben Schiss.

Endlich räuspert sich der Gastgeber.

»Der Gugelhupf ist wirklich gut.« Von Joe Jacobs wurde nicht mehr gesprochen. Schweigen ist auch eine Antwort, dachte ich und beschloss den Brief der Reichssportführung zu ignorieren.

Joe blieb mein Manager, bis er im Jahr 1940 in New York starb.

Aber nach dem Kaffeeklatsch im Jahr 1935 mag der Führer den Boxer Max Schmeling nicht mehr.

Das kann doch den jungen Rolf Schimpf nicht erschüttern. Für ihn ist Max Schmeling ein Gott. Hitler ist ihm ejal.

ADOLF HITLER

Der »Führer« arbeitet Tag und Nacht an der Etablierung des Tausendjährigen Reichs.

Er gönnt sich keine Ruhe. Rastlos reist er durchs Land und impft den Deutschen die rechte Gesinnung ein. Im September 1935 hält er auf dem Reichsparteitag in Nürnberg eine Rede an die Jugend der Nation.

50000 halbwüchsige Hitlerjungen stehen diszipliniert aufgereiht in einem gigantischen Stadion und bekommen eine Hirnwäsche. Der »Führer« sieht eigentlich scheiße aus, die Uniform ist zu eng, der zugeknöpfte Kragen macht es nicht besser. Hitler raunt, flüstert, belfert, brüllt, gurrt, knarrt, schnarrt. Er ballt die Faust und schüttelt sie gen die Götter. Er verführt die jungen Menschen – besser hat es der Rattenfänger von Hameln auch nicht hin bekommen.

Hitler bimst den jungen Menschen die neuen »Ideale« ein.

»Flink wie Windhunde müsst Ihr sein, zäh wie Leder und hart wie Kruppstahl.«

»Deutsch denken, deutsch handeln – es gibt kein Entrinnen. In Euch liegt die Zukunft der Nation.«

»Unsere jungen Deutschen werden nicht mehr frei ihr ganzes Leben. Es wird eine Jugend heranwachsen, vor der sich die Welt erschrecken wird. Eine gewalttätige, herrische, unerschrockene, grausame Jugend will ich.«

Als der »Führer« all das in die Welt herrscht, ist Rolf noch keine elf Jahre. Er ist gerade Halbwaise geworden und ohne jede Orientierung.

Nun bekommt er seine Anleitung fürs Leben:

Unerschrocken deutsch.
Flink wie der Windhund.
Zäh wie das Leder.
Hart wie der Kruppstahl.

DIETMAR ZOEDLER

Dietmar Zoedler, geboren 1921 in Breslau, wird viel später mal die Schwester von Rolf Schimpf heiraten. 1935 hat er ein sehr schönes, ein unvergleichliches, schönstes Ferienerlebnis, das alles toppt.

Ich war Teil des Jungvolks, der jüngeren Ausgabe der Hitlerjugend.

Wir, die Zoedlers, waren auf den Obersalzberg eingeladen. Meine Mutter und ich durften mit, und ich trug stolz die Pfadfinderkluft. Wir nahmen Quartier in Bad Reichenhall, und mein Vater und ich fuhren auf den Obersalzberg. Dort angekommen, begrüßte uns der Führer. Ich schlug die Hacken zusammen und überbrachte ihm die Grüße meiner Sippe. Das hatte wahrscheinlich einen kleinen Heiterkeitserfolg, denn auf der Terrasse waren die Teilnehmer der Tagung in braunen und schwarzen Uniformen auch in Zivil versammelt. Ich erkannte Goering, Goebbels, Röhm, Himmler und Rudolf Hess.

Die Herren gingen dann zu ihrer Tagung, und meiner nahm sich die Schwester von Adolf Hitler an. Wir gingen in die Halle, und sie brachte ein paar Plätzchen und eine Tasse Tee oder Kaffee. Dann betrachteten wir von der Terrasse aus die großartige Aussicht.

Am nächsten Tag war unter anderem ein Ausflug zum Chiemsee geplant, und ich hatte mir überlegt, dass es großartig wäre, wenn ich auf meiner Postkarte die Unterschriften aller Nazi-Größen sammeln könnte.

So fuhren wir mit einem Omnibus zum Chiemsee, ich in meiner Kluft und bewaffnet mit der Postkarte und einem Bleistift. Wir stiegen auf einen Dampfer, der uns nach Herrenchiemsee brachte. Dort wurde eine Schlossbesichtigung vorgenommen, und danach gab es einen kleinen Imbiss.

Das war die Gelegenheit, die Unterschriften einzuholen.

Die erste war natürlich von Adolf.

Ich war so stolz.

JOHANN REICHART

Der junge Oberpfälzer, der am liebsten Tanzlehrer geworden wäre, entzieht sich jedoch zunächst dieser Familientradition, erlernt das Metzgerhandwerk und geht auf die Walz. Anfang der 1920er Jahre kehrt er aber nach Bayern zurück, heiratet und betreibt eine Bahnhofswirtschaft in Neubiberg. Viel verdient ist damit aber nicht, und so kommt Reichhart 1924 der Bitte seines Onkels nach, in dessen Fußstapfen als Scharfrichter zu treten.

Doch obwohl der Henkerslohn mit 150 Goldmark pro Exekution plus Spesen vergleichsweise üppig ist, steckt der vierfache Vater immer wieder in finanziellen Nöten. »Da nun seit Letzterem sämtliche Mörder, die zum Tode verurteilt, begnadigt wurden, war ich in meinen geschäftlichen Reisen so gehindert, dass ich manche Woche keinen Pfennig verdient habe«, klagt er in einem Schreiben an das bayerische Justizministerium. Reichhart versucht sich als Fuhrunternehmer sowie als Verlagsvertreter, der durch Oberbayern radelt, um das katholische Erziehungspamphlet »Von Mädchenglück und Frauenliebe« unter die Leute zu bringen. Zeitweise lebt der Nebenerwerbshenker in Holland, arbeitet dort als Gemüsehändler und verkauft sogenannte Hochfrequenzapparate, deren elektrische Reize alle möglichen psychischen und körperlichen Beschwerden lindern sollen.

Als Adolf Hitler im Januar 1933 zum Reichskanzler ernannt wird, brechen goldene Zeiten für Reichhart an. Fähige Henker sind nun sehr begehrt, und der bayerische Fachmann wird zum rastlosen Reisenden in Sachen Enthauptung und Erhängung. Reichhart und seine Gehilfen hetzen durch ganz Deutschland, um die zahlreichen Todesurteile der NS-Justiz zu vollstrecken. Ihr Rekord: 32 Enthauptungen an einem einzigen Tag. Angesichts des oft enormen Zeitdrucks beantragt der nun prächtig verdienende Scharfrichter, bei seinen Fahrten nach Stuttgart, Frankfurt, Dresden oder Berlin die zulässige Höchstgeschwindig-

keit außerhalb geschlossener Ortschaften über-
schreiten zu dürfen.

Hitlers Machtergreifung ändert zunächst wenig
an der Zahl der Hinrichtungen: Reichart exekutiert
1933 fünf, 1934 drei, 1935 neun, 1936 sieben und
1937 neun Menschen. Aber schon 1938 kommen
39 Menschen unter Reicharts Fallbeil. Es werden
Hunderte pro Jahr.

Reichart ist nicht der einzige Scharfrichter Hitlers. Er könnte das Pensum nicht abarbeiten. So
werden Arbeitsgebiete für drei Scharfrichter ein-
geteilt. Als diese drei den Anforderungen der NS-
Justiz nicht mehr gewachsen sind, kommen die
»Nachrichter« zum Einsatz. Scharfrichter-Söldner,
die Reichhart verabscheut. Sie sind Partei- und SS-
Schergen, denen die Habgier und die Mordlust ins
Gesicht geschrieben sind.

14 Menschen sind im Gefängnis München-
Stadelheim in den vier Jahrzehnten vor 1933 hingerichtet worden. In den folgenden zwölf Jahren
werden es fast 1200 sein. Vor allem während des
Krieges sinkt die Hemmschwelle deutscher Rich-
ter, Zivilisten dem Henker zu überantworten.
Während zum Beispiel in Stadelheim im Vor-
kriegsjahr 1938 noch zehn Todesurteile vollstreckt
werden, sind es im Jahr 1943 – also nur fünf Jahre
später – 377.

Reichhart wird zu einem wohlhabenden Mann:
Allein im Jahr 1942 bekommt er neben seinem

Jahresfixum von 3000 Reichsmark knapp 6000 Mark Aufwandsentschädigung und 35790 Mark Sondervergütungen für 764 Enthauptungen – er wird *pro Kopf* bezahlt.

Reichhart ist ein unglücklicher Henker. Auf einem Foto sehen uns aus seinem zerfurchten und gezeichneten Gesicht zwei bittere Augen an. Sein Biograf Roland Ernst schreibt, dass der Mann gesoffen hat wie ein Loch. Und der evangelische Pfarrer von Stadelheim, Karl Alt, der die Todeskandidaten zur Hinrichtung begleitete, berichtet in seinen Erinnerungen: »*Staunenswert war der Scharfrichter, der unentwegt die Hunderte und Aberhunderte von Hinrichtungen vornahm, wobei er freilich – begreiflicherweise – sich vorher kräftig mit Alkohol versah.*«

3165 Menschen richtet Johann Reichhart in 23 Jahren hin, davon rund 250 Frauen.

Und er macht sich Gedanken, wie die Arbeit zügiger vonstatten gehen könne. Reichhart entwickelt die Hinrichtungstechnik mit Akribie und kalter Begeisterung weiter. Damit die Hinzurichtenden nicht mehr auf seiner Ansicht nach »entehrende« Weise mit einem Strick gefesselt werden müssen, erfindet Reichhart die »doppelte Kriminalpatentzange« – eine Fesselungsapparatur aus Metall.

Um wiederum die Hinrichtungszeit zu beschleunigen, lässt er die Guillotine verändern. Eine fixe Bank ersetzte das alte Kippbrett, die Todeskandidaten müssen nun nicht mehr langwierig fixiert werden. Die Henkersknechte beugen die gefesselten Delinquenten schnell über die Bank – und schon schießt das Fallbeil hernieder. Etwa vier Sekunden dauerte die ganze Prozedur nur noch.

Auf seinem Gebiet ist Johann Reichhart der ideale Mann. Ein Rädchen im großen Getriebe.

Der Führer befiehlt – die Reichharts des Reiches folgen.

LENI RIEFENSTAHL

Als »Triumph des Willens« – im Todesjahr von Hans Schimpf – uraufgeführt wird, ist die Regisseurin Leni Riefenstahl 32 Jahre jung. Sie ist eine verteufelt begabte Regisseurin. Niemand setzt die Nazis beeindruckender ins Bild als die Tänzerin aus dem Wedding. Rücksichtslos boxt sie ihren Willen durch.

»Schließlich bekamen wir doch noch 18 Kameraleute zusammen, die alle einen Assistenten erhielten. Die Beleuchter, Kamera- und Tonleute, die Fahrer eingerechnet, war unser Stab auf 170 Personen angewachsen. Erst jetzt konnte ich mit den Regiebesprechungen beginnen. Jeder Kameramann bekam seine Aufgabe für den kommenden Tag zugeteilt. Ich musste mir überlegen, mit welchen Mitteln man den Film über das Niveau von Wochenschau-Aufnahmen hinausheben könnte. Das Wichtigste war, dass die Motive nicht statisch, sondern bewegt aufgenommen wurden. Deshalb ließ ich Kameraleute mit Rollschuhen üben. An allen möglichen Stellen der Veranstaltung ließ ich Fahrbahnen und Schienen legen. Sogar an einem 38 Meter hohen Fahnenmast wollte ich einen winzigen Fahrstuhl anbringen lassen, um besondere optische Effekte zu erzielen. Um die eintönigen Einstellungen der zahlreichen Reden aufzulockern, ließ ich rings um das Rednerpult runde Schienen bauen. Die Kamera konnte so, während Hitler sprach, in gebührender Entfernung um ihn herumfahren.«

Riefenstahl räumt 1935 in Deutschland die Filmpreise ab, sie wird in Frankreich, Italien, Japan, Schweden und Griechenland für »Triumph des Willens« ausgezeichnet. 1937 gewinnt der Film bei der der Weltausstellung in Paris den Grand Prix. 1956 wird er von einem Fachgremium in Hollywood unter die »zehn besten Filme aller Zeiten« gewählt. Susan Sonntag schreibt: «Will man noch einen Unterschied machen zwischen Dokumentarfilm und Propaganda, dann ist jeder, der die Filme der Riefenstahl als Dokumentarfilme verteidigt, naiv. In ›Triumph des Willens‹ ist das Dokument (das Bild) nicht nur die Aufzeichnung der Realität, sondern ein Grund, warum die Realität hergestellt wird; und schließlich wird das Dokument an die Stelle der Realität treten.«

Auch der *Spiegel* ist ohnmächtig. Knapp 70 Jahre nach den Dreharbeiten beißen sich die Hamburger

Journalisten an der greisen Riefenstahl die Zähne aus. Sie müssen knurrend deren Unbelehrbarkeit abdrucken:

»Triumph des Willens ist ein Dokumentarfilm von einem Parteitag, mehr nicht. Das hat nichts zu tun mit Politik. Denn ich habe aufgenommen, was sich wirklich abgespielt hat und habe es insofern überhöht, als dass ich keinen Kommentar dazu gemacht habe. Ich habe versucht, die Atmosphäre, die da war, durch Bilder auszudrücken und nicht durch einen gesprochenen Kommentar. Und um das ohne Text verständlich zu machen, musste die Bildsprache sehr gut, sehr deutlich sein. Die Bilder mussten das sagen können, was man sonst spricht. Aber deswegen ist es doch keine Propaganda.«

Riefenstahl weiter:

»Der Film hat mich nach dem Krieg sehr belastet, weil ich als Nationalsozialistin galt. Dies lehne ich ab, weil ich kein Mitglied der Partei war.«

Leni Riefenstahl wird die deutsche Schande um 58 Jahre überleben. Sie wird filmen, tauchen, fotografieren, vor Gerichten streiten, weiter und weiter und weiter machen. Zweifel wird sie nie haben.

Max Schmeling wird sich schämen.

Marlene Dietrich wird ihren Zorn nie verwinden.

Adolf Hitler wird die Welt auf dem Gewissen haben und sich vom Acker machen.

Der Henker Reichart wird erst an sich zweifeln, als er den Tod in sich spürt.

Und Rolf Schimpf? Er war doch damals ein Junge. Er hat seinen Vater verloren, als man das große Unglück nicht ahnte. Für Zweifel am Krieg war in seinem jungen Leben kein Platz. Und Zweifel danach hätten ihm ja auch nicht geholfen. Wo doch nicht einmal die Geschichte mit dem Papa geklärt wurde. Rolf Schimpf wird bis an sein Lebensende rätseln, was damals geschehen ist.

UNERFORSCHT

Gottfried Schapper – schon seit 1920 in der NSDAP–, Hans Schimpf und Max Böttger – der zu dieser Zeit schon SS-Untersturmführer ist – arbeiten 1932 ein Papier aus, in dem sie darlegen, wie die Nachrichtendienste in einem zentralen Amt gebündelt werden. Ihr Konzept ist gut, es wird von Meeting zu Meeting abgenickt. Dann zerkrachen sich die Manager der Macht, es gibt ein kolossales Kompetenzgerangel, das Papier landet beinahe im Schredder.

Hermann Göring nimmt Witterung auf. Dieses Spionage-Ministerium will er haben. Göring lässt am Konzept feilen, packt es in eine präsentable Mappe und legt es Adolf Hitler vor. Der liest sehr sorgfältig, was sich Schimpf und seine Mitarbeiter ausgedacht haben. Dann schüttelt Hitler den Kopf – so geht es nicht. Da könnte ja der Göring seinen eigenen Chef ausspionieren.

Adolf Hitler schreibt das Papier um. Er genehmigt eine Telefon-Abhörzentrale, aber die schon bestehenden Dienste bleiben. Es gibt einige Personen in Deutschland, die nicht angezapft werden dürfen (selbstverständlich gehört Hitler dazu) – ansonsten bekommt die Schimpf-Truppe das Monopol der Telefonüberwachung.

In »Die Zeit der Illusionen« fasst Spiegel-Redakteur und Historiker Heinz Höhne die Anfänge des Forschungsamts und die Inthronsierung von Hans Schimpf so zusammen:

»Die Morgengabe Hitlers stärkt Görings Macht. Eine Gruppe militärischer Chiffrierer und Abhör-Experten, unzufrieden mit der Abwehrabteilung im Reichswehrministerium, hatte Hitler vorgeschlagen, sie mit Kollegen von Abwehr, Polizei und Diplomatie zu einer eigenen Kodeknacker- und Lauschbehörde zusammenzufassen, direkt der Reichskanzlei unterstellt. Hitler war nicht interessiert und trat die Bittsteller an Göring ab.

Der muss sofort erkannt haben, wie nützlich es ihn für ihn sein würde, über seine zentrale Schnüffelorganisation zu verfügen. Den Korvettenkapitän Hans Schimpf und seine vier Dechiffrierer, die sich Mitte April bei Göring meldeten, brachte er im Dachgeschoss des Reichskommissariats für Luftfahrt unter. Dort richteten sie ein Forschungsamt ein, die Keimzelle einer gefürchteten Lauschbehörde, die bald den ganzen Telefon- und Telegrammverkehr in Deutschland kontrollierte.

Forschungsamt, Gestapo, dazu die militärisch ausgerichtete Schutzpolizei, demnächst auch die Luftwaffe – Görings Macht wuchs von Woche zu Woche.«

Den Begriff »Forschungsamt« lässt sich Göring höchstselbst einfallen. »Forschungsamt« – das klingt harmlos.

Ist es aber nicht.

Das Amt ist heimtückisch, hinterhältig, skrupellos, gefährlich.

Klar weiß Göring das. Ihm ist auch bewusst, dass das neue Amt im Dunklen arbeiten muss. Je weniger die Menschen wissen, was sich in der Behörde tut – desto besser.

Aber Hermann Göring ist auch furchtbar eitel. Und weil er so stolz auf seine Berliner Schnüffler ist, rutscht ihm ab und zu mal ein kleines Selbstlob raus. Er sagt: »Seien Sie, bitte, brav – und denken Sie immer daran: ich kieke in ihr Telefon.« Oder er lächelt breit und erklärt, »meine Ohren habe ich überall, da können'Se noch so leise flüstern.« Oder er trifft den japanischen Botschafter, schäkert mit ihm, schert sich nicht um die umstehenden Journalisten, haut dem Diplomaten auf die Schulter und dröhnt: »Sie wissen doch, ich kiebitze.« Der japanische Gentleman lässt sich das Wort »kiebitzen« übersetzen und erstarrt.

Am 81. Tag der Nürnberger Prozesse – man schreibt den 14. März 1946 – wird Göring als Angeklagter in puncto Forschungsamt ziemlich offenherzig

Tags zuvor hat er sich dem Gericht vorgestellt: »Ich bin am 12. Januar 1893 in Rosenheim in

Bayern geboren. Normale Erziehung, zuerst Hauslehrer, später Kadettenkorps, dann aktiver Offizier geworden. Kurze Merkmale, die für meine spätere Entwicklung von entscheidender Bedeutung waren: die Stellung meines Vaters als erster Gouverneur von Südwestafrika. Seine damaligen Beziehungen, insonderheit zu zwei englischen Staatsmännern, Cecil Rhodes und dem älteren Chamberlain. Dann die starke Zugehörigkeit meines Vaters zu Bismarck. Die Erlebnisse meiner Jugend, die ich zur Hälfte in Österreich verlebte - ich habe dort schon die enge Verbundenheit als Brudervolk in mir aufgenommen. Bei Ausbruch des Weltkrieges war ich Leutnant in einem Infanterieregiment, bei den sogenannten Grenzschlachten. Ab Oktober 1914 wurde ich zunächst Flugzeugbeobachter. Im Juni 1915 wurde ich Flugzeugführer, zunächst Aufklärungsflugzeug, kurze Zeit Bombenflugzeug, und im Herbst 1915 wurde ich Jäger. Wurde schwer verwundet im Luftkampf. Nach Wiederherstellung wurde ich Führer einer Jagdstaffel, und nach dem Sturz Richthofens wurde ich Kommandeur des damals bekannten Jagdgeschwaders Richthofen. Ich bekam zuerst das Eiserne Kreuz II. Klasse, dann das Eiserne Kreuz I. Klasse, dann den Zähringer Löwen mit Schwertern, den Karl-Friedrich-Orden, III. Klasse Hohenzollern mit Schwertern, und zum Schluß erhielt ich die höchste Auszeichnung, die möglich war, den Orden *Pour le Mérite*.«

Dann erklärt er es, ausführlich und für die Un-belehrbaren:

»Das Amt hat mit Forschung einerseits und mit der Luftwaffe andererseits nicht das Geringste zu tun gehabt.

Der Ausdruck war eine Art Camouflage, denn als wir an die Macht kamen, war ein ziemliches Durcheinander in dem technischen Teil der Überwachung wichtiger Nachrichten. Ich habe deshalb zunächst das Forschungsamt gegründet, eine Stelle, wo alle technischen Einrichtungen zur Überwachung des Funkbetriebes, der Telegrafie, der Telefonie und aller sonstigen technischen Einrichtungen möglich waren. Da ich damals nur Reichsluftfahrtminister war, konnte ich diese Apparatur nur bei mir unterbringen und wählte diesen Camouflage-Ausdruck.«

Göring – ohnehin bei den Prozessen ein eloquenter, unbelehrter Lobhudler der eigenen Vergangenheit – kommt nun richtig in Fahrt. Das Forschungsamt empfindet er als großen Coup und Nachweis seiner Genialität.

»Der Apparat diente dazu, vor allen Dingen die ausländischen Missionen und die wichtigen Persönlichkeiten – die mit dem Ausland telefonierten, telegrafierten und funkten – zu überwachen, zu dechiffrieren und den einzelnen Ressorts dann die Auswertung zuzustellen.

Das Amt hatte keinen Agenten-Dienst, keinen

Nachrichtendienst, sondern war eine rein technische Stelle, erfasste Funksprüche und Telefongespräche. Es überwachte die Telegramme und gab die Auswertung an die interessierten Stellen weiter.«

Es ist Görings letzter globaler Auftritt. Er weiß, dass er noch einmal die Bühne für sich hat (danach wird der zum Tod durch Erhängen Verurteilte Gift schlucken). Also erklärt er noch einmal vor aller Welt, warum er Recht gehabt hat (und es ist, als redete der dicke Herr Göring, der bei Schimpf im Bierkeller mit den Spießgesellen einen Skat drischt):

»Man darf nicht vergessen, dass Deutschland auf dem Tiefpunkt seiner Abwärtsentwicklung stand. Acht Millionen Arbeitslose, alle Programme hatten versagt, kein Zutrauen mehr zu den Parteien, ein außerordentlich starkes Anwachsen der revolutionären linken Seite, politische Unsicherheit. Es waren also Maßnahmen notwendig, die, wenn wir zur Regierung kommen, vom Volk von uns erwartet wurden, und die wir zu vertreten hatten.

Es war selbstverständlich für uns, dass, wenn wir einmal an die Macht kommen würden, wir entschlossen waren, diese Macht unter allen Umständen zu behalten. Wir wollten ja nicht die Regierungsgewalt und die Macht um der Macht willen, sondern wir brauchten die Macht und die Regierungsgewalt, um Deutschland frei und groß zu machen. Das wollten wir nicht mehr dem weiteren Spiel von Zufälligkeiten, Wahlen und parlamentarischen Mehrheiten überlassen, sondern diese Aufgabe, zu der wir uns berufen fühlten, wollten wir dann durchführen.

Um nun die Macht zu festigen, war es notwendig, einen Umbau in den politischen Machtverhältnissen vorzunehmen.«

Alsdenn, unter anderem:

Forschungsamt.

Hans Schimpf ist ideal für den Chefposten. Während der Weimarer Republik hat er als Verbindungsmann zwischen den Horchstationen der Abwehr und der Kriegsmarine gearbeitet. Er ist ein alter Bekannter und Kriegskamerad Görings. An seiner Dienststelle bei der Reichswehr hat Schimpf eine geheime Abhörzelle aufgebaut. Er hat mehrere Versuche unternommen, die Abwehr mit dem *servizio informazioni*, dem Nachrichtendienst der italienischen Armee, zu verbinden. Auch in Barcelona hat er eine kleine geheime und verbotene Abhörstation betrieben und damit den Funkverkehr im Mittelmeer abgehört.

Schimpf ist kompetent, charmant, weltläufig, undurchschaubar und verschwiegen. Der Mann hat Kontakte zu faschistischen Personen und Organisationen in Italien und Spanien. Er kennt Hinz und Kunz, kann es mit den Frauen und ist ein Freund der Männer. Das Netzwerk des Hans Schimpf spannt sich durchs ganze Reich.

Der Mann ist bei aller Offenheit und schwäbischen Bescheidenheit ein Chamäleon. Wer ist dieser schmucke Kahlkopf, der mit 35 schon aussieht wie ein 45-Jähriger, der mit seinen braunen Augen treuherzig dreingucken kann wie ein Pinscher, und der die jungen Frauen anlacht, dass sie wegschmelzen? Hans Schimpf lässt sich nicht in die Karten schauen.

Einen besseren Chef für die »Forschung« gibt's nicht.

Als Schimpfs Leute mit der mit dem Abhören beginnen, arbeiten sie im Dachgeschoss des Luftfahrtministeriums in der Behrenstraße in Berlin Mitte. Sie sind zu zehnt. Schon kurze Zeit später ziehen sie um in ein Gebäude auf der anderen Straßenseite. Bald schon hören 130 Männer das Reich ab.

Hans Rente gehört zu den Pionieren des Forschungsamts. Später erinnert er sich: »Dieser Abhördienst, formell ermöglicht durch die Notverordnung des Reichspräsidenten nach dem Reichstagsbrand, schwebte im Dritten Reich wie ein Damoklesschwert über jedem Fernsprechteilnehmer – ob General, Kaufmann oder Gewerkschaftssekretär – und hat manchem, der sein Herz auf der Zunge trug, Unannehmlichkeiten leichter oder schwerer Art eingetragen. Davon, dass die Telefone abgehört wurden, sprachen viele in der Bevölkerung nur im Flüsterton, ohne zu wissen, welche Stelle dafür verantwortlich war.«

Göring erinnert sich im Nürnberger Prozess folgendermaßen: »Der Apparat diente dazu, vor allen Dingen die auswärtigen Missionen, die wichtigen Persönlichkeiten, die mit dem Ausland telefonierten, telegraphierten und funkten, wie das überall und in allen Staaten üblich ist, zu überwachen zu dechiffrieren und den einzelnen Ressorts dann die Auswertung zuzustellen.«

Wieder zieht das Amt um, von der Behrenstraße in die Schillerstraße 116 bis 124 – da wuchert das Forschungsamt nun in einem ganzen Häuserkomplex.

Der ehemalige Mitarbeiter Ulrich Kittel erinnert sich: »Mit der Wahl des Hauses hatte die Amtsleitung einen guten Griff getan. Die Lage war denkbar ruhig. Es lag nicht an der Straßenfront, sondern etwas abseits. Ein Uneingeweihter ahnte kaum, dass dort Hunderte von Menschen mit delikatesten Arbeiten beschäftigt waren.«

Das Forschungsamt: ein eigener Planet.

Eine kilometerlange Rohrpost bringt das Rohmaterial auf dem schnellsten Weg zum Auswerter. Von dort flitzt das Material an eine vorgesetzte Stelle. Die prüft die auf Matrizen geschriebenen Berichte – wenn sie ergiebig sind, werden sie vervielfältigt und verteilt. Die interessantesten – das ganze Liebesgesäusel von Goebbels zum Beispiel – schaffen es bis zu Hitler.

Für die Kommunikation stehen in den Büros der

wichtigen Mitarbeiter hochmoderne Konferenztelefone. Manchmal kommt einer wegen der vielen Arbeit tagelang nicht aus dem Haus. Für solche Fälle gibt es Duschen und Schlafräume. Das Forschungsamt ist gesichert wie Fort Knox. Die Alarmanlage überwacht jeden Winkel.

Bestimmte Bereiche dürfen nur von bestimmten Mitarbeitern mit besonderen Ausweisen betreten werden. Ohnehin braucht jedermann im Gebäude eine Sondergenehmigung. Die Mitarbeiter sprechen sich nicht mit ihrem Namen an, sondern mit Nummern und Buchstaben an. X1 verabredet sich mit Y2 und Z3 in die Kaffeeküche. Dort können sie dann gemütlich über die Kinder, den neuesten K.o.-Sieg von Schmeling oder – wenn sie die Genehmigung haben – über den Botschafter der Amis plauschen.

Überall lungern im Amt Leute von der SS herum. Die sind wie graue Schatten in ihren taubenfarbenen zerknitterten Anzügen. Man hört sie nicht kommen, man sieht sie nicht gehen, man ahnt sie nicht stehen. Sie sind einfach da. Big brother is watching big brother.

Hans Schimpf hat mit Gottfried Schapper die perfekte Amtsmaschine erfunden. Sechs Abteilungen arbeiten in der Schillerstraße: 1, die Verwaltung. 2, Personal. 3, Erfassungsansatz. 4, Dechiffrierung. 5, Auswertung. 6, das technische Amt.

Worum es geht?

A, die Telefonüberwachung. B, Funküberwachung. C, Rundfunküberwachung. D, Fernschreib- und Telegramm-Überwachung. F, Briefüberwachung.

In Hauptabteilung 5, zuständig für die Auswertung der verschlüsselten Berichte, arbeiten die Nerds des Dritten Reiches: eine Ansammlung von Mathematikern, Computerfachleuten und Akademikern. Schimpf hat mithilfe von Göring im ganzen Reich die teuersten Experten abgeworben. Die »Auswerter« sind ein verschworener Haufen von Superhirnen, die sehr bald ahnen, dass sie ihre Fähigkeiten für den Ernstfall trainieren. Was sie in der Schillerstraße tun, läuft auf Krieg hinaus. Chef der Abteilung wird Georg Schröder. Er hat zeitweilig bis zu 240 Mitarbeiter.

Das Amt hat 14 Außenstellen. Königsberg, Danzig, Breslau, Stettin, Dresden, Wien, Nürnberg, Nordhausen, München, Stuttgart, Frankfurt am Main, Hamburg, Köln, Düsseldorf. Auch dort wissen die Menschen in den Städten nicht, was sich in diesen Ämtern wirklich tut.

Das Forschungsamt: ein Staat im Staat.

Sie haben sogar ihre eigene Sprache, die Lauscher der Nation. Einen Telefonanschluss abzuhören wird *Anschleifen* genannt. Jeder Erfasser hat 20 Anschlüsse, die *Klinken*. Abgehört wird rund um die Uhr, am Wochenende nicht, da ruht die Arbeit.

Die Gespräche werden mitgeschrieben oder stenographiert, von den Auswertern zu einem Bericht ausformuliert (ganz neutral und sachlich müssen sie sein – die Führung braucht keine Ideologie, die Führung braucht Informationen) und schließlich Göring vorgelegt. Der bekommt sie auf braunem Papier, also werden sie *braune Blätter* oder auch *braune Vögel* genannt.

Die Blätter, die im Amt verbleiben, sind gelb.

Es gibt auch braune Vögel, die mit besonderer Sorgfalt behandelt werden. Sie landen in der *Giftküche*. Oft schaffen es die Berichte der *Damenbibel* in die *Giftküche*. Wenn die Ehefrauen oder die Geliebten wichtiger Männer abgehört werden, erfährt man so einiges …

Das Forschungsamt ist nicht die Ausgeburt einer kafkaesken Phantasie. Im Forschungsamt ist alles real:

In den Räumen der Forschungsstelle B, zuständig für die Überwachung des Funkverkehrs, ist die neueste Technik installiert. Stahltongeräte, eine Schallplatten-Schneideanlage, hellsthörige Mikrofone vom Feinsten …

Die braunen Blätter aus den Außenstellen kommen per Post in die Schillerstraße, in wichtigen Fällen laufen sie via Fernschreiber bei der Zentrale ein. Verschlüsselte Funksprüche gehen als Zahlen-Buchstaben-Salat nach Berlin, werden von den Nerds aufbereitet und zum Bericht für Gö-

ring. Rund um die Uhr – Ausnahme: die Wochenenden – schreiben Mitarbeiter aus dem C-Referat
mit, was die Rundfunksender in den Äther schicken. Sie arbeiten aus allen Teilen und Städten der
Welt zu. Dazu werden Telegramme abgefangen,
Fernschreiben aus dem Poststrom gefischt ...

Alles, wirklich alles, landet in einer gigantischen
Kartei. Sie wird am Ende aus rund zweieinhalb
Millionen Namen bestehen. Die Karteien der Personen sind weiß. Informationen aus belauschten
Telefongesprächen bekommen einen roten Punkt.
Für jede neue Person legt ein Amts-Forscher eine
neue Karte an, verdächtige Individuen werden besonders gekennzeichnet. Für jede Person gibt es
eine Mantelkarte, weitere Karteikarten kommen
hinzu. Sie sind gelb (Angaben zu Person und Beruf) und blau (wirtschaftliche Betätigungen). Daneben gibt es die Sachkartei, sie erschließt sich
nach einem Zahlensystem. Die erste Zahl zeigt
den Erdteil an, die zweite das Land. Außerdem
werden die »Hauptsachgebiete« erforscht. Hierfür
werten FA-Mitarbeiter Telefonbücher, Meldelisten
der Hotels, Nachschlagewerke, Zeitungen, Filme
aus. Sie nehmen, was sie in die Finger kriegen ...

Das Amt ist eine geschlossene Gesellschaft. Die
Mitarbeiter bewegen sich wie fremdgesteuert,
fürchterlich effizient sind sie. Sie werden zu Vor-
bildern der Stasi-Stars und der Orwell-Beamten.

»Wer die Vergangenheit kontrolliert, der kontrolliert

die Zukunft; wer die Gegenwart kontrolliert, der kontrolliert die Vergangenheit!«

»*Und die Menschen unter dem Himmel waren auch fast ganz gleich – überall auf der ganzen Welt, Hunderte oder Tausende von Millionen Menschen, die gleichfalls so waren. Menschen, bei denen einer nichts vom Leben des anderen wusste, die von Mauern des Hasses und Lüge getrennt gehalten wurden und doch fast gleich waren – Menschen, die nie denken gelernt hatten, die aber in ihren Herzen und Leibern und Muskeln jene Macht aufspeicherten, die eines Tages die Welt umstürzen würde.*«

An der der Spitze der Forschungsamts-Pioniere: Hans Schimpf.

Ein vorbildlicher Chef. Der Erste, der morgens kommt und die Nachtschicht ablöst. Der Letzte aus der Tagschicht, der das Licht ausknipst. Ihn können die Mitarbeiter jederzeit aus dem Bett klingeln (wenn er nicht gerade aushäusig übernachtet – aber für diesen Fall hinterlässt er die Telefonnummer des Hotels). Hans Schimpf interessiert sich für jedes Detail und er hat den Blick fürs große Ganze.

Anfangs merkt er gar nicht, dass sich die Gegner formieren. Sie wollen ihn abservieren – auch weil er so gut ist. Armin Fuhrer schreibt in »Görings NSA – das Forschungsamt im Dritten Reich«:

Hans Schimpfs Amt wurde zur mächtigen Waffe in den Händen Görings und Hitlers, und so stiegen sein Ansehen und seine eigene Macht. Aber zugleich stieg damit auch die Zahl seiner Feinde im NS Machtapparat.

Fuhrer zitiert den Mitarbeiter des Forschungsamts Wilhelm Flicke: »Schimpf sicherte sich eine Position mit großer Macht, aber auch eine Zahl von ernstzunehmenden Feinden.«

Flicke erlebt, wie der Chef seine Karriere und sein Leben gegen die Wand fährt.

Er wird das in »War Secrets in the Ether« beschreiben. Das Manuskript ist auch nach dem Krieg ein hochbrisanter Stoff. Die gerade gegründete National Security Agency (NSA) lässt den Text ins Englische übersetzen und setzt ihn sofort auf den Index »Dieses Dokument enthält Informationen, die nationale Verteidigung der USA betreffend unter dem Aspekt des Spionagegesetzes. Seine Übertragung oder die Preisgabe seines Inhalts in jeglicher Art an eine nicht autorisierte Person ist bei gesetzlicher Strafe verboten.« So kursiert das Buch bis 2014 nur unterm Ladentisch.

Flicke erzählt, wie sich die Schlinge um den Chef des Forschungsamts in den Jahren 1934 und 1935 zuzieht.

Schon 1933 gerät Hans Schimpf zwischen die Mühlsteine der Macht. 1933 poltert SS-Karrierist Reinhard Heydrich ins Forschungsamt und versucht, Schimpf zu überreden, künftig für den üblen Heinrich Himmler zu arbeiten. Schimpf lehnt ab. Mit der »Aasbande« will er nichts zu tun haben.

Heydrich zieht ab. Kaum hat er das Haus verlassen, greift Schimpf zum Telefon und ruft Göring an.

»Die wollen mich abwerben.«

»Wer?«

»Na, der Himmler und der Heydrich.«

»Machen Sie sich mal keine Gedanken. Die Kameraden von der SS – die biegen wir auch noch hin. Schimpf, Sie machen weiter so, und wenn die Zeit da ist, machen wir denen den Prozess. Grüßen Sie die Gemahlin.«

Schimpf legt auf und wiegt sich in Sicherheit.

Er versucht erst gar nicht, Heydrich zu besänftigen. Nein, er verärgert den SS-Mann ein ums andere Mal.

Im Frühjahr 1935 bekommt Heydrich Liebesbriefe in die Hand, mit denen er den Chef des Forschungsamts unter Druck setzt. Hans Schimpf hat wieder mal eine Liaison, diesmal mit der Gattin des SS-Mannes Brenneisen. Heydrich reibt sich die Hände. Er lässt verbreiten, Frau Brenneisen könne gar eine Spionin fürs Ausland sein.

Eine andere Angelegenheit aber macht ihm viel mehr zu schaffen: er hat es sich mit Hermann Göring verscherzt. Im März 1935, also wenige Monate vor seinem Tode, kommt es zu einem Zwischenfall, der bei der der Reichswehrführung größte Empörung auslöst.

Das Forschungsamt hat zu dieser Zeit eine Reihe von Agenten in Görings Ministerium eingeschmuggelt. Vor Ostern lässt einer der Spione brandgefährliche Papiere mitgehen – Schimpf nimmt sie in Empfang und entscheidet, er werde die Akten über die Feiertage bei sich behalten und studieren. Man werde sie in den nächsten Tagen nicht vermissen.

Falsch gedacht. Im Ministerium fällt auf, dass was fehlt.

Reichswehrminister Werner von Blomberg ermittelt selbst, er kommt Schimpf auf die Schliche. Er petzt – das ist für ihn ein Triumph, weil er diesen Schimpf nicht ausstehen kann – bei Göring.

Schimpf bekommt die Kündigung. Man hängt es nicht an die große Glocke – aber die erfolgreiche Laufbahn des ehrgeizigen Hans Schimpf ist in den Tagen vor dem 10. April 1935 zu Ende. Er ist nur noch ein lästiger Geheimnisträger.

Es wird eng für den unvorsichtigen Hans Schimpf.

Dieter, sein Sohn, wird sich später erinnern:

»Die offizielle Uniform der SS hat der Papa nur einmal getragen, die meiste Zeit hing sie unbenutzt im Kleiderschrank. Er sagte, die Uniform dieser Saubande trägt er nicht. Meine Schwester Ulla beobachtete ihn, als er die schwarze Totenkopf-Mütze der Uniform ausprobierte und sich im Spiegel betrachtete. Er murmelte vor sich hin ›grauenvoll, grauenvoll‹. Meistens trug er zivil oder die Marine-Uniform des Korvettenkapitän.

An dem Tag, als er verschwand, hat es einen Vorfall gegeben.

Es war der 10. April 1935, ein Mittwoch. Der Tag, an dem Hermann Göring geheiratet hat.«

Das ist vielleicht ein Spektakel. Am Abend vor der Hochzeit lädt Göring die Oberen Tausend des Deutschen Reiches in die Oper ein. Den Kirchensegen holen sich anderntags die mäßig begabte Schauspielerin Emmy Sonnemann und der ruhmesfeiste Göring im Berliner Dom, nach der Trauung recken sich ihnen die Heil-Arme von Zehntausenden entgegen, Trauzeuge Hitler steht hinter dem Paar und sonnt sich in der eigenen Bedeutung.

Denn heute, da hört uns Deutschland
Und morgen die ganze Welt.

Der 10. April ist der Tag, an dem im Gefängnis Berlin Plötzensee der deutsche Kommunist Hans Ziegler und der jüdische Malergehilfe Sally Epstein durchs Handbeil hingerichtet werden. Sie sind im Zusammenhang mit dem Mord am 14. Januar 1930 an dem Nationalsozialisten Horst Wessel zum Tod verurteilt worden.

Hinrichtung hin, Hinrichtung her– Hauptsache, die Hochzeit wird ordentlich gefeiert.

An nichts wird gespart. Göring schenkt seiner Frau ein Diadem mit 35 Brillanten. Das Fest wird so teuer, dass das Blatt der katholischen Emigration, die Wochenschrift »Deutsche Briefe« in Luzern, fragt, woher Göring das viele Geld hat.

Emmy und Hermann Göring lassen sich feiern wie Stars. Ihre Hochzeit ist an Extravaganz kaum zu überbieten. Den Angestellten und Arbeitern werden zwischen 20 Pfennig und einer Mark 60 von Lohn und Gehalt abgezogen, um die enormen Kosten der Hochzeit zu decken. Das frisch getraute Ehepaar bekommt als Hochzeitsgeschenk von Hitler den Lenbach-Schinken »Bismarck« überreicht

Emmy birst vor Glückseligkeit. »Der Führer hat mir beim Polka-Tanzen zugeflüstert: ›Führen sie nur, liebe Emmy, führen Sie mich einmal im Leben, dies ist das Hochzeitsgeschenk Ihres Führers.‹ Ach Gott, war das schön. Ich kannte ihn ja von Weimar, wo ich als erste Sentimentale am dortigen Theater gespielt hatte.«

Nach der Hochzeit erzählt in ebendiesem Weimar Emmys ehemalige Kollegin Helene von Weinmann: »Sie ist eine fürchterliche Angeberin. Ich kannte sie schon, als sie noch nicht die Hohe Dame und für 2,50 Mark und eine Tasse Kaffee zu haben war.« Weinmann wird verhaftet misshandelt und erst 1942 schwer krank entlassen.

Die Freiheit stand auf in Deutschland,
Und morgen gehört ihr die Welt.

Zurück zu Hans Schimpf und dem letzten großen Fettnapf, in den er im April 1935 tappt. Rolfs Bruder Dieter erzählt:

»Am Abend vor der Hochzeit wurde das Führungspersonal Görings zu einer Opernvorführung eingeladen. Gattinnen inklusive. Während der Pause der Vorstellung trat Heydrich zu einer Gruppe von Frauen, in der auch meine Mutter stand. Heydrich zog aus seiner Uniform eine Fotografie, auf der ein hingerichteter Mann zu sehen war. Die Leiche lag im Gras, meiner schwangeren Mutter wurde es ganz schlecht. Heydrich sagte lächelnd (und sah dabei die Mama an): ›So geht es denen, die nicht so wollen, wie wir wollen.‹

Meine Mutter hat das dem Vater erzählt, bevor die Vorstellung zu Ende war. Er regte sich furchtbar auf.

Nach der Oper – der Vater trug seine Marineuniform – trat Heydrich zu ihm, als er gerade von unserem Fahrer Neugebauer abgeholt werden sollte und fragte: ›Warum sind Sie so komisch angezogen? Wieso diese Zirkusuniform?‹ Mein Vater antwortete lakonisch: ›Ich darf sie noch tragen.‹

Das war sehr undiplomatisch. Heydrich war bei der Marine der Untergebene meines Vaters gewesen, er wurde später unehrenhaft aus der Marine entlassen. Und jetzt musste er sich diesen Spruch anhören!

10. April 1935.

Eine frühere Mitarbeiterin des Forschungsamts ruft bei Schimpf an. Der packt sofort die Koffer. Sogar die Dienstwaffe wird er mitnehmen. Er verabschiedet sich von seiner Frau.

»Hans, was ist los? Red' mit mir. Warum nimmst du die Pistole mit?«

»Frag mich nicht.«

»Aber ...«

»Was auch passiert, es hat nichts mit dir zu tun. Wenn man über mich spricht, dann glaube es nicht.«

Chauffeur Neugebauer fährt seinen Chef nach Frankfurt an der Oder. Am Bahnhof steigt Hans Schimpf aus, Neugebauer darf wieder nach Berlin zurück. Hans Schimpf nimmt den Zug nach Breslau.

Dort trifft er sich mit der Frau, die angerufen hat, im Restaurant des Hotels *Monopol*. Die Beiden essen zu Abend, danach verschwinden sie auf den Zimmern.

In Berlin fragt Hermann Göring beim Hochzeitsbankett, wo denn der Schimpf sei. Am Tag darauf macht die Nachricht die Runde, er sei bei einem Verkehrsunfall in der Nähe von Breslau tödlich verunglückt. Sogar der Platz, an dem das passiert sein soll, wird genannt. Normalerweise gibt es dort keine Unfälle, nicht viel Verkehr auf dieser Straße.

In den nächsten Tagen wird die Causa Schimpf

immer verworrener. Mal heißt es, seine Leiche sei in Breslau gefunden worden. Mal zwischen Breslau und Berlin. Mal in Berlin. Mal war er das Opfer eines Verkehrsunfalls. Mal soll er sich selbst erschossen haben. Mal wurde neben ihm die Leiche einer Frau entdeckt, mal nicht.

Schimpfs Leiche aber wird nicht in einem Hotel in Breslau oder nach einem Verkehrsunfall in Berlin in einem Krankenhaus aufgefunden. Schimpfs Leiche liegt mitten im Berliner Grunewald. Er hat eine Kugel im Kopf.

Sicher ist, dass Hans Schimpfs Körper sehr schnell verbrannt wurde. Und bald haben sich die wenigen verbleibenden Spuren zur Unkenntlichkeit verwischt.

Armin Fuhrer, Jahrgang 1963, ist einer der belesensten Kenner des Forschungsamts. Er hat Geschichte, Politik und Öffentliches Recht studiert, als Journalist arbeitete er für die *Welt* und als Investigativ-Experte für den *Focus*. Fuhrer weiß, wie man Quellen anbohrt, er findet sich im dichtesten Aktendschungel zurecht. Aber wenn der Faktenfinder Fuhrer über den Tod des Hans Schimpf schreibt, ist zu spüren, wie verunsichert selbst er ist.

»Göring sah sich gezwungen, Schimpf fallen zu lassen. Er war ebenso wütend über den Fehler wie peinlich berührt über die Intervention Hitlers; Göring wollte seinen Mann Hans Schimpf loswerden.

Ihn einfach zu entlassen, war kaum möglich. Dazu kannte Schimpf viel zu viel Geheimnisse, die sein Amt aufgedeckt hatte.

Hans Schimpf ist eine Gefahr. Aus Sicht des brutalen Machtstrategen Göring bleibt nur eine Möglichkeit: Schimpf muss weg. So geschieht es – das ist die wahrscheinlichste Version – im Auftrag seines eigenen Chefs Hermann Göring.«

Armin Fuhrer:

»Am Tag vor dem Fund hat Göring mit großem Pomp in Berlin die Hochzeit mit seiner zweiten Frau, der Schauspielerin Emmy Sonnemann, gefeiert. Beim Bankett sitzt ein Mann an Görings Tisch den man dort sicher nicht unbedingt erwartet hätte: Christoph Prinz von Hessen. Seine Frau Sofie wird sogar direkt gegenüber von Hitler platziert. Wie gelangt dieser Adelige an diese herausgehobene Stelle? Welche Rolle spielt er in Görings Machtgeflecht?«

Ganz einfach. Christoph von Hessen ist der neue Chef im Forschungsamt.

Der Fall beschäftigt die Beobachter – aber sie können sich keinen Reim machen. Einen Monat nach dem Fund der Leiche von Hans Schimpf schreibt der Wiener Korrespondent des »Pariser Tagblatts«:
»Ein sensationeller Bericht beschäftigt sich mit einem neuen Fememord der Gestapo, diesmal an dem Leiter des Forschungsinstituts für das Flugzeugwesen, dem Marinekommandanten a.D. Hans Schimpf, einem

Mitarbeiter und ehemaligen Freund Görings, der seit einigen Tagen aus Berlin verschwunden ist. Schimpf wurde in einem Wald, 50 Kilometer von Berlin entfernt, erschossen aufgefunden.

Wenige Tage vor Ostern entdeckte man im Archiv des Reichswehrministeriums, dass wichtige Dokumente verschwunden waren. Eine Untersuchung ergab, dass Schimpf diese Dokumente aus dem Ministerium verschwinden ließ.

Der Vorgang wurde untersucht, er landete bei Hitler, Schimpf wurde entlassen.

Dies war nun ein Vorwand für die Gestapo, einen weiteren Mitwisser vieler Geheimnisse aus dem Wege zu räumen. Einige Tage später wurde Schimpfs Leiche mit einer Schusswunde im Kopf aufgefunden.«

Armin Fuhrer:

»Den Tod Schimpfs nutzt die NS-Propaganda zu einem großen Auftritt. Die Leiche des Forschungsamts-Chefs wird im Krematorium in Berlin Wilmersdorf eingeäschert. Das hat den Vorteil, dass keine nachträgliche Obduktion jemals die wahre Todesursache an den Tag bringen kann. Ein gigantischer Lorbeerkranz mit der Aufschrift *Für meinen treuen Mitarbeiter Hans Schimpf. In Dankbarkeit Hermann Göring* soll seine Betroffenheit öffentlich zeigen, die Lug-und-Trug-Rede hält Staatssekretär Milch aus dem Luftfahrtministerium. Dann tritt der ehemalige Feldbischof Friedrich Gottlob Erich Schlegel vor die Trauernden.

»Liebe Trauergemeinde! Viel Wehmut tritt an diesen Sarg, wertvollstes Menschenleben ging zu Ende, unerwartet, ungeahnt, herausgerissen mitten aus der Bahn und fort gerafft in der Blüte der Kraft. Wir reden zwar männlich von dem Tode und treuer Kameradschaft und sind voll der Liebe und Verehrung. Aber in uns liegt nun schon seit Tagen das bohrende Gefühl: Musste das sein? Warum, warum schon jetzt und warum so zu Ende?

Wir wollen Hans Schimpf nicht vergessen. Wir gehen auf Karfreitag zu. Kennt ihr die Wirkung des Karfreitags-Liedes *Wenn ich einmal soll scheiden, so scheide nicht von mir*? Wenn das Lied weithin klingt in die Runde – dann, wahrlich über jedes Haupt, schwebt das Geheimnis seiner Todesstunde.«

An der Hand seiner Mutter steht der elfjährige Rolf, Sohn des Hans Schimpf, und versteht nichts.

80 Jahre später wird er noch immer rätseln. 2015 sagt Rolf Schimpf – der landesbekannte »Alte«, der Kommissar der TV-Nation:

»Im Fernsehen habe ich jeden Fall gelöst. Beim Tod meines Papas tappe ich im Dunkeln. Ich weiß nur, dass er keinen Selbstmord begangen hat. Das war er nicht. Sie haben ihn umgebracht. Irgendwelche von diesen Nazis, von dieser Aasbande, haben ihn kalt gestellt.«

EINMAL SOLDAT,
IMMER SOLDAT

1936-1945

MIT-MENSCHEN

MARLENE DIETRICH

Am 19. Februar 1945 diniert Marlene Dietrich im Grill Room des Hotel *Claridge's* in Paris. Sie hat eine Crème Solferino, Pommes Macaire, Soissons Bretonné, Choux Fleurs à Sauce Crème, Käse, Pâtisserie.

Maria Riva, die Tochter der Dietrich, erinnert sich:

Meine Mutter lässt die Speisekarte mitgehen, setzt sich in ihrem Hotel an den kleinen Schreibtisch und notiert ihren Zorn. Da geht man eine halbe Stunde zu Fuß und bekommt das zum Abendessen! Ich habe von dem Phenol in der Armeeverpflegung einen verkorksten Magen und muss unbedingt etwas Frisches essen. Und und dann sowas – 200 Francs für den Wein, und der ist so ziemlich das einzig Anständige, was man bekommt. Wenn Du also irgendwo liest, dass es sich in Paris gut leben lässt und dass es hier fantastische Schwarzmarkt-Restaurants gibt, glaube kein Wort davon. Welcher Luxus?«

Maria Riva schreibt über die Zeit ihrer Mutter im Frühling 1945:

Marlene führt weiter Krieg mit Liedern. Plötzlich wird sie von der Front zurückbeordert.

Sie trifft den Viersterne-General Omar Bradley in seinem Wohnwagen im Hürtgenwald. Blass und müde sieht er aus. »Morgen werden wir in Deutschland einmarschieren. Marlene, Sie kommen nicht mit, ich habe das mit Eisenhower besprochen, und wir halten es für besser, wenn Sie im Hinterland bleiben – Sie können beispielsweise Krankenhäuser besuchen.«

Meine Mutter wollte da nicht mittun.

Wütend ist die Dietrich, die dabei sein will, wenn den Deutschen der Rest gegeben wird.

ADOLF HITLER

Traudl Junge ist Sekretärin beim »Führer«. Bis zu seinem Selbstmord bleibt sie an seiner Seite. Sie beschreibt später, wie sie in der Endphase noch einmal viel arbeiten muss:

Es war wie ein böser Traum. Was gab es noch zu reden? Jetzt sprach nur noch der Höllenlärm, den Bomben, Granaten, Artillerie und Panzer verursachten. Bald würden die Russen den Potsdamer Platz erreicht haben, vielleicht schon in wenigen Stunden, und dann war es nur noch ein Katzensprung, bis sie unsere Türe stürmten.

Da winkt Hitler mich zu sich. ›Vielleicht können wir jetzt gleich schreiben, kommen Sie‹ – Wir gehen nebeneinander in das Konferenzzimmer. Ich will die Schreibmaschine aufdecken, aber der Führer sagt: ›Nehmen Sie den Stenogrammblock.‹

Hitler steht an seinem gewohnten Platz an der Breit-

seite des Tisches, stützt beide Hände auf und starrt auf die leere Platte, die heute keine Landkarten, keine Stadtpläne mehr bedecken. Dann plötzlich wirft der Führer die ersten Worte in den Raum: ›Mein politisches Testament.‹

Jetzt verstehe ich überhaupt nichts mehr. Wenn alles verloren ist, wenn Deutschland vernichtet, der Nationalsozialismus auf ewig tot ist, wenn der Führer selbst keinen anderen Ausweg mehr weiß als Selbstmord, was sollen dann die Männer, die er ernennt, noch tun? Ich kann es kaum fassen. Hitler spricht und schaut kaum auf dabei.

Traudl Junge, eine exzellente Stenografin, muss sich beim Diktat nicht sehr anstrengen. Früher brachen die Texte wie Katarakte aus dem Mund des Führers – da kam man manchmal nicht mehr mit. Jetzt nuschelt Hitler, er müht sich stockend durch sein letztes Diktat.

Mein politisches Testament.

Seit ich 1914 als Freiwilliger meine bescheidene Kraft im ersten, dem Reich aufgezwungenen Weltkrieg einsetzte, sind nunmehr über dreissig Jahre vergangen. Ich habe meine Zeit, meine Arbeitskraft und meine Gesundheit in diesen drei Jahrzehnten verbraucht. Es ist unwahr, dass ich den Krieg gewollt habe. Der eigentlich Schuldige an diesem mörderischen Ringen ist: das Judentum!

Ich kann mich nicht von der Stadt trennen, die die Hauptstadt dieses Reiches ist. Da die Kräfte zu gering sind, um dem feindlichen Ansturm gerade an dieser Stelle noch länger standzuhalten, möchte ich mein Schicksal mit jenem teilen, das Millionen anderer auch auf sich genommen haben, indem ich in dieser Stadt bleibe. Außerdem will ich nicht Feinden in die Hände fallen, die zur Belustigung ihrer verhetzten Massen ein neues, von Juden arrangiertes Schauspiel benötigen. Ich hatte mich daher entschlossen, in Berlin zu bleiben und dort aus freien Stücken den Tod zu wählen. Ich sterbe mit freudigem Herzen angesichts der mir be- wussten unermesslichen Taten und Leistungen unserer Soldaten an der Front, unserer Frauen zuhause, der Leistungen unserer Bauern und Arbeiter und des in der Geschichte einmaligen Einsatzes unserer Jugend, die meinen Namen trägt.

Ich stoße vor meinem Tode den früheren Reichs- marschall Hermann Göring aus der Partei. Ich er- nenne an Stelle dessen den Großadmiral Dönitz zum Reichspräsidenten und Obersten Befehlshaber der Wehrmacht. Ich stoße vor meinem Tode den früheren Reichsführer-SS und Reichsminister des Innern, Hein- rich Himmler aus der Partei sowie aus allen Staats- ämtern aus. Ich ernenne an seiner Stelle den Gauleiter Karl Hanke .... Als Führer der Nation ernenne ich fol- gende Mitglieder des neuen Kabinetts: Reichspräsident: Dönitz. Reichskanzler: Dr. Goebbels ...

Vor allem verpflichte ich die Führung der Nation und die Gefolgschaft zur peinlichen Einhaltung der Rassegesetze und zum unbarmherzigen Widerstand *gegen den Weltvergifter aller Völker, das internationale Judentum.*

Gegeben zu Berlin, den 29. April 1945, 4.00 Uhr.
Adolf Hitler

LENI RIEFENSTAHL

»Ich bedaure zu 100 Prozent, Hitler kennengelernt zu haben. Dass der in mein Schicksal eingegriffen hat. Mein ganzes Leiden nach dem Krieg ist ja nur dadurch entstanden.«

1936 rockt Leni Riefenstahl, die Star-Regisseurin des Dritten Reichs, zwei gigantische Dokumentarfilme über die Olympischen Spiele in Berlin – »Fest der Völker« und »Fest der Schönheit«.

Die Nazis sponsern Frau Riefenstahl mit drei Millionen Reichsmark; die Perfektionistin kriegt, worauf sie Bock hat: Unterwasserkameras, Ballonfahrten, einen Aufzug an der Stabhochsprung-Anlage, 300 Angestellte, 34 Kameramänner, ein Honorar von 400000 Reichsmark. In der Postproduktion kämpft sie sich durch 400000 Meter Film, braucht dafür zwei Jahre – Propagandaminister Goebbels bekommt bei soviel Gedöns und Getue Schnappatmung und herrliche Wutanfälle.

Die Filme sind phantastisch.

Susan Sonntag kann sich der Schönheit der Bilder nicht entziehen. »Riefenstahl verwandelt simplen Sport in hehre Kunst und setzt bis heute Maßstäbe in der Sportberichterstattung.«

Den Triumph kann die Riefenstahl nicht auskosten.

Der Krieg.

Hitler will jetzt martialische Bilder. Dreharbeiten an der Front in Polen bricht Leni Riefenstahl nach zwei Tagen ab, nachdem sie – so verbreitet sie es später – von einem deutschen Soldaten mit den Worten »Schießt das Weib nieder« bedroht worden ist.

Sie beginnt den Dreh eines grässlichen Spielfilms: »Tiefland«.

1945. Die Nachricht von Hitlers Tod erreicht Leni Riefenstahl in Kitzbühel, sie weint eine Nacht lang.

Die Amerikaner verhören sie, zeigen ihr Fotos aus den Konzentrationslagern. Sie erklärt, sie habe nichts gewusst. Die Amerikaner beißen sich an ihr die Zähne aus – Leni Riefenstahl wird als »entnazifiziert« am 3. Juni 1945 aus der Haft in Dachau entlassen.

DIETMAR ZOEDLER

1936 gab es für mich besondere Ferien: ich durfte zu den Olympischen Spielen nach Berlin fahren. Mein Vater hatte eine Freikarte für alle Veranstaltungen, konnte sie aber nicht nutzen, und ich fuhr an seiner Stelle. Ich wohnte bei Tante Gretel, der Schwester meiner Großmutter, einer etwas extravaganten Dame mit rot gefärbten Haaren.

In Berlin ging es in diesen Tagen der Olympischen

Spiele noch turbulenter zu als üblich, die Straßen waren geschmückt, und wenn man an der Gedächtniskirche in den Ku'damm einbog, waren die Straßenlaternen mit großen Plakaten mit Darstellungen der deutschen Gaue und der Großstädte geschmückt – es gab nichts Größeres als Deutschland.

Das große Olympiastadion war bis auf den letzten Platz gefüllt, und der Führer beglückwünschte jeden Olympiasieger – nur dem 100-Meter-Sieger Jessie Owens, einem Schwarzen, verweigerte er den Handschlag. Das empfand ich als ziemlich kleinkariert.

Dann war Krieg. Zunächst ging es nach dem Abi in den Reichsarbeitsdienst. Es war hart – besonders weil man den Abiturienten beibringen wollte, dass auch andere Jugendklassen ihre Daseinsberechtigung hatten.

Mit abgeschlossenem Physikum wurde ich am 1. April 1941 zum Militärdienst eingezogen. Die frisch Einberufenen wurden nach Metz verfrachtet, in Frankreich lebten wir wie die Sonnenkönige.

Dann kam ich an die Ostfront.

Die Russen hatten sich auf eine Verteidigungslinie vor Petersburg zurückgezogen. Wir fuhren nah an eine Bunkerstellung heran, die sich durch leicht erhabene Erdhügel abzeichnete, aus denen eine Art Ofenrohr mit Hütchen herausragte. Ich kroch an diesen ›Schornstein‹ heran, hörte durch das Rohr Stimmen – und warf eine Handgranate in das Rohr.

Unten eine mächtige Detonation, Schreie, Stöhnen.

Dann Stille. Darauf kroch ich zu dem mannstiefen schmalen Laufgraben und sah vor der Bunkertür einen toten Russen liegen, in seiner Blutlache.

Ich sprang in den Graben und ging zur aufgerissenen Bunkertür. Drinnen lagen lagen in ihrem frischen Blut tote Russen, inmitten der Trümmer. Die Handgranate hatte offenbar den Eisenofen zerrissen und dadurch ihre Wirkung vervielfacht.

Weil ich nicht sicher war, ob wirklich keiner mehr am Leben war, zündete ich eine weitere Handgranate und wollte sie durch den Laufgraben vor die Bunker-tür werfen.

Aber ich hatte einen Balken übersehen. Die Granate prallte dagegen, kollerte vor meine Füße. Mit einem Hechtsprung sprang ich über den toten Russen in einen Seitengang. Mächtige Explosion.

Und mir passierte nix.

Zögernd tastete sich einer aus dem Bunker. Offen-sichtlich ein russischer Offizier.

Den erschossen wir.

Anfang 1944 machte ich meine Doktorarbeit in Johannisbad im Riesengebirge.

Zur Jahreswende wurde es fürs heimische Breslau kritisch. Mein Vater hatte sich unglücklicherweise das Bein gebrochen. Die Evakuierung Breslaus wurde beschlossen; meine Eltern mussten alles, was sie bis dahin in ihrem Leben geschafft hatten, von einem Tag auf den anderen zurücklassen. Wir packten das Notwendigste in unser Auto, und da mein Vater mit *dem gebrochenen Bein ja nicht fahren konnte, fuhr ich meine Eltern in Richtung Görlitz zu entfernten Verwandten, die dort ein Gut hatten.*

HERMANN FRIEDRICH

Hermann Friedrich kommt am 4. Mai 1891 in Esslingen zur Welt. Sein Vater, ein stadtbekannter Sozi, zieht mit der Familie schon bald nach Karlsruhe um, wo Friedrich zur Schule geht und danach eine Lehre als Metzger macht. 1908 wird er Mitglied der SPD. Er ist ein politisch engagierter junger Mann, dessen Leben bald aus den Fugen geraten wird.

Erster Weltkrieg. Gefreiter Friedrich wird schwer verwundet, berappelt sich wieder. Heiratet. Nach dem Krieg ziehen seine Frau und er nach Konstanz, dann wohnen sie in Sigmaringen. Friedrich arbeitet als Amtsbote und Gemüsehändler.

In Sigmaringen gründet er im Januar 1919 den SPD-Ortsverein.

Einen Monat später, am 1. Februar 1919, ist er einer der Rädelsführer der Gruppe von Krawallbrüdern, die als Demonstranten des Reichsbundes der Kriegsbeschädigten das Redaktionsbüro der *Hohenzollerischen Volkszeitung* demolieren. Die jungen Männer werden gefasst, Friedrich muss das erste Mal »einfahren«: ein Jahr Gefängnis wegen Landfriedensbruchs. Er tritt die Strafe an, verhält sich im Knast untadelig und wird frühzeitig entlassen.

Friedrich gefällt sich in der Position eines Linksaußen. 1922 zieht er für die SPD in in den Kommunallandtag ein, aber das ist ihm nicht radikal genug. 1923 wechselt er zur KPD.

Jetzt wird es wild in Hermanns Leben. Er wird von Verfahren zu Verfahren gezerrt: Verbreitung verbotener kommunistischer Flugschriften, Beleidigung, Hausfriedensbruch, Ruhestörung.

»Ich kann nichts dafür« erklärt Friedrich den Richtern. »Ich bin seelisch krank.« In einer Verhandlung vor dem Hechinger Gericht folgt der oberste Staatsanwalt dieser Einstellung. Friedrich verliert sich mehr und mehr. 1925 endet sein Mandat im Kommunallandtag. Auch aus der KPD ist er schon ausgetreten.

Es zieht ihn zurück nach Karlsruhe.

Dort lernt er Adolf Adolf Hitler kennen. Er ist begeistert von diesem charismatischem Mann. 1927 tritt er der NSDAP bei .

Doch lange hält er bei den Rechten nicht aus. 1929 tritt er aus der NSDAP aus, von da an bekämpft er Hitler und die Braunen. Mit seiner Frau ist er auseinander, unter der Tür werden ihm Morddrohungen durchgeschoben, er setzt sich nach Straßburg ab. Dort ist er geduldet, man hält ihn für einen politischen Flüchtling.

1933 wollen die Franzosen ihn auch nicht mehr,

er gerät unter Spionageverdacht, muss das Land verlassen, trudelt weiter nach Saarbrücken. Dort randaliert er als Herausgeber der Zeitung »Treudeutsche Saarwacht«.

Wieder gibt es Streit, wieder kehrt er nach Straßburg zurück, wieder hält er es dort nicht aus, wieder wird er von den französischen Behörden ausgewiesen. Diesmal setzt er sich nach Österreich ab.

Er findet keine Arbeit, will nach Deutschland zurück, wird auf der Heimfahrt wegen Landesverrats verhaftet. Was soll aus dem Mann werden? Er wechselt im Monatstakt die Stelle. Beim Finanzamt Friedrichshafen wollen sie den Friedrich auch nicht. 1943 soll er in einem Schramberger Rüstungsbetrieb arbeiten, tritt aber den Dienst nicht an.

Der als Querulant bekannte Hermann Friedrich taucht unter. Er bleibt unter dem Radar bis zum 14. März 1944. Das ist der Tag, an dem er verhaftet wird. Er fährt ins Gefängnis ein, stellt sich ans Zellenfenster und bellt eine Rede gegen Partei und Behörden in den Hof.

Der Gefangene wird nach Stuttgart verlegt, danach ins Polizeigefängnis Welzheim verschoben. Dann kommt Hermann Friedrich ins bayerische KZ Dachau.

Am 15. Oktober 1944 bringt ihn ein Gefangenenzug ins KZ Mauthausen. Dort überlebt er noch zwei Monate. Hermann Friedrich, geboren in Esslingen, stirbt am 4. Januar 1945.

WILHELM MURR

Wilhelm Murr, nationalsozialistischer Politiker, Gauleiter und Reichsstatthalter in Württemberg Hohenzollern, kommt am 16. Dezember 1888 in Esslingen am Neckar zur Welt. Früh Vollwaise, kaufmännische Lehre, bald in der Maschinenfabrik Esslingen tätig, verdienter Soldat im Ersten Weltkrieg in einem Infanterieregiment in Russland auf dem Balkan und an der Westfront.

1923 tritt er der NSDAP bei, avanciert zum Gruppenleiter in seiner Vaterstadt, wird später Gau-Propaganda-Leiter – und im Februar 1928 schließlich Gauleiter in Württemberg. Er ist ein in der Wolle gefärbter Nazi, den Goebbels verächtlich als »Parvenü« bezeichnet.

In der Tat ist Emporkömmling Murr alles andere als elegant – und gerade deswegen wertvoll für die braune Horde. Ein skrupelloser Mann fürs Grobe ist er. Ohne Zustimmung Murrs oder seiner Beauftragten kann in Württemberg praktisch nichts mehr geschehen. Der Mord an den Juden und an den Geisteskranken, die Ausführung aller Führer-Befehle: Murr macht mit, Murr schafft an.

Er wird bis ins Jahr 1945 an den Endsieg glauben, alles der Parole »Schwabentreue« unterordnen, gegen Ende des Krieges die Zerstörung aller militärischen, industriellen und Versorgungs-einrichtungen anordnen.

Am 20. April flieht Murr, zusammen mit seiner Frau und anderen Unbelehrbaren, aus Stuttgart. Er hat einen falschen Namen angenommen, sucht südwärts sein Heil.

Erster Halt im ehemaligen Kloster Urspring bei Schelklingen, weiter nach Kißlegg, Wangen im All-gäu, Kressbronn am Bodensee, hinauf ins Große Walsertal.

Bis zum 12. Mai verstecken sich die Flüchtigen auf der Biberacher Hütte, dann wechseln sie in eine Almhütte oberhalb von Schröcken.

Am nächsten Morgen werden sie von französischen Soldaten festgenommen. Murr gibt sich als Walter Müller aus. Er und seine Frau werden nach Schoppernau und dann nach Egg gebracht. In einem unbeobachten Augenblick beißen Murr und seine Frau auf zwei Giftampullen. Ihre Leichen werden auf dem Friedhof von Egg vergraben.

Die amerikanischen Besatzer haben den ehemaligen Mann fürs Grobe noch auf der Rechnung. Sie forschen nach, landen in Egg, öffnen das Grab des angeblichen Herrn Müller. Der Stuttgarter Zahnarzt prüft das Gebiss und erklärt, das gehöre Gauleiter Wilhelm Murr.

In der Stadt Böblingen wird Wilhelm Murr noch bis zum 13. Oktober 2011 Ehrenbürger sein. Dann machen es die Böblinger wie die Esslinger:

Sie erkennen dem einstmaligen Pracht-Nazi die Ehre ab.

PAUL FLORA

Ein General, oder eigentlich das Begräbnis desselben, zählt zu meinen stärksten Kindheitseindrücken. An einem Winternachmittag des Jahres 1932 geriet ich am Stadtrand von Innsbruck in das pompöse Leichenbegängnis eines berühmten Kaiserjägergenerals und sah die Überreste von Altösterreich durch eine kahle Kastanienallee, von Raben umkrächzt, unter düsterem Himmel dem Friedhof entgegenwanken.

Das war die Welt Kubins. Seine Zeichnungen sah ich fünf Jahre später, sie faszinierten mich, und ich versuchte, ähnliches zuwege zu bringen. In der Schule war ich indessen sehr erfolglos, musste mehrere Klassen wiederholen, und nur die sehr herabgeminderten Anforderungen in der Kriegszeit erlaubten mir 1942, die Matura zu bestehen.

LORIOT

Vico von Bülow gehört drei Jahre zur 3. Panzer-Division an der Ostfront. Er ist Zugführer, Ordonnanzoffizier, Führer des Bataillons-Stabes, zuletzt hat er den Dienstgrad Oberleutnant, ist behängt mit dem Panzerkampfabzeichen in Bronze, dem Eisernen Kreuz zweiter und erster Klasse.

Über die Zeit sagt er später:

»Als Soldat war ich nicht gut genug, sonst hätte

ich am 20. Juli 1944 zum Widerstand gehört. Aber für den schauerlichen deutschen Beitrag zur Weltgeschichte werde ich mich schämen bis an mein Lebensende.«

DAS KANN DOCH EINEN SEEMANN NICHT ERSCHÜTTERN

Ein erfahrener Seemann plaudert aus der Schule, plaudert so frisch drauflos, dass einem zumute wird, als habe man alles selber gesehen, die Linienschiffe und Kreuzer, vom Maschinenraum und den Geschütztürmen, als habe man das Bordleben auf den flinken Torpedobooten und den Minensuchern mitgemacht. Abenteuerliches, technisch und strategisch Interessantes – und überall bricht echter Seemanns-Humor hervor.

Was in diesen Band nicht berücksichtigt ist, wird im zweiten Band stehen. Der erscheint im gleichen Format und in der gleichen Ausstattung im Herbst 1934.

So steht es im Klappentext von »Dicke Schiffe, schnelle Kreuzer und die schwarze Kunst« von Korvettenkapitän Hans Schimpf. Rolf hat das Buch in seinem Kinderzimmer immer zur Hand, genau wie »Schicksalsschlachten der Deutschen Geschichte« von General Ernst Friedrich Karl Albert Kabisch und »Der Schiffsjunge der Emden –

eine Erzählung aus dem Weltkrieg« von Winfried Gurlitt. Er lernt schon das Lesen, bevor er in die Schule kommt – und der Vater nimmt sich mit seinem Ältesten die »Dicken Schiffe« immer wieder vor. Auch als er 90 ist, kann Rolf Schimpf ganze Textstücke auswendig.

Mit Behagen zitiert er:

Inzwischen rückt Weihnachten heran, die Seeleute schmücken mit Signalflaggen und farbigen Transparenten ihre Wohnräume, und am Heiligen Abend sitzen die Seeleute mit glücklichen Gesichtern an ihren Tischen, stolz auf ihr Schiff und voll von Erwartungen, was sie auf ihm in der Heimat und in der weiten Welt draußen noch erleben werden.

An Weihnachten und am selben Silvesterabend geht der Seemann nicht gerne an Land, sein Schiff ist seine Heimat und der Kameradenkreis seine Familie. Seeleute sind große Kinder, sie können andächtig unter dem Weihnachtsbaum sitzen und alle Lieder mitsingen, sie können aber ebenso im Verlaufe des Abends noch sehr fidel werden, und der wachhabende Offizier hat dann seine liebe Mühe, sein Kriegsvolk zur befohlenen Zeit in die Hängematten zu verstauen.

Oder:

Torpedobootsleute halten auch nach ihrer Dienstzeit auf den Booten wie Pech und Schwefel zusammen, der Halbflottenchef ist mit seinem Kommandanten und diese sind wieder mit ihren Besatzungen so eng verwachsen, ihr gemeinsames Erleben auf den Booten

war so eindrucksvoll und so lebendig, dass die Bin-
dungen aus dieser Gemeinschaft auch dann weiter
fortbestehen, wenn das Ausscheiden aus dem aktiven
Dienst die Menschen voneinander getrennt hat. Und
wenn sie sich nach Jahren irgendwo in der Heimat
oder draußen in der Welt wiedersehen, dann gibt es ein
Thema, das in ihren Gesprächen immer wiederkehrt:
Unser Boot!

Wie oft lesen sie in dem Buch, Vater Hans
und sein Lieblingssohn Rolf. Da gibt es diesen
Sommermorgen, als der Papa sagt, man werde
bis zum Abend unterwegs sein. Sie fahren zum
Schlachtensee, dort liegen im Wannseehafen bei
Schwanenwerder eine Jolle und ein Schlauchboot,
das der Marine-Mann Schimpf beim Fabrikanten
Hans Scheibert organisiert hat. Vater und Sohn
lassen sich auf dem See treiben, sie trinken Bier
und Limo, futtern Stullen, und der Vater liest aus
seinem Buch vor.

Der Dienst ist zu Ende. Um 18 Uhr gibt's Abendbrot,
die Urlauber ziehen sich um, treten auf der Schanze
an, werden dort gemustert und fahren dann mit der
großen Motorbarkasse an Land. Die Wache, die an
Bord bleiben muss, vertreibt sich die dienstfreie Zeit
mit Lesen, Schreiben, Spielen oder – und das ist eine
beliebte Abendbeschäftigung – mit »Bollwerken«. Da-
runter versteht der Seemann den Abendbummel an
Deck oder vor dem Schiff auf der Pier. Zu zweit oder
dritt gehen sie, die kurze Pfeife im Mund, an Deck auf

und ab; es wird dabei nicht übermäßig viel geredet, das liebt der Seemann nicht besonders.

In den Wohnräumen sind die Lautsprecher angestellt. Die »Konservenmusik« – so werden an Bord die Rundfunkkonzerte genannt – stört weder beim Kartenspiel noch beim Lesen. In einer Ecke sitzen ein paar junge Rekruten um einen alten Stabsgefreiten herum und lassen sich von fremden Ländern und Meeren erzählen. Bilder von Batavia, Yokohama, und Valparaiso werden herumgereicht und ausgiebig bewundert.

Rolf Schimpf lümmelt auf der Wulst des Schlauchboots, die Sonne brennt auf den Wannsee, aus dem Süden kommen die Schreie der Menschen am Strandbad, die Segler langweilen sich, weil ihnen der Wind fehlt.

Die Stimme des Vater ist ein bisschen brummig, es ist die schönste Stimme der Welt für den kleinen Rolf. Er lässt sich von der Phantasie in die fremden Länder bringen, hat eine Ahnung, wie schön so eine Kameradschaft wohl ist. Er ist auf hoher See, feuert Torpedos auf den Feind ab. Er entrinnt der höchsten Gefahr und kommt nach langer Fahrt wieder in den heimatlichen Hafen.

Es muss das Höchste eines Männer-Lebens sein. Ein Kamerad unter Kameraden, ein Krieger fürs Land, ein Held.

So will er es auch einmal für sich.

»Du wirst auch einmal ein Soldat sein«, sagt der Vater. »Und ich werde stolz auf Dich sein.«

Dann ist der Papa weg.

Die Mutter weint ganze Tage lang. Fremde Menschen gehen im Haus ein und aus, die Erwachsenen schauen einen ganz seltsam an.

Die Tante sagt zu Rolf und seinem Bruder: »Heute zieht Ihr das an. Heute müsst Ihr tapfer sein.«

Weißes Hemd, dunkle Hose und dunkle Jacke. Die Jungen sehen aus wie kleine Erwachsene. Sie gehen an der Hand der Mutti zum Begräbnis des Vaters, viele Menschen reden am Grab, schweigend kommen fremde Erwachsene und geben auch den Kindern die Hand. Sie sagen »Beileid« oder etwas Ähnliches. Danach geht man in ein Restaurant, die Erwachsenen werden gesprächig und laut, die Mutter ist stumm und verweint und weiß wie ein Laken.

Dann fährt man nach Hause.

Und Rolf weiß nicht, was los ist.

In der Schule wird getuschelt. Einer sagt mal, »das war doch ein Fememord, sagt mein Papa« – und wird derbe bestraft.

Mutter Schimpf und ihre Jungens ziehen um.

Die Villa ist zu teuer, die Wohnungen werden immer kleiner und bescheidener. Ihre schönen

Möbel lässt Frau Schimpf ins heimatliche Esslingen spedieren, wo die Familie noch Häuser be-
sitzt. Das Wohnen in Berlin wird karg.

Tapfer sein!

Rolf lässt sich nicht hängen. Er bringt gute Noten
aus der Schule heim. Fällt nicht auf. Was aus dem
Jungen mal wird? Wer kann das schon sagen – in
diesen Zeiten ist ohnehin nichts sicher.

Wenn die Familie ins Kino geht, landet sie in
einer bizarr heilen Welt. Wenn abends die Mutti
den Volksempfänger VE 301 aufdreht, hört sich
alles leicht und zuversichtlich an.

Ich brauche keine Millionen.

Mir fehlt kein Pfennig zum Glück.

Die Mutter schaut keine Männer mehr an. Sie hat
ihre Kinder, für die muss sie jetzt da sein. Es gibt
eine Witwenrente, von der die Familie leben kann.
Nicht fürstlich – aber Frau Schimpf muss nicht für
fremde Leute Wäsche waschen oder sich als Tippse
oder in der Fabrik durchschlagen. Sie macht es den
Jungen und der Tochter schön – so gut man es sich
in diesen Zeiten halt machen kann.

Sie leistet es sich, den Kindern etwas vorzu-
gaukeln. Sie inszeniert für sie eine heile Welt.
»Heil Hitler« – das ist draußen vor der Tür.

ICH BIN JA HEUTE
SO GLÜCKLICH!

Das gibt's nur einmal / das kommt nie wieder. / Das
ist zu schön, / um wahr zu sein.

IRGENDWANN, IRGENDWO GIBT'S EIN KLEINES BISSCHEN GLÜCK

»Wir sind schließlich in der Marinesiedlung in der Hortensienstraße, nah am Botanischen Garten, gelandet. Aber halt mal, das war ja viel später. Das war – warte mal – das war 1943. Da ging es für mich schon ins Feld.«

Rolf orientiert sich in dieser Zeit am Lehrer Huber. Das ist ein Mann, der die Jungen versteht. Sportlich, drahtig, ein Kumpel und ein Rollenmodell für die Jungs.

»Er war bei der Sturmartillerie. Wenn er auf Fronturlaub nach Berlin kam, besuchte er uns in der Klasse und erzählte. Vom Westfeldzug. 10. Mai bis 25. Juni neunzehnvierzich – zackzack nach Frankreich, mit frisch gewichsten Stiefeln in Paris rein marschiert. Er erzählte von Kameradschaft und dem großen Ziel.

Er hat mich gefragt ›Na, Schimpf, was ist mit Dir? Bereit fürs Vaterland?‹ Da habe ich genickt. Und dann habe ich ihm ganz stolz berichtet, dass ich gerade den Jagdschein gemacht hatte. Er hat mir so 'nen Schubser gegeben und gemeint ›Na, das hört sich gut an. Jetzt bauste schnell das Abi – und dann aber ...‹

Da war ich ganz stolz.

Ich bewunderte Herrn Huber sehr.«

ein FREUND, ein guter FREUND

goodbye johnny

ich brech' die
herzen der
stolzesten
fraun

Fast 16 ist Rolf Schimpf, als er in der Heimat-
zeitung aus Esslingen am 15. Oktober zu lesen
bekommt, dass er nachgewiesenermaßen aus
gutem Haus kommt. »Vom Arbeitstisch zu Welt-
firma – 125. Wiederkehr des Gründungstags der
Firma C. Deffner, Eßlingen« heißt es da. Der
Tonfall des Artikels: beherrscht, begeistert, stolz,
trotzig.

»Betriebsführer Greiner forderte sämtliche heute
tätigen Gefolgschaftsmitglieder zu eisernem Zu-
sammenstehen bis zum Endsieg auf, damit auch
dieser Sturm, wie schon so viele, die in der langen
Reihe von Jahren über das Werk und unsere Heimat brausten, gemeistert werden kann.

Alsdann brachte Greiner in bewegten Worten
den aufrichtigen Dank der Gefolgschaft zum Ausdruck, mit dem Gelöbnis, gemeinsam mit der Be-
triebsführung die ganze Arbeitskraft restlos dem
Freiheitskampf unseres großdeutschen Vazterlan-
des zur Verfügung zu stellen.«

Also: Alles in Butter in der Heimat. Kein Grund zur Unruhe.

Im Jahr drauf macht Rolf Schimpf den Jugendjagdschein. Das ist nicht besonders schwer, denn es braucht weder einen Lehrgang noch eine Prüfung. Wer den Jugendjagdschein hat, darf in Begleitung eines erfahrenen Weidmanns auf die Pirsch.

Rolf Schimpf liest in den Monaten vor seinem 16.en Geburtstag alles, was ihm über das Jagen in die Finger kommt. Er prägt sich alle Gesetze für die Erwachsenen ein – und er lernt ganze Passagen aus einem fürchterlich kitschigen Roman auswendig. Friedrich Freiherr von Gagern, der Gründer des Dichter-Ensembles »Bund der Gewaltigen«, hat das Geschwurbel ersonnen, da finden sich solcherlei Passagen (der Text handelt vom Totschießen eines Tiers):

Pi–pi–pii ... Alles still. Piiiiiä, piiiiiiiiä ...

Aha, nun hebt's zu rumoren an im Gestrüppe. Das Knacken kommt immer näher. Da ist er! Bevor er jenseits den Wegbord erreicht, rumpelt er zusammen.

Erleichtertes Aufseufzen. Ende gut, alles gut.

Mit einem Satze bin ich beim Bocke, der sich auf den Vorderläufen in der Wegrinne weiterhaspelt und herzzerreißend klagt. O, ein ausnehmend schöner Spießer mit langen, dünnen, weit ausladenden Stänglein! Und wie wundervoll die Kugel beide Hinterläufe ober dem Sprunggelenke durchstanzt hat! Wonnebebend kni-

*cke ich den Jammernden und schnitze mir dabei drei
Viertel meines linken Zeigefingers weg.*

Rolf prägt sich das alles ein – es ist, als ahnte
er, dass die Jägerei zeitlebens seine Passion sein
würde.

2021, im Herbst, lädt ihn die Fotografin Barbara
Volkmer zum Essen in den »Gasthof Hinterbrühl«.
Rolf Schimpf – er freut sich narrisch, dass er dem
»Stall«, wie er das Seniorenheim *Augustinum*
nennt, mal entfliehen kann, er saugt während der
Fahrt die Eindrücke in sich auf. An jeder Straßen-
ecke eine Erinnerung. Hier sei er am Knie operiert
worden, dort haben doch früher andere, schönere
Häuser gestanden, das seien ja die reinsten mo-
dernen Kasernen, er würde hier nicht wohnen
wollen; hier ist er mit Ille stadtauswärts geradelt.
Man rollt den *Greinerberg* hinunter in Richtung der
Thalkirchner, da schreckt Schimpf auf und ordert:
»Stopp!« Der Wagen hält, Rolf Schimpf deutet aufgeregt auf die kleine Seitenstraße, es ist die *Emil-
Geis,* und sagt: »Hier ist mein Waffenladen gewesen. Ich hatte tolle Waffen. Immer die besten.«

Sein erstes Gewehr kommt aus französischer Herstellung.

»Eine feine Zwanziger. Naja, so fein war sie vielleicht nicht – aber ich habe sie geliebt, es war ja
meine Erste. Sie hat leidlich geschossen – und sie

hätte fast dem damaligen Oberjägermeister Ulrich Scherping den Kopf gekostet.«

Ulrich Scherping, 1889 in Pommern geboren, ist ein Freund von Rolfs Vater gewesen. Er hat bei den Nazis eine Förster-Karriere bis an die Spitze gemacht. Wurde 1928 Geschäftsführer des Reichsjagdbundes, dann Vorsitzender des Vereins Deutscher Berufsjäger und nach 1933 Generalsekretär des Allgemeinen Deutschen Jagdschutz-Vereins (ADJV) und Leiter des Reichsjagdamtes.

Für seinen Chef Hermann Göring hat sich Scherping das »Reichsjagdgesetz« ausgedacht.

Rolf Schimpf wird auch noch ein halbes Jahrhundert später die wichtigsten Themen des Reichsjagdgesetzes referieren können:

Vereinheitlichung des Jagdrechtes im Reichsgebiet! Einführung eines einheitlichen Jagdscheines, verbunden mit einer Jägerprüfung als Voraussetzung zur Erlangung des Jagdscheins! Festlegung der gesetzlichen Pflicht zur Hege! Verschärfung der Schonzeitregelungen! Verbot aller Jagdmethoden, die nicht im Einklang mit der veränderten Einstellung der Jägerschaft zum Wild sind! Einführung einer Abschussplanung für einen Reihe von Wildarten! Einführung einer eigenen fachkundigen Jagdbehörde! Organisationszwang für alle Jäger! Eigene Ehrengerichtbarkeit!

Das Reichsjagdgesetz 1934, §56!

Punkt eins: Die Inhaber der Jahresjagdscheine wer-

den in dem Reichsbunde »Deutsche Jägerschaft« zusammengeschlossen.

Punkt zwei. Die Deutsche Jägerschaft ist eine Körperschaft des öffentlichen Rechts, die der Aufsicht des Reichsjägermeisters untersteht. Sie hat die Aufgabe, ihre Mitglieder zu waidgerechten Jägern zu erziehen und dafür zu sorgen, dass der von den Vätern übernommene Wildstand in seinen Arten unvermindert auch künftigen Geschlechtern erhalten bleibt.

Punkt drei: Die Satzung der Deutschen Jägerschaft erläßt der Reichsjägermeister.

Punkt vier: Neben der Deutschen Jägerschaft sind Vereinigungen mit gleicher oder ähnlicher Zielsetzung unzulässig.

Das Reichsjagdgesetz 1934:

Für den 16-jährigen Rolf Schimpf ist es die Bibel.

»Das liest Du durch. Dann nehme ich Dich mit auf die Jagd«, erklärt der väterliche Freund Scherping.

Schimpf liest und liest. Scherping hält sein Versprechen.

Der Oberjäger gabelt den Jungjäger in Berlin auf, man fährt im BMW 325 – Allradantrieb, 80 Sachen auf der Autobahn, der letzte Schrei im Reich – nach Nauen, holpert über einen Forstweg in den Stadtforst zu den Schuhmacherbergen.

»In einem Vorstehtreiben hatte ich meinen Stand bezogen. Da stieg vor mir seitlich ein Fasanen-Hahn auf. Ich packte die Flinte an, visierte und schoss auf den etwa zwei Meter hohen Gockel. Peng! Getroffen.

Der Hahn trudelte mausetot auf den Acker. Na bitte! Ich war angemessen stolz.

Da erkannte ich, hinten am Waldrand, einen anderen Jäger. Der machte so komische Verrenkungen. Es war Herr Scherping. Meine Schrote waren dem Reichsoberjäger um die Ohren geflogen.

Jetzt hörte Herr Scherping mit der Hüpferei auf. Er griff seine Waffe und kam mit großen Schritten auf mich zu. Seine Augen funkelten, er war ganz lila vor Zorn. Seine Stimme: wie Donner.

Mit festem Griff zog er an meinem Ohr. Dann sagte Scherping: ›Da hast wohl gleich doppelt getroffen. War ein außerordentlicher Schuss, das muss man Dir lassen. Aber lass' in Zukunft den Oberjäger in Ruhe!‹

Er erklärte, ich müsse Geduld haben. Das Federwild soll so hoch aufsteigen, dass man mit seinem Schuss keine Kameraden in den Arsch schießt.

Seitdem habe ich mich dran gehalten. Ich habe gut auf die Hintern der Freunde aufgepasst.«

Der Herr Scherping war so ein lässiger Typ – er hat die ganze Partie am Abend nach der Jagd in ein Lokal eingeladen – und dafür gesorgt, dass der kleine Rolf lernt, dass man sich auch vor dem Alkohol in Acht nehmen muss.«

JAWOLL, MEINE HERREN

Das ist kein Lokal für mich / das ist eine Qual für
mich. / So was nennt sich schön, / zahlen, ich will
geh'n. Das ist kein Lokal für mich, / schad' ums Ka-
pital, sag' ich. / Besser ich verwend's / bei der Kon-
kurrenz.

Das größte Vorbild für Rolf Schimpf ist in dieser
Zeit der ehemalige Lehrer Huber.

»Er hat einem nichts vorgeschrieben. Herr
Huber war einer wie mein Vater. Ich wollte auch
so werden. Also wollte ich zur Sturmartillerie.«

1943 meldet sich Rolf Schimpf als Freiwilliger.
Das ist klug – so kann er nicht zur Waffen-SS ab-
kommandiert werden. In einer Zeit, in der die Menschen mehr und mehr die Kontrolle über ihr Leben
verlieren, macht Rolf Schimpf das Beste aus der Situation. Er landet in der Sturmgeschütz-Abteilung
277, einem Artillerieverband (Feldpostnumer 65488,
Kommandeur ist Hauptmann Bernhard Flachs).

Die Sturmgeschütz-Abteilung 277 ist nun das
Leben des Rolf Schimpf, der gerade noch zur
Penne ging, mit den Mädchen noch nichts Rech-
tes anzufangen weiß – und für den das heimliche
Rauchen einer Zigarette oder eine Molle mit den
Jungs aus der Klasse ein großes Abenteuer war.
Der Schlaks mit der Feldpostnummer 65488 ist
nun Teil des ungeheuren Ganzen.

Abteilung 277 – die Biographie eines Kampf-verbands, der mit der Sicherheit, sich die Welt untertan zu machen, nach Osten losgezogen ist und sich in zwei Jahren aufgerieben hat (aus dem »Lexikon der Wehrmacht«):

Die Sturmgeschütz-Abteilung 277 wurde am 21. Juli 1943 in Jüterbog mit drei Batterien aufgestellt. Anschließend wurde sie auf den Truppenübungsplatz Wischau bei Brünn und dann nach Altengrabow verlegt. Im Oktober 1943 folgte die Verlegung an die Ostfront. Die Abteilung wurde schließlich ostwärts des Dnjepr bei Nikopol eingesetzt. Schwere Abwehrkämpfe im Raum Saporoshje und Kriwoi Rog. Im Dezember 1943 hat die Abteilung so schwere Verluste erlitten, dass sie aus der Front gezogen und nach Odessa verlegt werden musste. Hier wurde sie am 14. Februar 1944 in Sturmgeschütz-Brigade 277 umbenannt. Von Odessa aus marschierte die Brigade im März 1944 ohne Geschütze nach Altengrabow zur Neuaufstellung. Im Juli 1944 wurde die Brigade wieder an die Ostfront verlegt und bei Lepek im Raum Minsk eingesetzt. Von hier aus folgten schwere Rückzugskämpfe bis nach Ostpreußen. Im Winter 1944/45 wurde die Brigade in Heeres-Sturmartillerie-Brigade 277 umbenannt. Bei Beginn der russischen Winteroffensive gegen Ostpreußen am 12. Januar 1945 begann der Rückzug der Brigade über Königsberg nach Braunsberg. Mit dem Durchstoßen der Roten Armee zwischen Braunsberg und Elbing an das Haff wurde die Brigade ein-

geschlossen. Die Reste der Brigade unternahmen Ende Februar 1945 einen Ausbruchsversuch von Braunsberg nach Elbing. Bei diesem Ausbruchsversuch wurde die Brigade zerschlagen. Letzte Reste wurden auf der Kurischen Nehrung infanteristisch eingesetzt.

Flieger, GÜSS MIR DIE SONNE

Schneller, immer schneller

Das kann doch einen Seemann nicht erschüttern. Keine Angst, keine Angst, Rosmarie. Ahoi!

Der Weg an die Front. Die Straßen: staubig, bei Regen matschig. Noch gibt es wenigstens Straßen, die werden später nicht mehr befahrbar sein. Anfangs werden die großen Schlaglöcher mit Ästen und Steinen verfüllt, später werden sich die Truppen übers freie Feld mühen müssen.

Wenn in den Dörfern Widerstand vermutet wird, wenn aus den Häusern geschossen wird, vernichten die vorrückenden Soldaten die Infrastruktur. Die Katen brennen wie Zunder, Feinde werden erschossen.

Überall kriechen Menschen aus den Flammen. Man muss sie stellen – die, denen die Flucht gelingt, schießen den Deutschen aus einem neuen Hinterhalt in den Rücken.

Das Vorrücken wird mühsam. Aber zumindest

ist es noch warm. Manchmal zockelt die Kolonne im Schritttempo ostwärts, mal machen sie zehn oder gar 15 Kilometer in der Stunde. Die Felder sind endlos, der Himmel ist groß, die Sonne gleißt. In den Wäldern verliert jeder den Ortssinn.

Morgens ist Putz- und Flickstunde. Einmal im Monat wird der Sold in bar ausgezahlt. Das Meiste schicken Rolf und die Kameraden nach Hause. Was sind hier Geldscheine wert? Hier ist Feindesland, weit und breit.

In der nördlichen Ukraine haben die Deutschen kaum Probleme – die Menschen lassen sie passieren. Weiter im Süden wird der Widerstand größer. Immer wieder müssen Rolf und die Kameraden durch den Staub krabbeln und die Holzminen mit bloßen Händen aus dem Boden buddeln.

Das Warten auf den Nachschub. Oft kommt er nicht, dann muss man sich aus dem Land versorgen. Geflügel, ein Schwein, Schnaps, Wein. An einem Teich werfen sie Handgranaten ins Wasser und sammeln die toten Fische fürs Grillen.

Mittlerweile hat jeder Läuse und wird von Wanzen kujoniert.

Manchmal ein halber Tag Urlaubsgefühl. Uniform aus, Karten raus, Zigaretten anstecken, trinken und lachen, einen Brief nach Hause schreiben. Manchmal wird einem Kameraden ein Ritterkreuz angeheftet.

Sie kommen an einen großen Fluss. Rolf hockt

in einem der ersten Sturmboote, die übersetzen. Dahinter die Gummiboote. Dann ziehen sich die Pioniere bis auf die Unterhose aus und bauen die Brücke.

»Das war seltsam, das Übersetzen. In Russland sind die Ostufer steiler als die Westufer. Ein Kamerad hat erzählt, dass das mit der Erddrehung zusammenhängt. Uns war das egal; es war einfach unangenehm und gefährlich. Wenn wir uns der anderen Seite näherten, sind uns die Geschosse um die Ohren geflogen.«

Das Vorrücken: harte Arbeit. Das Schleppen der schweren Granaten in den Weidenkörben. Das Manövrieren mit den Geschützen und Lafetten und Granatwerfern. Die schweren Munitionskisten.

Überall brennt russisches Gerät. Zerschossene LKW. Tote Russen und tote Pferde auf den Feldern. Der Kampf ist nicht mal eine Woche her. Die Kadaver stinken. Russische Panzerzüge, lahmgelegt durch Stukabomben. Abgestürzte Feind-Flieger. Verwundete werden, zum Teil auf Pferdekarren, nach Westen transportiert. Gefangene Rusen – sind es tausend, sind es zweitausend? – lagern in einem Birkenwald. Kommissare, die auf eigene Leute geschossen haben, werden gefangen und sofort hingerichtet. Die schweren Artilleriegeschosse werden eingesetzt – sie bäumen sich bei jedem Schuss auf wie lebendige Wesen. Die

Funker haben immer weniger Kontakt in die Heimat.

Kiefernwälder. Endlose Steppen. Verwüstetes Land. Nach der Sommerhitze die Nebel, der Regen, die Morgenfröste, das Erkalten der Hoffnung. Bald ist Winter – die Panzer bekommen eine weiße Tarnfarbe.

Sie passieren einen Spähwagen, den die Russen erwischt haben. Zwei Gräber mit Holzkreuzen und deutschen Namen – die Kameraden sind 23 und 26 geworden.

Immer mehr brennende Dörfer. Schimpf kann sich nicht an das Grauen gewöhnen. »Du kannst nicht weg schauen. Du kannst auch nicht aufhören, dran zu denken, dass Du bald mittendrin sein wirst.«

Rolf Schimpf und seine Kameraden erreichen den Dnjepr und den Kachowkaer Stausee.

In Berlin träumt der Größte Feldherr aller Zeiten« von neuen Operationen nach Süden. »Panther« und »Habicht« – benannt nach den neuen Panzer-Modellen »Tiger« und »Panther«, die bald in größeren Stückzahlen zur Verfügung stehen und der Wehrmacht erstmals ein technisches Übergewicht gegenüber den Panzern der Roten Armee verschaffen sollen.

Hitler ist begeistert. Und die Strategen der Wehrmacht machen Fehler auf Fehler »Die ursprüngliche Aussicht auf einen schnellen Überraschungserfolg gegen einen unvorbereiteten Gegner wurde frühzeitig brüchig«, schreibt der Historiker Bernd Wegner in »Das Deutsche Reich und der Zweite Weltkrieg« des Militärgeschichtlichen Forschungsamtes der Bundeswehr.

Im Bericht eines Armeeoberbefehlshabers vom März 1943 heißt es: »Die Truppe, seit Monaten Tag und Nacht im Kampf ohne jede Ruhe, ist sehr beansprucht.« Die Kfz-Bestände seien weiter »merklich abgesunken«. Die Soldaten seien »teilweise apathisch«. »Es wäre für die Truppe eine schwere Enttäuschung, wenn sie, nachdem sie sich in ihren jetzigen Stellungen gerade eben notdürftig eingerichtet hat, erneut antreten müsste.«

Kilometer um Kilometer ziehen sie südostwärts. Noch ein Fluss, den sie überqueren müssen. Noch ein Dorf, das sie brandschatzen, weil dort die Partisanen lauern. Noch ein Befehl, den sie nicht verstehen. Und noch einer und noch einer. Sie ziehen weiter und wissen nur: Sie müssen gewinnen. So hat man es ihnen eingebläut.

Jetzt sind sie mittendrin im Krieg.

Sie merken gar nicht, dass hier keiner gewinnen kann. Das Stück, in dem sie auftreten, hat andere Titel.

Pardon wird nicht gegeben. Hunde, wollt Ihr ewig leben? Die Lebenden und die Toten. Die Menschheit hat den Verstand verloren. Die Stunde der toten Augen. Verdammt in alle Ewigkeit. Verlorene Siege.

Sie kommen an den Dnjepr. Der ist so breit, dass er an den Horizont stößt. Er mündet in einen Stausee. Bald sind sie in Nikopol. Dort wird erbittert gekämpft.

Nikopol, der Brückenkopf. Am 17. August haben die Deutschen die Stadt besetzt. Vor dem Rückzug haben die Russen die Mangangruben und die Hüttenwerke zerstört. Die Besatzer reparierten alles, das Mangan ist kriegswichtig. 90 Prozent des Erzes für die deutsche Rüstungs- und Stahlproduktion kommen aus Nikopol. Mangan braucht Hitler für neue Panzer. Also muss Nikopol deutsch sein. Das ist so, darüber denkt keiner nach.

Nikopol. Das ist für Rolf Schimpf kein Schauplatz eines Romans.

Nikopol. Das ist die Stadt, deretwegen die Kameraden von der Kompanie und er in den Krieg geschickt worden sind.

Nikopol. Hier trifft Rolf Schimpf auf den Sensenmann.

Fehlt nicht viel – und Rolf Schimpf wäre bei Nikopol verblutet. Gerade noch will er eine Granate ins Geschütz schieben, da trifft ihn der Russe. 70 Jahre später wird er – während er in einem Münchner Wirtshaus einen Schweinsbraten mit Knödeln und Kraut isst – erzählen:

»Das war gar nicht so schlimm. Es hat mich umgerissen, und ich wollte wieder auf die Beine. Da habe ich am Blick der Kameraden gesehen, dass etwas Schlimmes passiert war. Ich griff in den Nacken, die Hand war nass vom Blut. Die Kameraden haben mich auf den Boden gelegt, haben versucht, das Blut zu stoppen. Sie haben mich zum Lazarett nach Dnjepopetrowsk gebracht, auf der Fahrt bin ich wohl die meiste Zeit ohnmächtig gewesen. Im Lazarett haben sie die Leute auf Holzbrettern, die auf Böcken lagen, operiert. Es gab zu wenig Schmerzmittel, und viele haben fürchterlich geschrieen. Einem Nebenmann haben sie einen Unterschenkel abgesägt, der hat ohne Ende gebrüllt. Der Feldkaplan stand da und hat nur gesagt: ›Jetzt hör mal auf mit dem Geschrei. Wir sind doch hier nicht im Kindergarten.‹

Rolf Schimpf – er ist ein freundlicher älterer Herr mit einem großartigen Leben, wendet sich wieder den Schweinsbraten zu.

Rolf, das ist alles, was Du vom Krieg erzählen magst?

»Ja, eigentlich schon. Wer dabei gewesen ist, erzählt nicht gern von der Zeit.«

Schau mal, es gibt ein Foto von Dir als Soldat.

Er legt Messer und Gabel beiseite und sieht die Aufnahme an. Sie zeigt einen schmalen jungen Mann mit forschenden großen Augen, einen unsicher-stolzen Menschen in Uniform.

»Ja, ich erinnere mich. Meine Güte, was waren wir jung!

Das Bild in Uniform ist 1943 gemacht worden.

»Ich war Kanonier in der Sturmartillerie. Auf nach Russland! Im gleichen Jahr, im Herbst '43, bin ich verwundet worden. 'n Granatsplitter. Schwere Kopfverletzung, seitdem höre ich nicht mehr auf dem rechten Ohr. War ein harter Kampf zurück ins Leben. Was kannste da mehr erzählen? Versteht keiner, der es nicht mitgemacht hat.«

Wochen nach der Operation – Rolf ist am Leben geblieben, er ist ein junger zäher Kerl – schreibt er einen Brief an die Mutter.

Liebe Mama,

gestern erhielt ich Deinen Brief. Herzlichen Dank für die »Abreibung«. Nun muss ich Dir doch alles noch einmal erklären. Den Brief, den ich im Lazarettzug geschrieben habe, habe ich sofort nach meiner Einlieferung ins Lazarett aufgeben lassen – und zwar ohne meine Adresse, weil es besser ist, dass dritte Augen kein Interesse dran haben können. Beim nächsten Verbandswechsel – das war am anderen Morgen – wurde mir frischer Mull in die Wunden geschoben, damit der Eiter heraus konnte. Dieser Verband verursachte mir also bei jeder Reinigung derartige Schmerzen, dass ich mich nicht mehr genügend bewegen konnte. Als ich am 29. Oktober wieder einen normalen Verband bekam, habe ich an einen Kameraden an der Front geschrieben und einige Tage später – ich glaube, es war der 31.e – an Dich. Da kam der Sanitäter mit diesem Brief und sagte, er sei liegengeblieben und obendrein noch aufgegangen. Ich gab ihm meine Signatur mit der Bitte, ihn zuzukleben und abzuschicken. Schade, dass die inliegenden Marken nun verfallen sind.

Jetzt ist ja mein Geburtstag, und der ist daheim viel schöner als im Lazarett.

Ich will Dir nun ausführlich von mir berichten. Also, wir waren mit unserem Geschütz in die erste Stellung vorgefahren, und der Geschützführer suchte eifrig nach Zielen, gefunden hat er keines. Ich hatte schon eine Granate auf den Knieen und wartete ungeduldig auf den Befehl zum Laden. Weil's mir zu lang wurde, fing ich an zu affen. Dann stand ich auf – und dann gab es diesen Knall, und der Iwan hatte uns eins vorn Latz geknallt. Ich flog gleich gegen die hintere Eisenwand und habe mir ordentlich den Schädel angehaut, so dass ich den Schlag im Nacken kaum bemerkte.

Da unsere Maschine beschädigt war, fuhren wir zurück, im Lager sollte ich verbunden werden.

Mit der Bahn ging es nach Dnjepoprost. Dort blieb ich einige Tage.

Ich darf jetzt schon aufstehen. Die Wunde im Nacken wird wohl bald verheilt sein. Drei Monate dauert es.

Ich hoffe, dass es mit Weihnachten klappt.

Ach, jetzt habe ich doch vorgegriffen und Dir von meinen Sorge berichtet.

Also, meine liebe Mama, grüß' den Didi von mir.

Liebe herzliche Grüße und einen Kuss von Deinem Rolf

Ende des Jahres wird Rolf Schimpf in die schwäbische Heimat transportiert. Frau Schimpf ist,
nachdem die Wohnung in Berlin ausgebombt
wurde, nach Esslingen gezogen. Sie wohnt jetzt
in der Mettinger Straße in einer Villa, in die sich
ein Dutzend Menschen aus den Familien Schimpf
und Deffner geflüchtet haben.

Hier erreicht den Rekonvaleszenten Rolf im De-
zember ein von Berlin umgeleiteter Brief von der
Front. Er kommt vom Obergefreiten Baumann,
Feldpost Nr.: 56488.C. Der schreibt:

Russland, den 10.12.

Lieber Rolf,

*Deine Karte habe ich dankend erhalten. Es freut mich,
dass es dir wieder besser geht. Hoffentlich wirst du bald
gesund. Hier hat sich nun allerhand geändert. Bei uns
im Geschütz bin ich noch der einzige von der alten Be-
satzung. Chris wurde vor etwa drei Wochen krank, jetzt
ist er allerdings wieder gesund und fährt bei Leutnant
Münsinger im Geschütz. In den nächsten Tagen treffe
ich ihn und werde ihm dann auch Deine Grüße bestellen.*

*Sebastian wurde vor zwei Wochen am Kopf und
am rechten Auge verwundet. Ich warte auf Nachricht
von ihm, hoffentlich ist es nicht zu schlimm geworden.
Gronski bekam vor drei Wochen das Ritterkreuz.
Prima, wir haben uns alle gefreut darüber, jetzt ist
er auf Urlaub. Bei uns haben sie die Gelbsucht, das
schwächt uns natürlich, trotzdem konnten wir bis jetzt
16 Panzer abräumen.*

Wegen deiner Sachen und des Wehrsoldes werde ich nachfragen; jetzt will ich schließen. Schreibe mal wieder einen Gruß, wenn du Zeit hast.

Ganz dein Kamerad

P.S. Aufnahmen habe ich bis jetzt noch nicht bekommen. Wenn sie eintreffen, schicke ich dir Bilder an deine Adresse.

Gerührt faltet Rolf Schimpf das Schreiben und verwahrt es bei seinen Wertsachen. Er muss schnell gesund werden, nimmt er sich vor. Die Kameraden brauchen ihn an der Front.

20 Jahre nach dem Krieg quälte sich der Intellektuelle Sebastian Haffner immer noch mit dem Gedanken, was ihn denn zum Mitläufer gemacht hatte.

Indem wir uns auf das Spiel einließen, das da mit uns gespielt wurde, verwandelten wir uns ganz automatisch – wenn nicht in Nazis, so doch in brauchbares Material für die Nazis. Und wir ließen uns darauf ein.

Wir waren Rekruten und wir waren geneigt, dies als einen angenehmen Fortschritt anzusehen. War man einmal darin, so war man nicht mehr frei, sich zu fragen, wie, warum und wozu man eigentlich hineingeraten war ...

Die Nazis haben die Deutschen mit diesem Kameradschafts-Alkohol bis zum Delirium tremens überschwemmt. Sie haben die Deutschen überall zu Kameraden gemacht und sie vom widerstandslosesten

Alter an dieses Rauschmittel gewöhnt: in der Hitler-Jugend, der SA, der Reichswehr, in tausend Lagern und Bünden – und sie haben ihnen dabei etwas ausgetrieben, was unersetzlich und mit keinem Glück der Kameradschaft zu bezahlen ist.

Kameradschaft gehört zum Krieg. Wie Alkohol ist sie eins der großen Trost- und Hilfsmittel für Menschen, die unter unmenschlichen Bedingungen zu leben haben. Sie macht Unerträgliches erträglich. Sie verdirbt den Menschen wie kein Alkohol und kein Opium. Sie macht ihn unfähig zum eigenen, verantwortlichen, zivilisierten Leben. Die allgemeine Kameradschafts-Hurerei, zu der die Nazis die Deutschen verführt haben, hat dieses Volk heruntergebracht wie nichts anderes.

Die Kopfschmerzen sind erträglich. Mutter – sie riecht auch in diesen Kriegstagen, wie sie in der besten Berliner Zeit gerochen hat: nach Rosen und Lavendel – bringt wundersamerweise jeden Sonntag einen Braten auf den Tisch, und werktags genießt Rolf die schwäbische Hausmannskost. Linsen und Spätzle. Ein gutes Kraut. Schupfnudeln. Maultaschen. Küchle. Ofenschlupfer. Trollinger und Bier. Man lässt es sich so behaglich gehen, wie es möglich ist.

Abends sitzen sie vor dem Volksempfänger und hören Musik. Dann hört sich Welt schön an.

Bella, bella, bella Marie, bleib mir treu
Ich komm zurück morgen früh
Bella, bella, bella Marie, vergiss mich nie

Ich freue mich, dass wieder Sonntag ist –
Das ist ein Tag, so recht für mich gemacht.
Ich hoffe nur, dass du im Bilde bist:
Der Sonntag geht bei mir bis Mitternacht.
Alle Wünsche gehen in Erfüllung,
Schöner als wir je es uns gedacht.
Ich freue mich, und willst du sonst noch mehr,
So sag ich: Bitte sehr!
Ich halt es gern mit der,
Die nicht vergisst, dass Sonntag ist!

Oder das Radio bleibt stumm. Dann erzählt die Mutter von den Deffners und den Schimpfs. Große Geschäftsleute sind sie immer gewesen. In ihren Fabriken haben sie Handschuhe hergestellt und Metallwaren. Von Generation zu Generation sind sie wichtiger und einflussreicher geworden. Wenn geheiratet wurde, war das eine erfolgversprechende Blutauffrischung. Da sind Wissenschaftler und Tüftler in den Stammbaum aufgenommen worden. Einer war ein berühmter Kunstmaler, einer komponierte. Sie haben in der Politik mitgemischt.

Hach, und dann haben sie mal ein Haus versetzen lassen.

Rolf kennt die Geschichte. Aber das juckt nicht.

Er bekommt das Gesicht eines Jungen und bittet die Mutter, sie möge erzählen.

Also kommt zur Aufführung: die Geschichte von der Wander-Villa der Schimpf'schen.

Rolfs Mutter holt aus einem abgegriffenen Album einen Zeitungsausschnitt – sie braucht ihn nicht herumgehen zu lassen, alle kennen ihn – und liest vor:

Schwäbischer Merkur

Extrablatt.

Stuttgart, Donnerstag 5. April 1906.

Ausgegeben nachmittags 4 Uhr.

Telegramm.

Nagold 5. April. Heute Mittag dreiviertel 1 Uhr ereignete sich hier ein furchtbares Unglück. Der Gasthof Zum Hirsch, der in letzter Zeit durch den Bauunternehmer Rückgauer gehoben worden ist, stürzte plötzlich in sich zusammen, während gerade zahlreiche Gäste (die Zahlen schwanken nach den vorliegenden Angaben zwischen 100 und 300) an einer Metzelsuppe teilnahmen. Gegenwärtig wird ein Toter um den anderen aus den Trümmern herausgezogen. Die Tragweite des Unglücks lässt sich noch nicht ganz überblicken.

»Das, wenn die Mutter vom Hans gewusst hätt', dann hätte sie im Jahr zuvor ihre Villa nicht umsetzen lassen.«

Rosa Helene Schimpf ist eine einzigartige Person gewesen. Spielte herrlich Klavier, sang wie eine Lerche, sie hat sich um Frauenrechte gekümmert, sie hat sich in die Politik eingemischt. Rosa Helene meldete sich 1914 zur »Heimatfront«. Später war sie Vorsitzende des Hausfrauenverbandes. Mit ihrem Mann führte sie ein großes soziales Haus.

Die 1905 errichtete »altdeutsche« Villa Schimpf mit 24 Zimmern in der Mettinger Straße 17 hatte der Architekt Albert Benz nach den Wünschen des Ehepaars Schimpf entworfen (danach zog er mit seiner Familie nach China, wo er arbeitete und lehrte).

Ernst und Rosa Helene Schimpf wollten das originellste Haus am Ort. Sie gestaltete ein über zwei Stockwerke reichendes Glasfenster, das die Wappen aller Esslinger Bürgermeister zeigte, sie bemalte die Ofen- und Brunnenkacheln selbst, sie stickte enorme Wandbehänge. Ernst, ihr Mann, kam aus der Fabrik nach Hause und beschnitzte am Feierabend die Deckenbalken, Türen und seinen Schreibtisch. Im Untergeschoss der Villa richteten die Schimpfs eine Hauskapelle mit einer alten Madonnenfigur ein.

Bevor sie in der Villa malen, schnitzen oder sticken konnten, wurden sie das Stadtgespräch von Esslingen.

Der Neubau war an einem Ort geplant, auf dem schon ein Fachwerkhaus aus dem Jahr 1578 stand. Zu schad' zum Abreißen entschied der Bauherr und heuerte den kühnen Erasmus Rückgauer aus

Stuttgart an. Der hatte sich auf »Translozierungen« spezialisiert.

Rückgauer war gelernter Zimmermann und arbeitete zunächst als »Mühlarzt«. Später war er Geschäftsführer im Baugeschäft, machte sich selbstständig, ging pleite.

Ab den 1880er Jahren hatte er sich mit der Häuserhebung beschäftigt und dafür Winden erfunden, die er sich patentieren ließ.

Rückgauers »Comeback« nach seinem Konkurs war spektakulär. Er lernte ein Verfahren, das in Amerika praktiziert wurde, und versetzte in Schwaben die Häuser. 1900 in Nürtingen, danach in Mariazell bei Schramberg. Im Frühling 1903 in Altensteig das Gasthaus »Grüner Baum«, 1904 in Göppingen das Haus des Schmiedemeisters Böhler an der Ecke Marktstraße/Geislinger Straße.

Jetzt die Mettinger Straße 17 in Esslingen am Neckar. Die Fachwerk-Schönheit wurde angelupft, um 17 Meter versetzt. Die verbliebenen Fundamente wurden an Ort und Stelle gelassen – drüber entstand die Villa.

Ratzfatz ging das – und nun konnten die Schimpfs selbst Hand anlegen.

Ein Jahr später stürzte der Überflieger Erasmus Rückgauer schrecklich ab. Er kam zum Hotel *Hirsch* in Nagold, schaute sich die Räume einmal an, erklärte, das werde ein Kinderspiel. Ließ ein paar Schäden ausbessern, das Haus vom Fundament abtrennen und mit einem Balkenrost unterfangen. Es wurde eingerüstet und auf Rollen gehoben. Weil es ein großes Gebäude war, brauchte Rückgauer Winden und bestellte ein paar Dutzend Arbeiter.

Über das Weitere berichtet die »Nagolder Heimatchronik«:

Ein furchtbarer ungeheurer Krach, wie ein schrecklicher Donnerschlag. Darauf eine unheimliche Stille, eine ungeheure Staubsäule, die die ganze Stadt verdunkelte und dann ein tausendstimmiges Schreien, Wehklagen, Jammern, Hilferufen, wie es im Nagoldtal noch nie gehört worden war. Das Gebäude war mit einem Schlag jäh in sich zusammengestürzt. Viele Arbeiter, viele Zuschauer, viele Gäste des »Hirsch« lagen unter diesen gewaltigen Schuttmassen, manche sofort tot, andere mit abgeschlagenen Gliedern, viele eingekeilt, unter fürchterlichen Qualen.

Einer der Toten, die man fand, hielt noch sein Bierglas umklammert.

53 Menschen starben an jenem 5.April 1906 in Nagold bei dem Unglück.

Rückgauer erhielt dafür eine halbjährige Gefängnisstrafe, die er jedoch nicht mehr antreten konnte – er wurde schwer krank und starb 1907.

Zur Genesung geht es auf die Jagd. Rolf Schimpf sitzt in den Wäldern rund um Esslingen an, manchmal tut er einen guten Schuss. Nach ein paar Wochen hat er ein paar Pfund auf den Rippen – aus dem abgemagerten spitalblassen Buben ist ein kampfbereiter sonnengebräunter junger Mann geworden.

Auf geht's! Zurück in den Krieg. Rolf Schimpf kämpft weiter.

1944, es ist ein kalter November. Schneeregen, schwere Winde. Rolf Schimpf soll mit den Kameraden die Festung Metz verteidigen. Die Amerikaner lassen sich aber nicht mehr aufhalten, sie nehmen Schimpf gefangen. Später wird er in ein Lager der Franzosen überstellt.

»Die haben uns gehasst, aber meine Verletzung war wohl doch ein Unfall. Ein Wachsoldat, so ein junger Unerfahrener, spielte an seiner Maschinenpistole herum, und plötzlich löste sich ein Schuss. Treffer. Mein Bein baumelte noch an Sehnen und Fleisch.

Man hat mich operiert – und wenn ich wach war, habe ich die ganz Flickschusterei gesehen und gedacht: Das war's.

Es hat nicht gut ausgeschaut. Ich kam auf die Station und habe nicht viel mitbekommen. Wochenlang lag ich da im Tran. Dann ging es bergauf.

Einmal hat ein Arzt das Bein untersucht und gemeint: »›Naja, Soldat, da schulden Sie dem Feind ja was. Von einer französischen Kugel tot geschossen. Und vom amerikanischen Penicillin wieder ins Leben geholt. Drunter haben sie es wohl nicht gemacht. Sie sind ein echter Glückspilz.‹«

Derweil läuft in den Kinos in Berlin die allerletzte »Wochenschau« des Dritten Reichs. Der Sprecher schnarrt immer noch, dass man glaubt, es sei nur noch ein kurzes Weilchen hin zur Weltherrschaft:

Hauptmann Aghta vom Sprengkommando Berlin entschärfte 1016 Bomben und wurde vom Führer mit dem Eichenlaub ausgezeichnet. – Hauptmann Aghta beim Entschärfen von Bomben. – Ausbildung von Volkssturmmännern und Zivilisten an der Panzerfaust. Sie sehen, lieber Zuschauer: Es ist kinderleicht. – Der Führer empfängt in seinem Hauptquartier den Reichsjugendführer Axmann mit einer Abordnung von 20 Hitlerjungen, die sich bei der Verteidigung ihrer Heimat besonders bewährt haben und dafür mit dem Eisernen Kreuz ausgezeichnet wurden. Die Jungen schildern ihre Erlebnisse. – Verleihung des Ritterkreuzes an den Volkssturm-Bataillonsführer Ernst Tiburzy. – Verteidigung Breslaus. – Und hier die stolze Festung Königsberg. – Vorbildliche Leistung der deutschen Kriegsmarine beim Abtransport der gefährdeten Bevölkerung Ost- und Westpreußens, Nachschub für die Kurland-Kämpfer, Feuerunterstützung. – Misshandlung deutscher Mädchen und Frauen durch die Sowjet-Horden. – Kämpfe am Brückenkopf Stettin.- Verleihung des Ritterkreuzes an den Fahnenjunker Oberfeldwebel Schmückle. Er erfüllte vorbildlich das Gebot der Stunde: Kämpfen und stehen!

Am 21.4. hält Doktor Goebbels die letzte Rede seines Lebens.

Meine Berliner Volksgenossen und Volksgenossinnen!

Am vergangenen Sonntag begannen die Bolschewisten ihre Großoffensive an der Oderfront. Berlin ist ihr Ziel. Damit ist Berlin zur Frontstadt geworden.

Ich bleibe. Auch meine Frau und meine Kinder sind hier und bleiben hier. An den Mauern unserer Stadt wird und muss der Mongolensturm gebrochen werden. Unser Ziel ist die Freiheit unseres Volkes und ein Reich der sozialen Gerechtigkeit in einer kommenden glücklichen Zukunft.

Der Volksempfänger singt:

Davon geht die Welt nicht unter,
Sieht man sie manchmal auch grau.
Einmal wird sie wieder bunter,
Einmal wird sie wieder himmelblau.
Geht mal drüber und mal drunter,
Wenn uns der Schädel auch graut.
Davon geht die Welt nicht unter,
Sie wird ja noch gebraucht.
Davon geht die Welt nicht unter,
Sie wird ja noch gebraucht.

70 Jahre nach Kriegsende sitzt Rolf Schimpf in einer Münchner Wirtschaft bei Braten und Bier und will nicht mehr an den Krieg denken.

»Nein, reden wir von was Anderem. Nur eines noch:

Der Geruch der Lazarette war furchtbar. Verfaultes Fleisch. Manchmal träume ich noch davon.«

»ICH WERDE SCHAUSPIELER«

1945-1965

MIT-MENSCHEN

MAX SCHMELING

Der ehemalige Box-Weltmeister im Schwergewicht erkämpft sich sein sehr eigenes Wirtschaftswunder. 1956 zieht er eine Zwischenbilanz.

1949 kaufte ich mich in Hollenstedt bei Hamburg an. Dort begann ich Nerze zu züchten. Diese Arbeit machte Anny und mir, da wir schon immer sehr tierlieb waren, enorm viel Spaß.

Heute besitze ich etwa 1000 Nerze, in Deutschland gibt es meines Wissens keine größere Farm, das Material kann sich in puncto Qualität gut und gerne mit nordischen und amerikanischen Nerzen messen. Der Absatz ist gesichert: Die Bundesrepublik braucht im Jahr etwa 350000 Felle (für einen Mantel sind 90 bis 95 Stücke erforderlich), nur 10 Prozent des Bedarfs können von deutschen Farmen gedeckt werden.

Da sich die Nerzzucht gut anließ, beantragte ich die Lizenz zum Tabakanbau. Ich erhielt sie. Auch meine Virginia wurde kein Verlustgeschäft, und so ist Hollenstedt nach menschlichem Ermessen krisenfest. Nerz und Tabak sind die beiden Grundpfeiler meiner Existenz, außerdem bin ich noch an der Herstellung von Eierlikör und Sekt beteiligt.

LORIOT

Das Wirtschaftswunder des Vico von Bülow, Künstlername *Loriot*: auch eine Allianz mit dem SERN und dessen Chef Henri Nannen.

1950 begann ich für den STERN zu zeichnen. Henri Nannen war sich nie sicher, ob das auch komisch sei, was ich da lieferte. Die Reihe hieß »Auf den Hund gekommen«; in Folge 5 sah der Leser einen Hund, dessen Mensch sich an einem Baum erleichtert. Es gab viele Protestbriefe. Man schrieb, ich nähme dem Menschen seine Würde. Nach sieben Folgen hat Nannen die Reihe gestoppt. Er tobte: »Ich will den Kerl nie wieder sehen.«

Ich kümmerte mich nicht drum und schlug »Reinhold, das Nashorn« vor. Als Nannen fragte, wie lange ich durchhalten könne, log ich: »Zwei Monate« Er sagte: »Gut.« Es wurden dann 17 Jahre. Heute bedaure ich dieses Angebot. Was hätte man alles unternehmen können in dieser Zeit.

MARLENE DIETRICH

Nach dem Krieg »besucht« Marlene Bergen-Belsen. Mitte April 1945 haben die Briten das Konzentrationslager befreit, in dem die Nazis 50000 Menschen zu Tode gebracht haben.

Nun also kommt die Dietrich.

Sie ist, wie immer, wahnsinnig elegant. In ihrem Schlepptau die Journalisten, die Radio-Menschen mit ihren Mikrophonen, ein halbes Dutzend

Kameramänner, die Fotografen. Die Dietrich ist schön und abweisend, sie redet nicht und lächelt kaum. Jemand erklärt ihr, dass nach der »Befreiung« noch 20000 Häftlinge gestorben seien. Das Gesicht der Marlene Dietrich ist versteinert. Noch nimmt sie an, dass ihre Schwester unter den Gefangenen gewesen sei.

Dann kommt Liesel auf sie zu. Sie ist rundlich und nachlässig angezogen. Die Haare, nicht gemacht. Liesel bewegt sich unbeholfen, sie ist aufgedunsen und hat eine ungesunde Röte im Gesicht.

Marlene ist irritiert. Eigentlich hatte sie erwartet, eine unterernährte, vom Krieg und Gefangenschaft gezeichnete Frau zu treffen..

»Oh Liese, wie geht es dir?«

»Ich kann nicht klagen. Der Georg und ich machen halt das Beste daraus.«

Der Georg, Liesels Mann, ist ein in der Wolle gefärbter Nazi, schon vor dem Krieg ein strammer Rechter. Auf solche wie den Georg hat sich Hitler verlassen können.

»Wie ist es Dir ergangen in den letzten Jahren?«

»Wir sind hierher nach Bergen gezogen. Der Georg hatte hier ein Angebot.«

»Ein Angebot?«

»Wir haben das Kino vom Casino übernommen?«

»Ein Kino? Hier?«

»Man konnte ja nicht dauernd an den Krieg

denken. Die Leute vom Lager und die anderen Soldaten mussten sich ja auch mal ablenken. Wir haben immer die neuesten Filme gezeigt.«.

Marlene Dietrich ist entsetzt. Ihre Schwester hat in Bergen Belsen für die gute Laune der SS-Schergen gesorgt. Während im Lager der Schornstein rauchte, wurden bei Liesel und ihrem Georg die Propagandafilme abgenudelt.

Marlene Dietrich wird auch in den nächsten Jahren ihre Schwester unterstützen, manchmal wird sie mit ihr telefonieren. Aber sie wird nie, nie mehr über ihre Schwester in der Öffentlichkeit reden.

Die Schwester verbrennt 1973 im Schlafzimmer ihrer Bergener Wohnung. Da hat Marlene noch knapp 20 Jahre zu leben. Und sie wird Liesel aus ihren Gedanken tilgen. Als Maximilian Schell einen Film mit der Diva dreht, fragt er:

»Haben Sie Geschwister?«

»Nein, ich habe keine Geschwister. Ich hatte nur Mutter und Vater.«

Die Mutter stirbt im November 1945. Sie hat immer erklärt, sie werde den Hitler überleben. Das hat sie also geschafft.

Marlene Dietrich lässt sich nach Deutschland fliegen.

Ihre Tochter wird schreiben:

Sie erscheint bei der Beisetzung auf dem Friedhof an der Stubenrauchstraße in Berlin Friedenau recht-

zeitig und nimmt an der Trauerfeier teil. Da schon ist ihr klar, dass sie in diesem Land nichts mehr zu suchen hat.

Alle Deutschen sind verdächtig. Maria Riva erinnert sich:

Der Film »Rancho Notorious« *(auf deutsch* »Engel der Gejagten«*), den sie im März 1951 drehte, ist eigentlich nicht der Rede wert. Regisseur dieses Films war Fritz Lang. Er hatte als ihr Liebhaber und Freund aufgehört zu existieren, nun strich sie ihn auch als Regisseur aus ihrem Leben. Sie beschimpfte ihn als* »Nazi« *und bekundete dadurch offen ihre feindseligen Gefühle.* »Nicht von ungefähr hat er all diese grausigen Filme gemacht. Ein Mann, der einen Film wie* M *dreht, muss ein Sadist sein.« Im April kündet ihr Tagebuch vom Ende der Dreharbeiten:* »Ende des Films – wieder eine Strapaze. Keine Deutschen mehr! Ein für allemal!«

PETER KREUDER

Das Wirtschaftswunder des unverwüstlichen Komponisten der leichten Muse, Peter Kreuder, beginnt sofort nach Kriegsende.

Wir kamen uns alle vor wie Glückspilze, wir hatten eine Arbeit gefunden, die uns Spaß machte – und wir wurden sogar fürstlich dafür bezahlt.

Die Produzenten des Films waren zwei Polen, die nicht mit dem Geld knauserten und uns mit brandneuen Geldscheinen überhäuften. Diese beiden polnischen Brüder waren ganz reizende Menschen. Sie waren außerdem sehr talentiert, denn sie stellten die brandneuen Geldscheine in dem Keller in ihrer Villa in Grinzing selbst her. Das Geldfälschen hatten sie von den Nazis gelernt, als sie in dem KZ am Eibsee für die Deutschen falsche Pfund- und Dollarnoten herstellen mussten. Nach Kriegsende hatten sie die Druckmaschinen abtransportiert und in den Keller ihrer Villa gebracht.

Auf diese Weise kam unser Film zustande und wurde ein über alle Erwartungen großer Erfolg. Im allgemeinen Jubel wurde beschlossen, ihn als österreichischen Beitrag zu den ersten Filmfestspielen, die nach dem Kriege in Locarno stattfanden, zu nominieren.

INGRID LUTZ

Als sie 2021 im Alter von 97 Jahren in Rottach-Egern stirbt, weiß niemand mehr etwas über die alte Dame. Sie hat nicht über sich geredet.

Dabei ist sie in den 1950er eines dieser frechen Dinger, die aus den Trümmern steigen, verführerische Kleider tragen, sich nötigenfalls die Lippen anmalen und die Deutschen mit ihrer dreisten Weiblichkeit provozieren: Hildgard Knef, Beate Uhse, die Nitribit, Vera Brühne … und auch Ingrid Lutz.

Die bringt es mit einem Lied an die Männer auf den Punkt: Sie will und will und will. Am besten alles. *»S.O.S, Ich brauche dringend Liebe.«*

Die Lutz kräht:

»Hallo, wo gehnSe denn hin? / Was hammSe im Sinn? / S.O.S ich möchte dringend küssen, / S.O.S. ich muss es heut' noch wissen.«

PAUL FLORA

Der Krieg ist aus. Das erlebt Paul Flora, der spätere Freund Rolf Schimpfs, so:

Im Böhmerwald geriet ich in amerikanische Ge-fangenschaft und war bald nach Kriegsende wieder in Innsbruck, wo ich seither als Zeichner lebe. Wie alle Welt nagte ich vorerst am Hungertuche, hielt je-doch den Tatbestand in einer Zeichnung fest und ver-kaufte sie. Kein Schaden ohne Nutzen. Damals war ich sehr von Klee und Feininger angetan, dann kamen die Arbeiten Saul Steinbergs aus Amerika zu uns, sie hatten einen großen Einfluss auf mich. Steinberg hat durch seine wortlosen Zeichnungen ganz radikal den Primat des optischen Einfalls und der optischen Komik deutlich gemacht und gezeigt, dass der literarische Einfall und die Unterschrift das Allerunwichtigste an einer Karikatur sind.

DIETMAR ZOEDLER

Er wird mal der Schwager von Rolf Schimpf sein. Wie es dazu kommt, schildert Dietmar Zoedler in seiner kleinen Autobiographie, die er im Selbstver-lag hat drucken lassen.

Während der Visite sah ich im Zimmer neben mei-

ner urologischen Patientin im zweiten Bett eine überaus bemerkenswerte junge Frau liegen. Das war die Usch, und in den wenigen Tagen ihres Aufenthalts lernten wir uns kennen.

Sie war die Tochter zweier Esslinger Industriellen-Familien, ihr Vater war der Marineoffizier, der Anfang der Dreißiger das sogenannte Forschungsamt leitete, eine Spionageabwehr-Zentrale, die später von Canaris übernommen wurde. Er selbst – er hieß Hans Schimpf – wurde auf mysteriöse Weise auf einer Dienstfahrt nach Breslau von den Nazis ermordet.

Usch war in Berlin aufgewachsen, bei der zunehmenden Bombardierung zog die Mutter – eine ausgesprochen klassische Schönheit – mit Usch und deren Brüdern nach Esslingen zu den Großeltern.

Dort machte Usch kurz vor dem Kriegsende Abi, ging dann zum Arbeitsdienst – und fand nach dem Zusammenbruch zunächst eine Stelle als Assistentin in der Firmenleitung der Metallwarenfabrik ihres Onkels.

Das war also der Steckbrief von Usch.

Wir lernten uns näher kennen und schätzen, ich habe darüber ein Gedicht geschrieben:

Als wir uns um Deine Organe bemühten,
Da warst du mir noch völlig fremd.
Ein Pinguin sollte dich damals behüten,
Ich weiß noch genau,
Du trugst Rosa mit Blüten

Und warst attraktiv in dem Hemd,
Als wir uns um deine Organe bemühten.

Oh, dann dieses Leben in Berlin! Wir genossen das riesige Angebot der Stadt; wir genossen es zu zweit – oder mit unseren Freunden, den Försters, den Stehens oder Tetzlaffs. Wir fuhren in die Stadt, in die Ausstellungen, Galerien oder ins Theater und mitunter nachts um elf an den Ku'damm zu einer Spätvorstellung mit Eddie Constantine.

Es war eine prickelnde Atmosphäre mit heißen Diskussionen teils politischer Art, oft über den Ost-West-Konflikt und die zunehmende Bedrohung im Kalten Krieg. Oder wir wurden ganz Existenzialisten wie die Franzosen.

An den freien Wochenenden waren wir draußen im Grunewald oder an den Seen. Wir hatten uns inzwischen ein kleines Segelboot gekauft, eine Teakholz-Jolle; mit der besegelten wir das großartige Havelrevier oder den Wannsee.

Eine wundervolle Zeit.

ERICH KÄSTNER

Der Schriftsteller Erich Kästner ist müde und mürbe im Frühjahr 1945. Jeder weiß, dass das Kriegsende nicht mehr weit ist. Kästner hat eine Bleibe in Mayrhofen gefunden, ein paar Berge weiter hat sich die Riefenstahl verkrochen. Hitler hat sich in Berlin in den Kopf geschossen. Kästners Heimat liegt in Trümmern.

Hier in Tirol taut der Schnee von den Bäumen und Dächern; die Mehlprimel und der Löwenzahn schauen an einzelnen Punkten durch die dicke Schneedecke. Zwei Lastwagenfahrer aus Italien – einer aus Riesa und einer aus Pritzwalk – erzählten, während wir auf authentische Nachrichten über Hitlers Tod am Radio warteten, Erlebnisse von mit Gasmunition beladenen Lazarettzügen und Lazarettschiffen, die dann erstaunlicherweise bombardiert wurden von der SS. Sie erzählten von den Juden-Erschießungen in Russland, vor allem von den vielen schönen Jüdinnen, denen man gar nicht angesehen habe, dass sie Jüdinnen gewesen seien. Sie hatten mit angesehen, wie die Genickschüsse ausgeführt und die Leichen noch einmal mit der Maschinenpistole in den Gruben durchsiebt wurden.

Einen Monat später am 15.6. 45 schreibt Kästner in seine Kladde *Das geheime Kriegstagebuch von 1941 bis 1945*:

Am Nachmittag tauchte ein jüdischer Herr in olivgrüner Uniform und mit einem Schwerhörigen-Bügel unterm Käppi auf und beschlagnahmte sämtliche technischen Apparaturen. Er forderte uns auf, die Hände aus den Taschen zu nehmen. Er habe uns nicht erlaubt, uns zu setzen. Es sei, überhaupt, das Beste, alle in ein Lager zu bringen.

Deutsch sprach er sehr gut. Er war ein Emigrant, der bis 1937 in Deutschland gelebt hatte – und er war der erste Vertreter der amerikanischen Militärverwaltung.

Unterstützt wurde er von Männern der Innsbrucker Gau-Filmstelle.

Kästner wird in den kommenden Jahren seine Aufzeichnungen so lange aufbereiten, bis sie ihn, den Schriftsteller auf der Flucht, ins sanfteste Licht setzen. Er soll für die Nachwelt als der Held des größtmöglichen Widerstands weiterleben. Niemand soll sich dafür interessieren, wie sich der smarte Autor Kästner durch die braunen Jahre geschlängelt hat.

Die Russen sollen in Berlin nach dessen Eroberung drei Tage Plünderung freigegeben haben. Die deutschen Gefangenen sollen einen Monat Urlaub erhalten, sich nach ihren Angehörigen umschauen und dann wieder in ihren ausländischen Arbeitsdienst zurückkehren.

Die russische Demarkationslinie liegt immer noch nicht genau fest, wie es scheint. Das heißt, die Russen rücken immer noch weiter vor, falls sich die Sache richtig verstehe.

Kästner weiß nichts – aber er beschreibt es genauestens.

Die Berliner werden, wie der deutsche Volkssender meldet, von den Russen raschestens mit Brot versorgt. Da sehe man, was es mit dem Gerede auf sich hätte, die Russen seien Untermenschen.

Die Friedrichstraße soll zum großen Teil in den U-Bahn-Schacht gestürzt und die Straße dadurch unpassierbar sein. Ingenieure sollen per Flugzeug eingetroffen sein, um die Gasleitungen undsoweiter wieder in Ordnung zu bringen. Ich erinnere mich noch meines Berliner Wintersemesters, als man die U-Bahn zwischen Bahnhof Friedrichstraße und dem Halleschen Tor baute, mit den hohen Bauzonen an den Fußsteigen und den Huren an der Jäger- und Puttkammer Straße.

Und wieder zurück im Nachkriegs-Elend.

Hier in Tirol kamen schon den ganzen Tag in kleinen Trupps deutsche Truppen über die verschneiten Pässe aus Italien – mit Wanderstöcken aus Zweigen gemacht. In Halbzivil waren sie, viele fußkrank, andere schneeblind. Viele seien oben erfroren, andere im Po ertrunken.

Die große Armee kehrt heim. Ein junger Leutnant kam mit sechs Mann von den Schneebergen herunter, als sei nichts geschehen; er trug noch Revolver und so weiter und musste von den Amerikanern, denen gar nichts daran lag, pro forma gefangen genommen werden. Später in Kaltenbach hat man ihn wohl wieder laufen lassen.

Ja wie denn, laufen die armen Jungs nun alle zu Fuß nach Hause?

2023 wird das Bild, das Kästner von sich gezeichnet hat, gesäubert. Tobias Lehmkuhl schreibt eine bemerkenswerte Biographie über den »Doppelten Erich. Kästner im Dritten Reich «. Der »Tagesspiegel rezensiert:

»Gründlich recherchiert, schildert das Buch die Findigkeit des vormaligen Star-Autors, seinen

Lebensunterhalt zu erwirtschaften, ohne zum offenen Kollaborateur, aber auch ohne zum Märtyrer zu werden. ›Einen ästhetisch – ideologischen Überbau hatte er nicht‹, stellt Lehmkuhl fest. ›Kästner war, wenn man so will, ein Autor der Ebene.‹

Darin glich er seinen Lesern, die ihre Haut und möglichst auch das, was sie unter Anständigkeit verstanden, retten wollten. Kästner blieb der desillusionierte, zur Sentimentalität neigende Skeptiker, der er war, ein Entwicklungsprozess fand nicht statt.«

Das würde Rolf Schimpf – der Erich Kästner über die Maßen mag – nicht sonderlich gefallen. Aber er liest 2023 nicht mehr. Er kämpft gegen das Sterben.

SAUERKRAUT, SCHILLER UND SIEGLINDE

Rolf Schimpf: gerade nochmal davongekomen. Der Franzose hat ihn – aus Versehen und aus großer Blödheit – niedergeschossen. Rolf Schimpf ist am Verbluten gewesen, das Bein war zerfetzt. Die Franzosen haben ihn aufgegeben, sie haben ihm Infusionen in die Adern gepumpt. Gespritzt, was das Zeug hielt, haben sie.

»Der Franzmann hat mich abgeschossen, der Ami hat mir mit seinem Penicillin den Arsch gerettet.«

So hört sich das bei Rolf Schimpf an, wenn er 70 Jahre später davon erzählt. Mehr gibt es nicht zu sagen.

Die Menschen mögen den jungen Mann, der sich in einem Lazarett ins Leben zurück kämpft. Rolf Schimpf beklagt sich nicht, er wird gesund. Die Krankenschwestern nähen den Bund an seiner Hose enger, Rolf ist mager geworden. Er verlässt das Militär-Spital, schlägt sich durch den

Südwesten des darnieder liegenden Landes durch bis nach Esslingen. Schimpf marschiert – das ist mühselig, denn das kranke Bein will nicht marschieren –, Schimpf fährt auf den Pritschen von Lastwagen, er nimmt für kurze Strecken einen überfüllten Zug, das ist mühsam, denn er kann mit seinem kranken Bein noch nicht lange stehen.

Dieuze. Saarburg. Misstrauische Franzosen, die den mageren Mann hassen.

Hagenau. Gaggenau. In den Ausläufern des Schwarzwaldes sammeln sie Knüppelholz – der Winter ist noch weit, aber die Menschen ahnen, dass die Zeit nach dem Krieg kalt und karg sein wird.

Calw. Sindelfingen. Rolf kommt sich wie ein Aussätziger vor, wenn er durch die Dörfer humpelt.

Oberaichen. Möhringen. Es riecht nach verfaulenden Krautstrünken, so hat es im Krieg gestunken, so stinkt der Frieden.

Schönberg. Ostfildern. Nellingen auf den Fildern. Bald hat der Marsch ein Ende. Einer lässt Rolf auf der Anhängerkupplung seines Lanz-Ackerschleppers mitfahren. Schimpf erfährt von seinem brüllenden Chauffeur, das sei ein zähes Luder, dieser Lanz. Der habe den Krieg überstanden und sei wie geschaffen für ein tausendjähriges Reich. »Ein D7506/3! Baujahr neunadreißich. Da hent mir no koin Kriag ghet! Einzylinder-Zweitakt-Mitteldruck-Glühkopfmotor! 4,7 Liter Hubraum! Fünfäzwanzich PEÄSS! Da sagscht nix me, hä!«

Zollberg. Da kennt sich Schimpf aus. Auf dem Sportplatz war das Ziel von Hindernisläufen, Straßenrennen, Reitveranstaltungen hat es auch gegeben. Im Krieg haben in Baracken hinter Stacheldraht russische Kriegsgefangene gehaust. Schimpf sieht ein paar Männer mit Klemmbrettern über die Äcker stapfen. Sie planen die Unterkünfte für die Flüchtlinge aus dem Osten.

Esslingen. 60 Häuser völlig zerstört, 75 schwer, 260 mittelgradig und 1236 leicht beschädigt. 49000 Einwohner, im Krieg 26 Bombenangriffe mit 71 Toten.

Im Holder. Der Blick auf den Neckar. Auf der anderen Seite die Türme der Stadtkirche und der Frauenkirche, die Burg oben bei den Neckarhalden.

Er humpelt über die malträtierte Pliensaubrücke. Am mäßig beschädigten, aber noch weitgehend nutzlosen Bahnhof arbeiten sie, eine Lok rangiert. Rechtsab, die Berliner Straße entlang. Schließlich die Kreuzung an der Mettinger Straße. Die Villa der Familie.

Hausnummer 17. Rolf ist daheim.

»Rolf!«

»Ja, Mama.«

»Rolf!«

Blass ist die Mutter, dunkle Augenringe hat sie. Aber die Stimme ist noch die einer jungen Frau. Jetzt ruft sie ins Stiegenhaus und hinüber ins Wohnzimmer.

»Der Rolf ist wieder da. Ach Gottle, ist das schön.«

Die Schwester rennt die Treppe runter, der Bruder hinterher, aus der Küche kommen Verwandte und ein junges Mädchen, das sich um den Haushalt kümmert. Rolf wird bestaunt und vorsichtig angefasst.

»Brauchst die?« fragt die Schwester und deutet auf die Krücke, die Rolf Schimpf in eine Ecke gelehnt hat.

»Manchmal. Wenn das Bein vom Gehen weh tut. Aber meistens brauche ich sie nicht mehr.«

»Gell, sie haben Dich angeschossen in der Gefangenschaft?«

»Ja, saublöd. Der Franzos' war das. So ein junger Hupfer, der überhaupt nicht mit Waffen umgehen durfte.«

Ob es sehr schlimm gewesen sei, will der Bruder wissen. Ja, antwortet Rolf, da habe es Spitz auf Knopf gestanden. Wenn der Ami nicht dagewesen wär', dann hätte es ihn wohl erwischt.

»Nach dem Krieg passiert mir das! In der Gefangenschaft! Der war noch keine 20, der Franzos'. Ich hätt' sterben können. Da hätt' ich mich aber geschämt.«

Genug vom Krieg, sagt die Mutter. Es sei zwar noch nicht Essenszeit, aber sie könne sich gut vorstellen, dass der Rolf …

»Du hast doch einen Hunger, oder?«

»Ja, Mama. So laut kannst Du gar nicht Kohldampf sagen, wie ich Hunger hab'.«

154

Die Mutter und das Mädchen sind schon weg. Töpfe scheppern in der Küche, die Stimme von Frau Schimpf ist zu hören.

»Gehst in die Speise und holst das Geselchte ... Nein, wir nehmen das gute Geschirr ...Vergiss die Butter nicht ...Haben wir noch den Roten? ...Und ein Bier, da hast ein Geld, holst in der Wirtschaft zwei Liter ...«

Nach dem Essen besteht die Mutter drauf, dass der Rolf badet. Das Mädchen hat alles vorbereitet. »So gehst mir nicht in das frische Bett«, sagt die Mutter.

Die Sachen stinken. Rolf hat es auf dem Weg aus der Gefangenschaft nicht realisiert, wie schlecht er riecht. Jetzt zieht er das Zeug aus, die Plünnen fallen in sich zusammen und miefen fürchterlich. Der junge Mann steigt ins heiße Wasser.

Die Mutter hat ihm einen frischen Barren Kernseife an die Wanne legen lassen. Rolf Schimpf beginnt summend sein Werk.

Er wäscht sich Frankreich und Russland und Deutschland, er wäscht sich den Krieg und die Gefangenschaft, er wäscht sich das Fast-Krepieren und die verlorenen Jahre vom Leib. Er summt ein Lied, das ihn und seine Kameraden auf dem Feldzug in Russland zum Träumen gebracht hat. Rolf Schimpf hat den verdammten Krieg überstanden – das Lale-Andersen-Lied gibt es auch noch.

Na bitte!

Auf Posten in einsamer Nacht,
Da steht ein Soldat und hält Wacht.
Träumt von Hanne und dem Glück,
Das zu Hause blieb zurück.

Die Wolken am Himmel, sie ziehn
Ja alle zur Heimat dahin.
Und sein Herz, das denkt ganz still für sich:
Dahin ziehe einmal auch ich.

Es geht alles vorüber,
Es geht alles vorbei.
Auf jeden Dezember
Folgt wieder ein Mai.

Es geht alles vorüber,
Es geht alles vorbei.
Doch zwei, die sich lieben,
Die bleiben sich treu.

Rolf Schimpf steigt aus der Brühe, er spült sich mit warmem klaren Wasser aus dem Eimer ab. Ein frisches flauschiges Handtuch. Er schäumt den Pinsel ein und rasiert sich – nicht, dass da besonders viel wegzuschaben wäre, Rolf Schimpf hat einen schütteren Bartwuchs. Er sieht sich im Spiegel an. Schmal ist sein Gesicht. Und blass unter der Sonnenbräune. Müde Augen hat er. Im kleinen Spiegel sieht er seine Schultern: knochig, dürr, kraftlos.

Der Rest: Das ist ein junger Mann, sehr dünn, mit Narben an Bein und Hals, mit einem kaputten Ohr. Und mit einer Vergangenheit, die viele andere in die Knie zwingen würde.

Rolf Schimpf versucht dem Spiegel nett zuzulächeln. Er schlüpft in den weiten weißen Bademantel (der hat dem Papa gehört, der ist noch aus der guten Zeit in Berlin), steigt in die Pantoffeln und geht zu den Anderen im Wohnzimmer.

»Komm«, sagt die Mutter. »Jetzt ist alles gut. Jetzt bist in der Heimat. Trinkst noch ein Bier, dann gehst schlafen. Du wirst müd' sein.«

Wie recht sie hat.

Rolf Schimpf kommt väterlicherseits aus einer erfolgreichen kreativen, schwäbisch-schlitzohrigen Sippe. Seine Großeltern ließen schon einmal eine Villa um ein Stück versetzen, wenn ihnen danach war. Der Urgroßvater Christian Fink war Musiker und Komponist, und der große Franz Liszt fand die Orgelwerke des Esslingers bemerkenswert. Schimpf Ururgroßvater gründete in Esslingen einen überaus erfolgreichen Verlag für Kinderbücher und bekam später die *Goldene Medaille für Kunst und Wissenschaft.*

Mütterlicherseits hat es Rolfs Familie mit dem Geld – und das will was heißen im stockschwäbischen Esslingen. Die Deffners gehören am Neckar zu den Entscheidern. Seit Beginn des 19.en

Jahrhunderts hat der Deffner-Clan einen großen Namen.

Carl Christian Ulrich Deffner, Lateinschüler und Praktikant in englischen Fabriken, übernimmt 1815 in Esslingen eine Blechwarenfirma. Auf dem Stuttgarter Weihnachtsmarkt verkauft er Kaleidoskope – und, hastdunichtgesehen, ist er wer. 1825 bis 1827 baut Deffner in den Pulverwiesen neue Hallen, 1829 lockt er neue Angestellte mit einer Krankenkasse. Anfangs arbeiten für ihn 19 Menschen, 1850 beschäftigt Deffner 200 Arbeiter. Er leistet sich eine Villa, einen »Renaissance«-Palast. Er gründet den Gewerbeverein, installiert zwei Jahre vor seinem Tod im Jahr 1846 seinen Sohn als neuen Chef – und hat alles richtig gemacht.

Die Dynastie Deffner ist in der Spur.

Carl Ludwig Deffner hat nach dem Besuch der Lateinschule in Esslingen die Gewerbeschule in Stuttgart absolviert und nach ersten Erfahrungen im väterlichen Betrieb in Berlin ein Gewerbeinstitut besucht sowie Vorlesungen an der Universität gehört. Er macht seine Erfahrungen im Ausland – nun stellt er das Werk von Wasser- auf Dampfkraft um. Die Firma wächst nach dem Revolutions- und Hungerjahr 1846, in den Hallen stehen die modernsten Maschinen, die Deffner-Produkte werden auf internationalen Ausstellungen präsentiert, Württemberg beteiligt sich mit Deffner als Vorzeige-Unternehmen an der ersten Welt-ausstellung in London.

Es folgen ein Bruder, dessen Söhne, Cousins und weitere Söhne. 1899 arbeiten 500 Menschen in den Werken, die Firma übersteht den Ersten Weltkrieg. In den 1930er Jahren werden vor allem vernickelte, verchromte und versilberte Tafelgeräte und Metallporzellan-Geschirr hergestellt. Die Firma übersteht den Zweiten Weltkrieg.

Dann übernimmt Georg Deffner. Er ist ein Jahr älter als Rolf Schimpf und will das Unternehmen in eine neue Zeit führen. Keiner weiß, wie diese Moderne aussehen wird. Viele haben Angst, den meisten Menschen ist es bange, wenn sie an die Zukunft denken. Die Vokabel »Wirtschafts-wunder« gibt es noch nicht.

Aber Georg Deffner ist ein Kämpfer. Er hat keine Lust auf Gewissenerforschung oder deutsche Schuldgefühle.

Deffner lässt die Lebensläufe der Ahnen reche-chieren und druckt sie in drei kleinen Bändchen im Selbstverlag.

»Meine Lieben«, schreibt er im Vorwort an die Verwandten.

Meine Lieben! Ich schicke euch beiliegend diese Drucksache, aus der Ihr ersehen könnt, dass es auch früher möglich war, durch Fleiß, tüchtige Arbeit und Ausdauer sich aus dürftigen Verhältnissen empor zu arbeiten. Dies berechtigt uns aber auch zu fester Über-

zeugung, dass sich unser armes Vaterland, das durch den katastrophalen Zusammenbruch im Jahre 1945 und die darauffolgende Knechtschaft und Hungersnot äußerst notleidend wurde, durch Fleiß und tüchtige, zielbewußte Zusammenarbeit auch wieder aus tiefstem Elend empor raffen kann und wieder eine geachtete Stellung in der Welt im Laufe der Jahre erringen wird, frei von dem furchtbaren Druck und der Kontrolle fremder Nationen. Hoffen wir das Aufblühen eines schönen friedlichen und freien Lebens für unsere lieben Nachkommen mit herzlichem Gruß Karl Deffner. Esslingen im Juli 1947.

Die Deffners und die Schimpfs sind aus einem besonderen Holz geschnitzt. Sie sind wie die Robinien vom Trümmerberg auf dem Stuttgarter Birkenkopf. Sehr hart. Hart auch im Nehmen. Zäh. Steher unter den Bäumen. Wehrhaft.

Rolf ist ein Kind der Deffners und der Schimpfs. Er kommt aus dem Krieg zurück und hat sich nicht unterkriegen lassen.

In Russland hat ihn eine Granate fast unter die Erde gebracht. In Frankreich hat es ein irrer Besatzer mit dem Maschinengewehr versucht. Ein Ohr hört nichts mehr. Dass Rolf Schimpf ohne großes Gehumpel wieder zur Familie kommt, ist ein Wunder.

Das größere Wunder: Er scheint unbeeindruckt von den Schrecken des Krieges. Zumindest zeigt er die Wunden nicht. Nicht in der Öffentlichkeit.

Er macht weiter mit dem Leben, das für ihn noch gar nicht so recht begonnen hat.

Obwohl die Mutter leicht kränkelt, scheint auch sie unverwüstlich. Nicht wegzudenken ist sie aus dem Leben.

Sie hat für ihren ältesten Sohn eine Stelle gefunden. »Fürs Erste schaffst Du beim Hengstenberg. Das ist was Reelles.«

Und die Anstellung hat den Vorzug, dass der Rolf in einem Betrieb arbeitet, der Lebensmittel verkauft.

Die Firma Hengstenberg ist in Esslingen vor hundert Jahren gegründet worden, und die Besitzer, allesamt Hengstenbergs reinen Geblüts – haben sich aufs Einwecken spezialisiert. Sie verkaufen haltbare Marmeladen und Gurken, eingelegte Birnen und Pflaumen – vor allem verkaufen sie Sauerkraut. Ihre Dosen liefern sie bis nach Kiel. Auf den Berghütten lagern sie und in den Kombüsen der großen Überseefrachter. Hengstenberg-Sauerkraut wird sogar in ausgesuchten Läden in New York verkauft, da ist es eine teure Delikatesse für die Exilierten mit Heimweh.

Hengstenberg? Da weiß jedermann in der neuen Republik Bescheid:

Früher ging mit einem Teller
Witwe Bolte in den Keller.
Dass sie von dem Sauerkohle
Eine Portion sich hole.

Doch wie sah der edle Schmaus
Oftmals in dem Fässchen aus:
Vitamine, längst zerstört,
Von Frau Bolte nie gehört.
Heute steht zu jeder Zeit
Für die Hausfrau griffbereit
In der Küche im Regal
Von Hengstenberg ein köstlich' Mahl.
Vitamine sind gerettet,
Wenn man sie in Dosen bettet.

Beim Hengstenberg haben sie jemanden in der Kaufmännischen Abteilung gesucht – und Rolf Schimpf hat mit Bravour bestanden.

Er hat Abitur, fein. Er hat gedient, das ist recht. Er hat Manieren – das ist keine Selbstverständlichkeit.

Ein ungebrochener junger Mann. Einer, der schwäbeln kann, dass man rätselt, welche Sprache das sei. Der berlinert, als käme er geradewegs aus dem Wedding. Der im Kundenkontakt das feinste Hochdeutsch spricht. Rolf Schimpf sieht selbst im abgetragenen Anzug wie ein junger Herr, der es mal ganz weit bringt. Probeweise lässt er sich einen Schnauzbart wachsen – das kleidet ihn gut. Aber meist ist der junge Herr Schimpf glattrasiert, riecht leicht nach Kölnischwasser. Und er rechnet ohne Fehl und Tadel.

Das ist das Wichtigste.

Solche Angestellten braucht Hengstenberg. Die bringen den Betrieb an die Spitze.

Am 15. August regnet es immer wieder. Die Menschen tragen Mantel, es ist ein kühler feuchter Sommer.

Um sieben Uhr morgens verlässt Rolf Schimpf, in seinem besten Anzug, die Villa an der Mettinger Straße 17. Wer ihn so zielstrebig stadtauswärts marschieren sieht, käme nicht auf die Idee, dass dieser Mann vor einem guten Jahr fast das Bein verloren hat.

Rolf Schimpf ist ein optimistischer, gut rasierter junger Mann – der sich auf den Weg macht, die Welt zu erobern.

Die Mutter hat ihre Beziehungen – schließlich gehören die Schimpf zur besseren Gesllschaft von Esslingen – spielen lassen und ihren Sohn beim Hengstenberg untergebracht. Sie hat im Mai einen Termin beim Chef der Firma gehabt. Carl Hengstenberg, ein ernsthafter Unternehmer mit dem Selbstverständnis eines Patrons, der für das Unternehmen lebt, nahm sich Zeit für die Besucherin. Sie erinnerten sich an die besseren alten Zeiten; er ließ sich erzählen, wie Hans Schimpf bei der Marine und später als Chef des Geheimdienstes Karriere machte, Frau Schimpf erzählte von der Villa in Berlin – und wie die Gestapo den Hans Schimpf verschwinden ließ. Sie redeten über den Krieg, die

Bomben, die Verluste, die Niederlage. Und darüber, wie schwer es sei, nach vorne zu sehen. Aber es half ja nicht – es war nun einmal so.

»Was kann ich für Sie tun, liebe Frau Schimpf? Was haben Sie auf Herzen?«

»Es geht um Rolf.«

»Das ist ihr Ältester.«

»Ja. Er ist aus dem Krieg zurück, gottseidank. Und jetzt ...«

»Wie alt ist er denn?«

»22 bald. Das ist ja das Problem. Das Abitur hat er noch gemacht. Dann hat ihn der Adolf geholt. Er ist in Russland verwundet worden, in der Gefangenschaft noch einmal. Ich bin ja glücklich, dass er am Leben und gesund ist. Aber ...«

»Verstehe. Wie ist er denn so? Mehr einer, der etwas mit Händen macht? Oder hat er es mit Zahlen?«

»Er ist begabt. Wenn etwas im Haus kaputt ist, richtet er es. Der Rolf drückt sich vor keiner Arbeit. Aber eigentlich ist er einer fürs Büro. Er war immer gut im Schriftlichen. Der Rolf ist ein logischer Mensch. Der macht nichts Unüberlegtes. Und was er anfängt, bringt er zu Ende.«

»Glauben Sie, dass eine Kaufmännische Lehre etwas für Ihren Sohn wäre?«

»Da bin ich ganz sicher.«

»Na, das bekommen wir schon hin. Tüchtige Leut' kann ich immer brauchen.«

Herr Hengstenberg kümmerte sich. Am 26. Juni ging ein Schreiben aus der Geschäftsleitung der Firma Hengstenberg an die ausbildenden Abteilungen. Da hieß es unter anderem:

»Der Versand hat keine Hilfe mehr. Sämtliche Lehrlinge waren dort längere Zeit beschäftigt. Falls der Sohn von Frau Schimpf als Lehrling angenommen wird, sollte er im Versand von Herrn Bott beginnen.«

Nun ist er anerkannter Lehrling beim Hengstenberg. Rolf Schimpf macht sich gut. Er ist anstellig und willig. Die zwei Burschen und das Mädchen aus seinem Lehrlings-Jahrgang blicken zu ihm auf – schließlich hat er den Krieg mitgemacht. Sie waren ja noch »Kinder«. Aber der Rolf ist ein prima Kerl. Er lässt sich seine Erfahrung nicht anmerken. Wenn man ihn braucht, hilft er. Und zu der Vollmer Lore – sie ist sechs Jahre jünger und hat beim Hengstenberg einen Monat vor Kriegsende angefangen – benimmt er sich wie ein Kavalier.

Mit den Zahlen geht er flink um, an der Schreibmaschine fallen ihm immer die richtigen Formulierungen ein. Der junge Mann gastiert in der Registratur, in der Buchhaltung, im Betriebsversand in der Statistik.

Und er sieht den Fassbuchhaltern über die Schultern. Das ist seine letzte Station als Lehrling, da kennt er sich schon aus. Die Meister fragen ihn, wie er denn mit den Problemen der Zeit umgehen würde – vor allem mit der Beschaffung der Rohware. In den Jahren nach dem Kriegsende hat Hengstenberg für die Essigproduktion fast keinen Wein. Schimpf wird zu den Händlern von Essig-Essenz und Malz-Essig geschickt, die können aushelfen. Er arbeitet in der Ölmühle – dort werden Senf, Mayonaisen und Fleischsalat produziert – mit und kümmert sich um die Krautlieferungen, um die Ware für die Gemüsekonserven, um die Logistik der Zutaten ...

Obwohl die Not das Land beherrscht, finden sie beim Hengstenberg immer neue Wege, die Firma am Laufen zu halten. Und schon während Schimpfs Lehrzeit zeichnet sich ab, dass die Familie Hengstenberg ihr »Geschäft« fit macht für eine prima Zukunft.

Der Lehrling Rolf Schimpf bekommt im ersten Jahr 40 Mark im Monat, im zweiten sind's dann schon 50. Das Zeugnis nach 24 Monaten (seine Lehrzeit wird wegen seines Alters und wegen der guten Leistungen um ein Drittel verkürzt) liest sich prächtig.

Am 15.8.1948 hat Rolf Schimpf ausgelernt. Der junge Mann hat eine helle Zukunft. Beim Hengstenberg kann er es noch weit bringen. Deutschland startet (was zu diesem Zeitpunkt keiner ahnt) auf sein Wirtschaftswunder zu. Und dieser smarte Rolf Schimpf ist auf Erfolgskurs.

Da sagt er zur perplexen Mutter.

»Schön war's beim Hengstenberg. Aber es ist nix für mich.«

»Was heißt denn das?«

»Ich mag die Stelle nicht.«

»Wie bitte? Hast was Anderes?«

»Nein. Ich gehe nach Stuttgart.«

»Stuttgart?«

»Ich werde Schauspieler.«

Waas?

August 1948. Der »Stern« erscheint zum ersten Mal. Er berichtet aus München über die Plünderungen von Geschäften und Handgreiflichkeiten gegen Kaufleute, die Waren in ihren Auslagen haben, die sich kein Mensch leisten kann. Der Deutsche Volksrat der Ostzone verabschiedet die Vorschläge für eine Verfassung der Deutschen Demokratischen Republik.

August 1948. Der deutsche Südwesten rutscht in eine bedenkliche Schieflage. Das württembergisch-hohenzoller'sche Kabinett gerät in Raserei wegen der neuen unverschämten Reparationsforderungen und tritt zurück. Delegierte aus den Ländern Südbaden, Württemberg-Baden und Württemberg-Hohenzollern treffen sich in Hinterzimmern und planen den Aufstand. Sie wollen einen Südwest-Staat.

August 1948 in Stuttgart. Der Stadt geht es dreckig. 1947 haben die Bürger den »allgemeinen Notstand« durchlebt. Wohnungen, Essen und Trinken, Brennstoff, das Wasser: Alles war knapp. Es war – so seufzten die Stuttgarter – »arg wia em Kriag«.

Am 20. Juni 1948 ist Währungsreform. Es gibt ein Kopfgeld von 40 D-Mark, später kommen 20 Mark dazu. Das alte Geld und die Aktien von damals sind kaum noch etwas wert.

Im August 1948 sind die meisten Stuttgarter arm und hungrig und haben Angst vor dem Winter.

Der Pfarrer der evangelischen Rosenbergkirche im Stuttgarter Westen spricht die Zustände von der Kanzel aus an:

»Die caritative Tätigkeit der Gesamtkirche wie der Einzelgemeinde ist fast so gut wie lahmgelegt. Das ist umso schlimmer, als jetzt in steigendem Maße bei Alten, Kranken und vaterlosen Familien geholfen werden sollte.

Trotz dieser großen Notstände wird die Reform von vielen Gemeindegliedern begrüßt, weil es auf Grund der Bewirtschaftungsregelung möglich ist, für Geld wieder etwas zu kaufen. Würde es sich jedoch zeigen, dass die jetzt vorhandenen Lebensmittel und Waren in kurzem wieder nicht mehr zu haben sind, so würde das dem Wert der Reform einen tödlichen Stoß versetzen.

Was niemand begreift, ist die Tatsache, dass auch der kleine Sparer um alles gekommen ist.«

In den Stuttgarter Betrieben wächst die Wut. Die Verantwortlichen der Militärregierung zitieren die Betriebsräte zu sich und fordern sie auf, für Ruhe und Ordnung zu sorgen. Der Gewerkschafter Hans Stetter, ein unbeugsamer schwäbischer Linker, wird im Herbst eine revolutionäre Rede halten.

»Wir sollten uns wehren und zum offenen Kampf aufrufen, ungeachtet, ob damit alle einverstanden sind. Arbeiter, Angestellte und Beamte, vor allem die gewerkschaftlich Organisierten, werden sich nicht genauso zur Seite schieben lassen, wie sie dies nach dem Ersten Weltkrieg getan haben. Sie sind auch nicht bereit, die Rechnung für Hitlers Krieg alleine zu bezahlen, während eine Handvoll Parasiten weiterhin im Wohlstand schwelgt. Wenn wir wissen, was wir wollen, und unsere Bedürfnisse mit der nötigen Willensstärke bekräftigen, dann ist noch nichts verloren, und wir haben immer noch eine Welt zu gewinnen. Auch kommt keine Erlösung von den Besatzungsmächten, weder von denen aus dem Westen noch aus dem Osten.«

Uwe Fuhrmann (»Die Entstehung der ›Sozialen Marktwirtschaft‹1948/49. Eine historische Dispositivanalyse«) beschreibt, wie nach Stettners Rede die Stuttgarter Innenstadt implodiert:

Im Anschluss an die Kundgebung, zu der sich etwa 80000 Menschen einfanden, kam es zu massiven Ausschreitungen in der Stuttgarter Innenstadt. Nachdem

169

zunächst ein Luxusgeschäft auf der unteren König-
straße demoliert worden war, erfolgte ein groß an-
gelegter Einsatz von deutscher Polizei und US-ame-
rikanischer Militärpolizei. Die Auseinandersetzungen
führten zu zahlreichen Verletzten und einigen Ver-
haftungen.

70 Jahre später wird sich Rolf Schimpf nur noch
sehr vage an die erste Zeit in Stuttgart erinnern.
Er wird erzählen, dass er sich anfangs gewundert
habe, wie »toll« es in der Stadt zugegangen ist.
»Toll« im Sinn von »irre«. Die Leute seien wie
die Wespen gewesen. Er ist auch im Herbst in die
große Demonstration geraten – aber das sei ein
dummer Zufall gewesen. Er war auf dem Nach-
hauseweg. Mit dem Demonstrieren habe er es nie
gehabt.

Die Mutter ist sauer gewesen, weil der Sohn
nicht beim Hengstenberg geblieben ist. Da hatte er
dieses Glück einer soliden Stelle mit realistischen
Karriere-Aussichten. Esslingen ist eine Stadt, in
der es sich gut überleben lässt. Aber ihn zieht es
weg – nach Stuttgart, wo es drunter und drüber
geht, wo die Menschen in Angst und Schrecken
sind, wo alles knapp ist. Und er, der Rolf, will
Schauspieler werden! Man weiß doch, dass das ein
Hungerleider-Dasein ist, die Schauspielerei.

Die Zeitgenossen der frühen Nachkriegsjahre
müssen sich oft viel mehr abplagen als der Rolf

Schimpf, dem nun der Hengstenberg offen steht. Er würde alte Anzüge auftragen, in einem warmen Büro arbeiten, manchmal müsste er zur Inventur in die Fabrikhallen. Aber das Leben wäre kein Kampf. Abends käme er nach Hause, die Mutter hätte gekocht. Vielleicht würde er noch ein wenig Radio hören. Am Wochenende wäre er mit Jagd-kollegen unterwegs, manchmal würden sie auch zum Tanz in Esslingen gehen.

Sie würden es sich so angenehm wie möglich machen.

Die meisten anderen Deutschen müssen sich sehr viel ärger plagen.

Und was macht er, der Rolf Schimpf?
Ohne Not!
Er will Schauspieler werden.

Rolf zieht nach Stuttgart. Sein Besitz passt in den alten Kapitänskoffer vom Papa. Der junge Mann wechselt vom vergleichsweise geschützten Raum seiner Heimatstadt in die Stadt der Ruinen und der zerstörten Träume.

In Berlin müht sich der Schriftsteller Richard Drews durch seine Nachkriegs-Existenz. Da wird er vom Druckereibesitzer Gustav Spielberg gefragt, ob er einen Beitrag zu einer Text-Sammlung über die »Stunde Null« schreiben wolle. Das tut er – das

Buch wird aber nicht gedruckt. Spielberg hat sich übernommen, verschuldet, Kredite erschlichen, wird für ein Jahr in den Bau geschickt.

Erst nach einem halben Jahrhundert kommen die Manuskripte auf den Tisch von Peter Kruse, der sie dann zum Buch macht (»Bomben, Trümmer, Lucky Strikes«). Der Text von Richard Drews hat die Überschrift »Irgendwo in Berlin«. Er könnte auch mit »Irgendwo in Deutschland« oder »Irgendwo in Stuttgart« betitelt sein.

Und dann kam der Wirt auf zwei Schnäpse herüber und hörte zum 130. Male die Odyssee einer Heimkehr – und danach war eine Weile alles sehr still, und als Lottchen hereinkam, die ihre Nägel rubinrot lackierte und die Kneipe mit Moschus erfüllte, war auch der Bedarf an Erotik gedeckt. Man schrieb Anfang Juni 1948; draußen roch es nach Mörtel und Dreck, und die Trümmerfrauen waren dabei, dem Chaos zu Leibe zu gehen.

Solche Texte liebt Rolf Schimpf. Sie sind lakonisch, echt, schonungslos. Schimpf ist in der Nachkriegszeit genauso mit sich selbst umgegangen:

Lakonisch, echt, mutig, schonungslos.

Über die ersten Jahre in Stuttgart wird Rolf Schimpf später schnodderig berichten, sie seien hart gewesen. Punktum.

In den kommenden Jahren wird Rolf Schimpf alles lesen, was der Schriftsteller Heinrich Böll publiziert. Er wird die Texte, die hauptsächlich in Köln und Berlin spielen, mit den Zuständen in Stuttgart vergleichen.

Und er wird, ein gutes halbes Jahrhundert später lakonisch urteilen:

»Der hat es begriffen, der Böll. Da hat alles gestimmt.«

Er machte schnell eine Wendung nach links und ging durch die jungen Burschen hindurch in die Kneipe, er sagte »Guten Abend«. Er setzte sich an den Tisch, der gleich neben der Tür stand. Der Wirt hinter der Theke ein langer, schmaler, mit einem dunklen Teint, nickte ihm zu und fragte laut »Bier?«.

»Ja« sagte der Mann.

Rechts von ihm auf einem Tisch lagen die Krücken eines Amputierten, neben dem dicken Amputierten selbst, der den Hut in den Nacken geschoben hatte, saßen ein Mann und eine Frau mit bekümmerten Gesichtern, die hilflos und müde ihre Biergläser umklammert hielten.

In einer Ecke spielten sie Karten, und im Radio sang jetzt eine Frau. »Mama sagt, man darf nicht küssen, Mama sagt, das darf man nicht ...«

Der Wirt brachte das Bier, und der Mann sagte »Danke«. Er legte das Bündel neben sich auf einen Stuhl und suchte aus der Brusttasche eine zerdrückte Zigarette heraus.

»Das ist es also«, dachte er. »Diese Kneipe.«

Schimpf ist nicht gefährdet. Er raucht selten –
und wenn ja, dann pafft er. Phasenweise führt er
eine Pfeife mit sich. Alkohol verführt ihn nicht.
Schimpf trinkt gerne Wein, zeitlebens mit Vorliebe
aus heimischen Lagen. Trollinger. Lemberger.
Schwarzriesling. Spätburgunder. Riesling. Rivaner.
Grauburgunder. Weißburgunder. Schillerwein.
Ein Schnäpschen nach dem Essen. In die Kneipe
geht er, wenn er es sich leisten kann. Dort ist er
auch ohne Alkohol lustig. Er steht am Tresen und
studiert die Menschen, wenn sie vergessen und
wenn sie sich vergessen.

Er schaut genau zu, wie sie reden, wie sie sich
bewegen. Vielleicht kann er das mal brauchen, als
Schauspieler.

*Mein Schwarzhändler ist jetzt ehrlich geworden. Ich
hatte ihn lange nicht gesehen, schon seit Monaten
nicht; und nun entdeckte ich ihn heute in einem ganz
anderen Stadtteil an einer verkehrsreichen Straßen-
kreuzung. Er hat dort eine Holzbude, wunderbar
weiß lackiert, mit sehr solider Farbe. Ein prachtvolles,
stabiles, nagelneues Zinkdach schützt ihn vor Regen
und Kälte; er verkauft Zigaretten, Dauerlutscher, alles,
was jetzt legal ist. Zuerst habe ich mich gefreut, man
freut sich doch, wenn jemand in die Ordnung des Lebens zurückgefunden hat. Denn damals, als ich ihn
kennenlernte, ging es ihm schlecht, und wir waren
traurig. Wir hatten unsere alten Soldatenkappen über*

der Stirn, und wenn ich gerade Geld hatte, ging ich zu ihm, und wir sprachen manchmal miteinander vom Hunger, vom Krieg. Und er schenkte mir manchmal eine Zigarette, wenn ich kein Geld hatte. Ich brachte ihm dann schon einmal Brotmarken mit, denn ich kloppte gerade Steine für einen Bäcker, damals.

Jetzt schien es ihm gut zu gehen. Er sah blendend aus.

Das Geld! Ja, ein wunder Punkt. Schimpf ist oft blank. Er wohnt zur Untermiete. Kein fließend Wasser. Das Klo ist eine Etage tiefer auf dem Gang. Am Monatsletzten klopft die Zimmerwirtin an der Tür und hält die Hand auf.

In der letzten Woche eines Monats kann sich Rolf Schimpf auch nichts mehr leisten. Er ist hager und hat tiefe Wangen, weil ihn der Hunger plagt.

Es gibt Kollegen, die ihr Talent im Alltag anwenden. Sie lügen den Menschen etwas vor und gehören so auf dem Schwarzmarkt der Schwaben zu den Gewinnern. Rolf kann das nicht. Wenn der Monat in die zweite Halbzeit geht, beginnt Rolf Schimpf eine Kleinigkeit zurückzulegen. Dafür muss er eben den Riemen enger schnallen und es aushalten, wenn der Hunger zwackt.

Alle zwei Wochen fährt er heim nach Esslingen. Das Rad ist das alte Wittler aus dem Werkraum der Villa. Rolf hat es in die Einzelteile zerlegt, sauber gemacht, geölt, wieder verschraubt. Jetzt läuft es tadellos, der Sattel ist eine leicht wippende Wucht. Zuhause isst sich Rolf satt, erzählt der Mutter und den Anderen vom Theater-Abenteuer, er erzählt nichts vom Hunger und von den Geldsorgen. Manchmal holt er die Waffe und geht auf die Jagd.

»Und, Rolf?«, fragt die Mutter.

»Was denn?«

»Wie ist es mit den Madln? Hast eins?«

»Ach, geh' mir zu!«

Das mit den Fräuleins bekümmert Rolf nicht. Er ist froh, wenn er der Zimmerwirtin das Geld in die Hand drücken kann. Er ist glücklich übers Theaterspielen. Was braucht es da ein Fräulein?

Mitten in meinem Brüten trat die Wirtin ein, eine schlanke, ältere Frau, ihr Kleid war grün, grün wie die Bier- und Limonadenflaschen auf der Theke. Sie sagte freundlich »Guten Abend«.

Ich erwiderte ihren Gruß, und sie fragte: »Bitte?«

»Ein Zimmer, wenn Sie eins frei haben.«

»Gewiss«, sagte sie, »zu welchem Preis?«

»Das billigste.«

»Dreifünfzig.«

»Schön« sagte ich erfreut. »Vielleicht etwas zu essen?«

»Gewiss.«

»Brot, etwas Käse und Butter.« Ich streifte die Flaschen auf der Theke mit einem Blick, »vielleicht Wein?«

»Gewiss« sagte sie. »Eine Flasche?«
»Nein, nein – ein Glas. Und was wird das kosten?«

Natürlich sind sie da, die Mädchen. Aber die um-
gurren den Erich Ponto.

Es gibt noch andere große Namen um den In-
tendanten Walter Erich Schäfer: Paul Hofmann,
Günther Lüders, Albert Florath ...

Der unumstrittene Star von Stuttgart freilich
ist Ponto. Ein kleiner Mann mit einem kantigen
Gesicht und einer schnarrenden Stimme – wenn
er aufdreht, übertönt Ponto jeden Startenor der
Oper. Weit über 60 ist er, als er aus Dresden nach
Stuttgart wechselt. Alle kennen ihn als den näseln-
den Professor Crey aus der »Feuerzangenbowle«
(Schöler Pfeiffer, Sä send albern«). Er dreht einen
Film nach dem anderen, er ist in Stuttgart en suite
auf der Bühne. Für Schimpf kann es kein anderes
Vorbild geben.

Zumal Erich Ponto gerne Rollen übernimmt, die
Schimpf nachvollziehen kann. Der große Ponto
steht nicht auf Heldenposen und große Gesten.
Er muss nicht in vorderster Reihe und im großen
Licht auf der Bühne agieren. Erich Ponto spielt
gerne die kleinen Leute. In einer bemerkenswert
gut gemachten »VS-Produktion« heißt es über den
Schauspieler Ponto:

»Er ist der Komödiant der leisen Töne, arbeitet
mit sparsamsten Mitteln. Stets bleibt seine Figur

Mensch. Alles ist fein gezeichnet, alles Karrikaturenhafte ist ihm fremd.«

Der deutsche Filmstar Heinz Rühmann steht regelmäßig mit Ponto vor der Kamera. Rühmann ist ein ehrgeiziger pedantischer Profi. Er legt Wert darauf, keine Fehler zu machen. In der Zusammenarbeit mit dem einzigartigen Ponto vergisst sich freilich Rühmann immer wieder.

»Nicht selten hörte ich auf zu spielen. Ich war perplex und guckte nur, was der Ponto schon wieder anstellte. Weil ich fasziniert war, wie er es machte. Er machte nämlich gar nichts, er war unnachahmlich. Ich habe viel von diesem genialen Schauspieler gelernt.«

Noch ein größeres Kaliber als Rühmann ist der Sachse Gert Fröbe. Er spielt jeden und alle gegen die Wand. Er kann gar nicht anders: Er muss an die Rampe, er muss ins Licht. Über Erich Ponto sagt er:

»Er ist der wichtigste Mensch in meinem Leben geworden.

Ich war Bühnenmaler in Dresden. Ich habe drei Jahre gelernt. Jetzt bekam ich einen Sonderauftrag. Ich sollte den Ponto malen.

Ich saß bei ihm in der Garderobe und skizzierte. Ich habe ihn atemlos studiert.

Wie er sich schminkt, sich anzieht, wie er sich umzieht. Seine Konzentration auf die nächste Szene.

Er schien mich gar nicht zu bemerken, wie ich so da saß und ihn studierte. Am dritten Abend schaute er mir über die Schulter. Er sagte.

‚Ach wissen Sie, ich habe früher auch gemalt. Kommen'Se am Sonntag zum Essen, dann zeige ich Ihnen die Bilder mal.'

Ich war baff. Dann dachte ich:

Wenn er als Schauspieler mir zeigen will, was er gemalt hat, dann könnte ich ihm doch meinen geheimsten Wunsch offen legen.

Denn in den drei Jahren am Theater hatte sich meine Leidenschaft für die Schauspielerei brennend entfacht. Wenn ich da hinter der Bühne hockte und malte – und draußen, vor den Leuten waren die Schauspieler in Aktion, dann dachte ich: Warum mach' ich eigentlich da nicht mit? Die Schauspielerei hat mich mehr interessiert als das Malen.

Ich habe also für Herrn Ponto ein bisschen Mephisto vorbereitet. Ich hatte immer eine Neigung fürs dämonische Fach.

Ich komme aus Zwickau, das liegt in Sachsen. Und wir sind überzeugt, dass wir ein lupenreines Hochdeutsch sprechen.

Dann kam aber dieser Sonntag. Und ich wurde gründlich belehrt.

Ich legte also los. Große Gesten, viel Bumms in der Stimme, das Wohnzimmer von Herrn Ponto hat gebebt.

Vorachte nur, / Varrnunft und Wissnschofd, des
Mensch allerheechste Gunschd, / lass Disch in Blend
und Zaubrwergn / Dich vun däm Lüchngaist be-
stärggn, / So hab ich Dich schun unbedingt ...

›Hören Sie auf‹ ruft der Ponto, ›hör'n Se ja uff.
Sie sind kein Schauspieler. Sie sind 'n Komiker.‹

Er hat eine kleine Pause gemacht. Dann dachte
er wohl, er müsse mich ein bisschen trösten. Also
sagte er: ›Mephisto war keen Sachse. Und ich bin
keen Maler.‹ Dann gab es Mittag. Es hat prächtig
geschmeckt. Danach gab es Rotwein. Herr Ponto
fragte mich, ob es mir wirklich so ernst sei mit
dem Schauspielen. Ja, sagte ich, sehr ernst. Mein
ganzes Glück würde davon abhängen.

Da hat er geseufzt und mich entdeckt.«

Ich gab aus meiner Tasche den Entlassungsschein und
reichte ihn hinüber. Er heftete ihn an die Grüne Karte,
die er mit meinen Angaben zu beschreiben begonnen
hatte.

»Damaliges Delikt?«

»Glückliches Gesicht.«

»Erklären!«

»Damals« sagte ich, »fiel mein glückliches Gesicht
einem Polizisten auf an einem Tage, an dem all-
gemeine Trauer befohlen war.«

Schimpf fühlt sich wie Rolf im Glück. Die Menschen quälen sich durch den Wiederaufbau. Sie

hadern mit dem grauen zerbombten Land, sie gehen mit Angst ins Bett und stehen mit Sorgen auf. Nicht Rolf Schimpf:

Auch er hat nichts, eine Besserung ist nicht in Sicht. Das Geld reicht hinten und vorne nicht, Schimpf ist dünn vor Hunger, seine Schuhe sind durchgelatscht – und wenn er ein Mädchen zum Kaffee einladen will, muss er ans Eingemachte.

Aber er ist am Theater. Jeder Satz, den er bekommt, ist ein Geschenk. Jeder Auftritt ein kleiner weiterer Schritt in eine große Zukunft. Ihn nimmt zwar selten ein älterer Kollege zur Seite und erklärt ihm etwas. Aber das stört Schimpf nicht. Wenn er nicht dran ist, setzt sich Schimpf in der ersten Reihe an die Seite und schaut, was die Anderen machen.

Vor allem studiert er Erich Ponto.

So möchte er auch agieren. Ponto ist leise und verhalten. Manchmal scheint er zu verschwinden. Gerade in den besten Momenten des Mannes ohne Eigenschaften ist dieser Ponto der eindrücklichste Akteur auf der Bühne.

Einmal sitzen sie nach der Vorstellung zusammen. Ponto trinkt viel und bleibt immer leise. Eine Verehrerin fragt ihn, wie er das mache: dieses stille Spiel. Und warum er das mache.

»Das kann ich Ihnen sagen, junge Frau. Nur wer leise ist, kann laut werden, wenn es nötig ist. Sie können nicht mit einem Forte anfangen. Dann haben sie ja nix mehr, wenn Sie es brauchen.«

So werde ich es auch machen, denkt Rolf Schimpf. Ruhe bewahren.

70 Jahre später wird er nicht mehr oft über die Stuttgarter Zeit nachdenken. Er wird, wenn er drüber redet, das Kapitel schnell abhaken.

»Ich habe viel gelernt. Ich wollte da nicht mehr weg. Das war ein Beruf, das war mein Beruf, den wollte ich gut machen. Ist ja auch nur ein Handwerk.«

Basta.

Genug geredet über Stuttgart.

Ach nee. Zwei Dinge sind in der Erinnerung geblieben.

Die flotte Biene von der Oper.

Und der Hunger.

»Wo ich doch echt gern esse.«

Der Geschmack des Brotes:

Er brach hastig eine Kante Brot ab, sein Kind zitterte, und er spürte, wie die Muskeln seines Mundes und seine Kiefer zuckten. Dann grub er die Zähne in die unebene, weiche Bruchstelle und aß. Das Brot war alt, sicher eine Woche alt, trockenes Graubrot mit einer rötlichen Pappe. Er grub weiter mit seinen Zähnen, nahm auch die blechlederne Kruste, packte den Laib in seine Hände und brach ein neues

Stück ab. Er setzte sich auf den Rand einer Kiste,
und wenn er ein Stück abgebrochen hatte, biss er
immer erst in die weiche Bruchstelle, dann spürte
er rings um seinen Mund die Berührung des Brotes,
wie eine trockene Zärtlichkeit, während seine Zähne
sich weitergruben.

Die flotte Biene von der Oper …

Gemach. Gleich hat sie ihren Auftritt.

Erst einmal kommt das »Wirtschaftswunder« ins Laufen.

Der Publizist Harald Jähner hat ein kluges Buch über die »Wolfszeit – Deutschland und die Deutschen von 1945 bis 1955« geschrieben. Ein Kapitel trägt die Überschrift »Wie der Nierentisch das Denken veränderte«. In wenigen Sätzen erklärt der Autor, was es hieß, nach dem Krieg und in den Jahren des Wirtschaftswunders mit den modernen Zeiten Schritt zu halten.

Jähner wandte sich zu diesem Behuf einem Möbelstück zu:

Zum Signum der ganzen Epoche wurde der Nieren-
tisch, der der nächsten Generation gleich wieder Ab-
scheu einflößte, zum Inbegriff des Wohlstands. Der
Nierentisch war das dekorative Symbol entnazi-
fizierten Wohnens. Mit abgespreizten Beinen und auf-
reizendem Optimismus stand er spielerisch im Weg.
Asymmetrisch verletzlich und hallodrihaft verkörperte
er das Gegenteil des wuchtigen Reichskanzlei-Stils.

In grazilen Schühchen aus Messing, mit einem gold-
farbenen Umleimer gegürtet und oft noch mit medi-
terranem Mosaik belegt, sah er aus wie die Travestie
eines stabilen Tisches.

Wenn denn Rolf Schimpf am Monatsende ein
bisschen Geld über hat, zahlt er es aufs Sparbuch
ein. Und irgendwann hat er soviel auf der Kante,
dass er sich etwas leisten kann.

Eine der ersten Anschaffungen ist ein Nierentisch. »Möbel waren immer wichtig für mich. In
Esslingen stand in meinem Zimmer der Sekretär
meiner Großmutter. Den habe ich noch gehabt, als
ich 90 war. Mit geheimer Schublade. Wunderbare
Intarsienarbeit. Das ist echte Handwerkskunst,
davor habe ich immer großen Respekt gehabt.

In Stuttgart hatte ich nichts aus der Berliner Zeit
und nichts aus Esslingen. Zuerst gab es ein wackli-
ges Bett und einen hässlichen Schrank, einen kleinen Kocher, die Lebensmittel in einer Holzkiste.
Mitte der Fünfziger kam ein Transistorradio dazu.
Ja – und dann der pure Luxus.

Ein Nierentisch. Safrangelbe Resopalplattte. Goldene Beine. Das war schon verrucht. Ich kam mir
vor wie ein Neureicher.«

Am 4. Juli 1954 hat Rolf Schimpf frei. Die Kollegen
und er treffen sich nachmittags in der Theaterkantine und trinken am hellen Nachmittag Bier
und Wein. Rolf Schimpf hält sich zurück – er sucht

sich einen strategisch günstigen Platz (er hat ein Auge auf die neue junge Kollegin von der Oper geworfen, vielleicht ist heute ein günstiger Tag für näheres Kennenlernen).

Der Raum ist wegen des Zigaretten- und Zigarrenqualm blickdicht. Der Abverkauf von alkoholischen Getranken entwickelt sich prächtig. Die Frauen und Männer haben sich nichts zu sagen.

Wie im Rest von Deutschland scheint auch in der Stuttgarter Theaterkantine das Leben erstarrt.

Ein einzelner Mann führt in diesen 105 Minuten des 4. Juli 1954 das Wort. Es ist der Reporter Herbert Zimmermann.

Heute ist wichtig, dass wir in jeder Sekunde am Ball bleiben.

600000 im Berner Stadion, aber wir Deutschen glauben, dass Fritz-Walter-Wetter ist.

Jetzt stürmen die Ungarn von links. Kosics müsste schießen, Nachschuss Puskas – Toor! Was wir befürchten haben, das ist eingetreten. Der Blitzstart der Ungarn hat ihnen in der sechsten Minute die Führung eingebracht.

Nie war Deutschland im Endspiel, es ist ein großer Tag es ist ein stolzer Tag. Seien wir nicht vermessen.

Puskas will einer Steilvorlage nachsausen, rutscht aber aus. Aber ...

Einmal hatten wir Glück, als Kosics hinfiel, aber dann: Tibor erzielt das 2:0.

Jetzt ist Otmar Walter durchgegangen, aber das Spiel der deutschen Stürmer läuft nicht.

Fritz Walter, von dort zu Rahn. Und:

Toor.

Der Schuss von Rahn wurde abgefälscht, im Spagat warf sich Maxl Morlock ins Gefecht.

Der Anschluss!

Kurz vor dem 3:2 durch Rahn stöhnt der Radioreporter Zimmermann: *Wann sieht man ein solches Endspiel, so ausgeglichen?*

Dann:

Der Ungar hat den Ball verloren diesmal, gegen Schäfer. Schäfer nach innen geflankt. Kopfball. Abgewehrt. Aus dem Hintergrund müsste Rahn schießen. Rahn schießt: Tor, Tor, Tor, Tor ...Tor für Deutschland, Linksschuss von Rahn. Schäfer hat die Flanke nach innen geschlagen. Schäfer hat sich gegen Bozik durchgesetzt. 3:2 führt Deutschland fünf Minuten vor dem Spielende. Halten Sie mich für verrückt, halten sie mich für übergeschnappt ...

Jetzt hat Fritz Walter den Ball über die Außenlinie ins Aus geschlagen. Wer will ihm das verdenken? Die Ungarn erhalten einen Einwurf zugesprochen, der ist ausgeführt, kommt zu Bozik – aber: Aus! Aus! Aus! Aus! Das Spiel ist aus, Deutschland ist Weltmeister, schlägt Ungarn mit 3:2 Toren im Finale in Bern!

Noch eine Runde! Wir sind Weltmeister! Rausgekrabbelt aus den Ruinen. Das Glück taumelt durch die Kantine, durch die Stadt, durchs ganze Land.

Rolf Schimpf ist auch zufrieden. Mit dem Fußball-Quatsch kann er nicht viel anfangen.

Aber die neue Kollegin von der Oper ist nach dem Schlusspfiff erfreulich zugänglich.

Sieglinde ist eine flotte Biene.

Nicht sehr groß. Straffer Busen, strammer Hintern. Sie trägt gerne Etuikleider, die passen prächtig. Sie kann sich bewegen wie die Monroe in »River of no Return«. Ein quirliger Mensch ist sie, immer unterwegs zu etwas Neuem. Immer bereit für ein spontanes Solo.

Sieglinde braucht Verehrer und Publikum, sie macht aus jeder Gelegenheit einen Auftritt. Der Samstagsmarkt wird zur Bühne, wenn Sieglinde Kartoffeln kauft. Sie sitzt vor der Besenwirtschaft und ist Mittelpunkt. Sieglinde gurrt und schnurrt, sie lacht und zirpt, sie kann das Hohe C und sie flüstert das sehnsuchtsvollste Pianissimo.

Selbst beim intimen Tête à Tête kann sie es nicht lassen:

Sie braucht ihren Auftritt.

Als sie sich näher kennen lernen, kommt Rolf nicht sehr zu Wort. Sieglinde fragt, was er bislang so gemacht habe und gibt ihm eine kurze Gelegenheit der Autobiographie.

»Aufgewachsen bin ich in Berlin. Das war sehr schön. Wir haben in Dahlem ....«

»Dahlem kenn' ich. Viele Ruinen. Wir haben letztes Jahr in Berlin gastiert, da sind wir durch Dahlem durch.«

»Ja, als ich Kind war, da gab es dort die schönsten Villen, die man sich vorstellen kann.«

»Jaja. Und dann war Krieg. Bist Du im Feld gewesen?«

»Kann man sagen. Die haben mich eingezogen. Und kaum war ich an der Front, hat mich der Russ' erwischt.«

»Achwas? Wann war das?«

»'43. Und dann hat mir ein Franzose das Bein abgeschossen, da war ich schon in Gefangenschaft.«

»War eine schlimme Zeit, ich weiß. Bei mir ist es ja nach der Kapitulation erst richtig losgegangen.«

»Wieso?«

»Das werde ich Dir erzählen. War eine schlimme Geschichte. Ich war ja noch ganz jung. Und ich habe gewusst, dass ich Sängerin werden will. Aber die haben mich nicht gelassen. Kannst Du Dir das vorstellen?«

»Erzähl' mal.«

Rolf Schimpf ist ein smarter junger Mann. Er weiß, dass man für eine Eroberung nicht viel braucht. Geduldig muss man sein, höflich.

Und zuhören muss man können. Zuhören ist das Wichtigste.

Sieglinde erzählt aus ihrem wahnsinnig aufregenden Leben als angehende Künstlerin.

Gertrud, die Mutter, hat den Haushalt gemacht. Alfred, der Vater, ist Maurer gewesen. Sieglinde hat ihn nicht oft gesehen. Wenn er von den Baustellen im Harz mit der Zockelbahn Heudeber – Mattierzoll nach Hause kam, versackte er gern mal in der örtlichen Wirtschaft. Oder er war so müde von der Maloche, dass er am Tisch eingeschlafen ist. Hitler hat ihn auch schnell in den Krieg geholt – und das hat den Mann gebrochen.

Sieglinde ist 1931 zur Welt gekommen – nach dem Kriegsende sollte sie in der Fabrik arbeiten. Das hat ihr gar nicht gepasst.

Es gab da einen Onkel, der es auch nicht mehr in Ostdeutschland aushalten wollte. Er ist mit der Nichte durch den Harz gewandert – das war 1947 – und sie haben in den Westen rüber gemacht.

»Ich habe einen Rucksack gehabt – aber ich habe gewusst, dass jetzt das richtige Leben anfängt.«

Der Onkel blieb in Hannover, Sieglinde landete an der Stuttgarter Musikakademie. Sie bestand alle Prüfungen und begann ein Gesangsstudium.

An der Oper Stuttgart kam sie unter.

Sie gastierte in Zürich, Kassel, Graz, am Gärtnerplatz in München.

Sie war gut und erfolgreich.
Sie war mit Rolf zusammen.
Sie zeugten ein Kind.
Das war's dann auch.

BEHÜTETES KIND-SEIN
Wenn der Papa zuhause ist, kümmert er sich rührend um Rolf, seinen
Ältesten. Wenn der Vater zur See fährt, ist die Mama da. Rolf liebt
seine Eltern sehr.

TRÜGERISCHE IDYLLE

Rolf Schimpf wächst in einer Villa im Berliner Westen auf. Man hat
Kindermädchen, Gärtner, Haushaltshilfe und Chauffeur. Während
sich die Nazis im Land einnisten, fühlt sich Rolfs Welt heil an. Bis die
braunen Verbrecher den Papa töten.

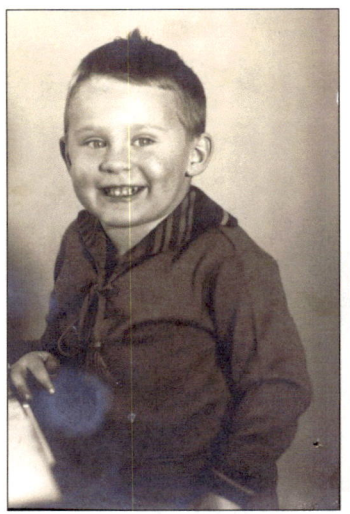

VOM UNSCHULDIGEN JUNGEN
ZUM ERNSTEN SOLDATEN

Nach dem Tod des Vaters ist Rolfs Kindheit vorbei. Kaum hat er das Abi in der Tasche, muss er in den Krieg. Und wird zweimal so verwundet, dass er dem Tod näher ist als dem Leben.

IM RAMPENLICHT

Der Schwabe Schimpf pfeift auf »seriöse« Berufe. Er wird Schauspieler. Gastiert auf allen wichtigen deutschsprachigen Bühnen. Dann
darf er sogar mit Ilse Zielstorff in »Neue Nachbarin« auftreten. Von
1974 bis 1984 sind sie einmal im Jahr gemeinsam auf Tournee.

WIE TOPF AUF DECKEL
Zwei, die sich gefunden haben: Rolf und Ilse Zielstorff, später
Schimpf. Er nennt seine Ille »Möppel«, sie sagt »Herr Möppelhuber«
zu ihm. Seine Schuhe sind runtergelatscht – doch wen kümmert's?
Sie haben sich.

SORGE DICH NICHT – LEBE!
Das junge Paar amüsiert sich auf dem Münchner Frühlingsfest.
Manchmal geht es knapp zu im Leben der Künstler. Aber was soll's?
Sie werden das Ding schon schaukeln.

FESTE FEIERN
Ille ist ein Party-Biest. Rolf mag es, wenn sie sich amüsiert. Zusammen machen sie bei allen Anlässen bella figura.

TÜFTLER, BASTLER, PERFEKTIONIST

Die Munition für seine Jagdwaffen feilt er im eigenen Keller zurecht. Er
repariert alles Mögliche im Haus. Er fertigt Silberschmuck für Ille. Und
Rolf Schimpf holt sich – mit oder ohne Frau – immer wieder Inspiration
im Deutschen Museum.

»ICH BIN NUR NOCH HALB«

Besuch des Urnengrabs von Ille Schimpf auf dem Nordfriedhof. Es
ist Altweibersommer in München. Rolf steuert den Rollator über den
Kies, platziert ihn vor der Wand und setzt sich. Er ist jetzt allein mit
den Bildern in seinem Kopf – es ist ein großartiger Liebesfilm.

VORSPIEL
Noch wähnt sich Rolf Schimpf als Schauspieler in der »zweiten
Reihe«. Doch da kündigt sich Großes an. Mit Carl-Heinz Schroth
in der »Schwarzwaldklinik« und in der Serie »Mensch Bachmann«
startet Schimpf durch.

DAS GROSSE DING DREHEN

Das soll ihm mal einer nachmachen! Rolf Schimpf ist über 60, als er
»Der Alte« wird. Den Kommissar Kress gibt er von 1986 bis 2007.
222 Folgen. Die Zuschauer lieben ihn.

AUF DEN HUND GEKOMMEN
Die bayerischen Kollegen sagen über den unverwüstlichen Schimpf
»A Hund is er scho«. Das fasst er als Kompliment auf. Und er ist
entzückt, wenn er von seinen Freunden »Sputnik« und Lilly« im
Altersheim Besuch bekommt. Dann wird der »Alte« ganz ganz jung.

DEN DURCHBLICK BEHALTEN

In den letzten Jahren wird das Leben immer anstrengender. Rolf Schimpf ist einsam, fast alle Freunde sind weg, Ille ist tot. Der Körper lässt den Mann im Stich. Aber an den guten Tagen ist er noch immer der Alte. Und schaut den Dingen auf den Grund.

ZUM WOHLSEIN!

Nie hat jemand den Rolf Schimpf betrunken gesehen. Aber alle wissen, dass er ein großer Genießer ist. Einer, der sich durch ein Fünf-Gänge-Menü mit der gleichen Disziplin durcharbeitet wie durch eine X-Large-Wiesn-Haxn. Und der bei Tisch nie aufgibt. Eine geht noch!

FRAUENVERSTEHER

Nun ist er schon weit über die 90 – aber wo er hinkommt, wird
er zum Hahn im Korb. Sie reißen sich um ihn. Rolf Schimpf mit
(von links) Lara-Joy Körner, Dolly Zierl, Barbara Volkmer und Jutta
Speidel) oder mit Birgitta, seinem »Schatz« in der Harlachinger
Einkehr«.

DER STAR-JUBILAR

Zum 99.en bekommt der »Alte« Besuch von seinem Nachfolger
Thomas Heinze und gibt ihm auf den Weg: »Nie improvisieren! Der
Text muss sitzen!« Vor dem Hundertsten stiebitzt Rolf die I von der
100 auf der Geburtstagstorte.

»ERZÄHL UNS DEIN LEBEN«
Rolf Schimpf mit den Autoren Barbara Volkmer und Detlef Vetten.

DAS LEBEN –
EIN TRAUM

1965 – 1990

MIT-MENSCHEN

PAUL FLORA

Der Zeichner und Freund von Rolf Schimpf geht lässig mit seinem Erfolg um. Dabei könnte er sich schon was auf sich einbilden. Erich Kästner nennt ihn einen »Bilderschriftsteller«, Friedrich Dürrenmatt bezeichnet ihn als »den Denker und Grübler unter den Karikaturisten«. Flora selbst beschreibt sich so:

Ein besonders engagierter Mensch bin ich nicht. Mir kommt es hauptsächlich darauf an, möglichst gute Zeichnungen zu machen, mich bei der Arbeit an diesen zu amüsieren – und dafür womöglich noch bezahlt zu werden. Ich bin ein gewöhnlicher Egoist, was die anderen und besonders die engagierten Leute ja auch sind. Fortschrittlich bin ich leider nicht, das fällt mir umso leichter, als nicht einmal die fortschrittlichen Menschen fortschrittlich sind, dies aber sorgfältig verbergen. Ich lese gerne, besonders Selbstzeugnisse, Biographien und historische Werke. Je mehr ich mir historische Kenntnisse aneigne, desto sicherer bin ich, dass es keinen Fortschritt auf der Welt gibt, und dass sich lediglich in Intervallen die Dummheiten und die Gescheitheiten, letztere leider viel seltener, wiederholen.

THOMAS MANN

Der Nobelpreisträger für Literatur, in seinem letzten Jahr von »bösen Darmwinden geplagt«, ist im Alter von 80 Jahren in seiner Züricher Villa seit Tagen bettlägerig. Der Kurzsichtige bittet seine Frau Katia: »Gebt mir eine Brille.« Dann stirbt er.

DIETMAR ZOEDLER

Der Urologe macht alle Kollegen platt. Der Schwager von Rolf Schimpf unterrichtet den Schauspieler – nicht ohne Häme ob dessen Erfolglosigkeit – über jeden neuen Triumph. Auszug aus seiner Erfolgsliste Anfang der 1970er: »*Zur postoperativen Inkontinenz*«, Helvetia Chirurgica Acta, Basel 1968. »*Zur Problematik der Sekundär- und Recidiv-Operationen an der Niere, am oberen Nierenbecken und oberen Harnleiter*«, Zeitschrift für Urologie, Berlin / Heidelberg 1969. »*Die operative Behandlung der weiblichen Harninkontinenz mit dem Kunststoffnetzband*«, Aktuelle Urologie, Stuttgart 1970. Manchmal ist Rolf wegen der hochtrabend vorgetragenen Erfolgsmeldungen seines »Freundes« echt angepisst.

MARLENE DIETRICH

Ende der 1970er Jahre zieht sich die Diva aus dem Showgeschäft zurück. Sie wird sich nie mehr öffentlich zeigen. Es ist ein fürchterlicher Fall. Die Tochter Maria Riva schreibt:

Immer wieder stürzte sie. Eines Nachts verlor sie im Badezimmer das Bewusstsein, griff noch im Fallen nach dem Duschvorhang und wachte am anderen Morgen in einem Haufen von rosa Plastik auf.

Einmal schlug sie sich im Fallen den Kopf an der Kante eines Marmortisches auf und lief wochenlang mit einem riesigen blauen Auge herum, während ich voller Angst auf den Anruf mit der Nachricht wartete, das von dem Sturz herrührende Blutgerinsel sei weitergewandert.

Dann fiel sie in ihrem Schlafzimmer hin. Als sie wieder zu sich kam und aufstehen wollte, ging es nicht. Wieder wurde sie die Treppen runter getragen und geröntgt: ein Haarriss oberhalb des Hüftgelenks. Vier Wochen strenge Bettruhe. Auf keinen Fall wollte sie ins Krankenhaus. Sie legte sich ins Bett und stand nie wieder auf. Sie hatte die perfekte Lösung gefunden: Wenn sie von nun an umkippen würde, dann lag sie ja schon sicher und weich. Kein einziges Mal kam ihr stattdessen in den Sinn, das Trinken aufzugeben.

PETER KREUDER

Er schreibt einen Evergreen nach dem anderen. Dann setzt er sich 1971 an seine Autobiographie. »Nur die Puppen haben keine Tränen«. Er kommt zu dem Schluss:

Ich werde nicht älter. Das beunruhigt mich langsam. Es mag sein, dass man irgendwann melden wird, *ich wäre gestorben. Das sollte man nicht weiter ernst nehmen.*

Zum ersten Mal starb ich in den Trümmern eines Eisenbahnzugs in Kreiensen. Ich war aber zuvor in Hannover ausgestiegen, um dort das berühmte Nachtcabaret »Die Rote Mühle« zu besuchen.

Den zweiten Tod starb ich 1930, als im »12-Uhr-Blatt« die Nachricht über mein frühes Hinscheiden erschien.

Zum dritten Mal wurde mein Ende verkündet, als ich in Brasilien in einem kleinen Schiff über den Amazonas schaukelte. Die Fahrt hatte viel länger gedauert als vorgesehen, und man meldete uns als verschollen. Ich erhielt sehr hübsche Nachrufe.

Die vierte Todesmeldung produzierte meine liebe Sophie höchstpersönlich. Sie brachte es fertig, meine Freunde anzurufen und ihnen mitzuteilen, ich sei soeben verstorben. Das war einer ihrer Scherze.

Wenn man also hören sollte, dass ich nicht mehr lebe, dann sollte man es nicht glauben, bis ich es persönlich bestätige.

Zehn Jahre, nachdem er das schreibt, ist es dann soweit. Peter Kreuder, 75, stirbt an einem Junisonntag des Jahres 1981 – fröhlich und bei guter Gesundheit, wie die Witwe und die Freunde kolportieren.

MAX SCHMELING

Der Schwergewichts-Weltmeister ist ein echter Bruder im Geiste von Rolf Schimpf. 1977 schreibt er:

Noch immer verbringe ich die Nächte häufig auf dem Hochsitz. Und wenn das erste fahle Licht des Morgens heraufzieht, hänge ich gern meinen Erinnerungen nach. Gedanken, die mich ein Leben lang begleitet haben, gehen mir durch den Sinn. Ich denke an den Impuls dieses Lebens, an die Antriebskräfte, die es weit nach oben geführt haben, und den merkwürdigen Ehrgeiz, die eigene Herkunft hinter sich zu lassen und sich herauszuheben.

Verwundert frage ich mich dann, weshalb die Welt gerade meinem Leben so viel Aufmerksamkeit zugewandt hat.

Aber dann unterbreche ich mich. Auf dem Hochstand sitzend, kommen auch mir solche Gedanken mitunter wie eine Verirrung vor. Wenn das Wild aus dem Dickicht tritt oder ein Vogelschwarm lärmend aus dem Unterholz stiebt, denke ich manchmal, dass ich hier dem Elementaren nahe bin. Das Erlebnis des Ursprungs, hier habe ich es gefunden.

Der einzige Mensch, der mich darin begreift, ist meine Frau. An meinem 70. Geburtstag, vor dem Trubel der Gratulanten, der Gäste und der Neugierigen schickte sie mich auf die Jagd. »Geh«, sagte sie, da bist Du glücklich.«

GEHT DA NOCH WAS?

Kurz vor seinem 70. Geburtstag, am 1. November 1994, notiert der Jäger Rolf Schimpf im penibel geführten »Schussbuch« einen sehr befriedigenden Erfolg. Am Schönthaler Berg bei Tegernbach erlegt er mit drei 223er Patronen eine Ricke und zwei Kitze. Das lässt sich doch sehen!

Er wird am 26. November in Illingen nach einer Drückjagd noch drei Stück Frischlinge mit fünf Schuss 308er und am 3.12. nach einer Treibjagd in Tegernbach mit dreimal abgefeuertem Schrot zwei Hasen in die Bilanzen einpflegen. Das wird's dann gewesen sein.

16mal schafft es Rolf Schimpf 1994 zur Jagd, vor allem in Tegernbach. Er erlegt zehn Böcke, drei Ricken, zwei Kitze, drei Frischlinge, zwei Hasen, einen Dachs, einen Raubvogel und zwei Katzen. Insgesamt drückt der umsichtige und doch ehrgeizige Jäger in diesem Jahr 30mal ab.

In »Schussbuch« hat sich Schimpf das Motto seiner Leidenschaft schreiben lassen:

Die Strecke macht den Jäger nicht, / Das merke, Waidgesell! / Der Schießer ist ein armer Wicht; / Er krümmt den Finger gar zu schnell. / Drum handle,

wenn Du jagen gehst, / Stets so, dass Du vor Dir be-
stehst. / Zum Ende wünsch' ich alle Zeit / Gut' An-
blick, Anlauf, froh' Gejaid.

Zufrieden schließt Rolf die lodengrüne Kladde, die
er seit 1969 führt. Jetzt trägt ihn erstmal in der
nächsten Zeit keiner mehr zum Jagen. Schimpf
mag es nicht, wenn man sich im Winter auf dem
Hochsitz den Arsch abfriert. Frühestens im April
beginnt die Saison, im November wintert er die
Ausrüstung ein.

Er stellt das Büchlein ins Regal. 70 ist er, und
es geht ihm so gut wie noch nie in seinem Leben.

In der Küche hört er Ille mit den Töpfen jonglie-
ren, was für ein Glück.

Sie gibt sich Mühe beim Kochen, noch mehr
Mühe als sonst; abends erwarten die Schimpfs
Gäste. Das wird sicherlich schick, die Schimpfs
haben viele unterhaltsame interessante Bekannte.
Sie sind begehrt und mitten im Leben. Wer kann
das schon von sich sagen, mit 70?

Bis Silvester hat er noch ein halbes Dutzend
Drehs. Zweimal müssen sie dabei an der frischen
Luft arbeiten, das mag Schimpf nicht so sehr. Aber
der Regisseur wünscht sich Schneefall und dämm-
riges Morgenlicht. Na gut, dann möge es so sein.
Schimpf klagt nicht. Warum sollte er auch? Er ist
einer der meistbeschäftigten und bestbezahlten
Schauspieler in der Republik. Hallo, ist das nix?

Er ist ein Sonntagskind. Immer einen Taler in der Tasche. Die richtige Frau an der Seite. Gesunde Hände und Beine. Und er kann machen, wonach ihm ist. Wenn er mal nichts von niemandem wissen will, steigt er hinunter in den Keller, macht die richtige Mucke im Radio und spannt an der Werkbank das nächste Stück ein. Er ist ein Meister im Feilen und Schleifen. Seine Munitition kommt nicht aus der handelsüblichen Kiste, seine Munition wird vom Meister auf der Werkbank vervollkommnet. Und manchmal macht er Schmuck für Ille. Sie mag das. Endlich kann sie ausleben, dass sie ein Luxus-Frauchen ist.

Rolf Schimpf genießt die Zeit im Keller: das Allein-Sein. Das Werkstück unter der Lupe bearbeiten. Die Welt außen vor haben.

Wenn er etwas denkt, dann behält er es für sich. Ille wird nicht fragen. Sie ist eine kluge Frau und weiß, dass ihrem Mann die Keller-Alleingänge gut tun.

Vor neun Jahren hätten Ille und er sich nicht träumen lassen, dass sie noch einmal auf der nach oben offenen Glücks-Skala hoch schießen werden. Da waren sie Ilse und Rolf Schimpf, ein sehr vitales, sehr heiteres, ziemlich zufriedenes Künstler-Paar. Sie waren eine Frau und ein Mann, die sich ansahen und bei der Hand nahmen:

»Was für eine Gnade, dass wir uns getroffen haben. Komm, wir machen ein Fest aus morgen.«

Rolf geht zur Küche. Ille ist eine schöne Frau. Junge Bewegungen hat sie. Aus dem Radio kommt Jazz, manchmal schwenkt die kochende Frau Schimpf (sie ist ja unbeobachtet, meint sie) den Hintern, sie hat einen knackigen Hintern. Oder sie schüttelt den Kopf zur Musik, dann wippt das silbergraue frech geschnittene Haar nach, und Ille ist eine kleine kecke junge Frau.

Rolf Schimpf lächelt und hüstelt ein wenig. Ille blickt sich um.

»Hey. Wie lange stehst Du schon da? Haste nix Anderes zum Tun?«

»Nee.«

Depp.«

»Ja.«

»Dann mach' Dich wenigstens nützlich. Hier, ein Brett und das Messer. Ganz dünne Ringe, wenn ich bitten darf.«

»Ooch, Zwiebelschneiden. Muss dit sein?«

»Mach hinne. Hauchdünne Scheiben. Musste durchkucken können.«

»Sagste immer. Lass Dir mal was Neues einfallen.«

»Blödmann.«

Er schneidet, sie scheppert mit den Töpfen. Er weint ein bisschen und sagt, dass er jetzt flennt. Sie blickt ihn an – silbergrau, schön, sinnlich, kühl, wissend, klein, zart, mit der Stimme eines jungen Mädchens, seine Ille – und sagt, er sei ein Armer.

Rolf Schimpf lächelt, schnieft und schnippelt.

»Was hast Du gerade gemacht?«

»Ach, nix Besonderes. Hab' das Schussbuch fürs Jahr fertig gemacht.«

»War's n gutes Jahr? Du warst viel weg, oder irre ich mich?«

»Nee, stimmt. War oft in Tegernbach. Kann Dir ja recht sein.«

Ille lacht. Sicher ist ihr das recht, wenn Rolf zur Jagd fährt. Dann bucht sie sich ein Wellness-Wochenende. Mit allen Schikanen. Am Tegernsee, nicht in dem Tegernbach, wo sich Füchse und Hasen übern Zaun grüßen.

»Und: War es ein gutes Jahr für Dich? Viel daneben geschossen.«

»Nee. Immer getroffen.«

Er wird still, sie weiß als Schimpf-Kennerin, dass etwas hinter dem Schweigen steckt.

»Immer getroffen?«

»Ja. Sogar zwei Katzen. Blattschuss.«

Sie fragt, ob sonst noch etwas sei.

Nee. Er hat sich bloß ganz doll gedacht, was für ein irres Glück sie haben.

Sie dreht sich zu ihrem Mann um. Manchmal hat sie ja spöttische Augen, manchmal guckt sie einen an, als ob sie ihn durchlöchern wolle. Jetzt sind ihre Augen voller Wärme.

»Ja, mein Schatz. Wir haben ein irres Glück.«

Man kann sich auch mit 70 umarmen, wenn einem danach ist.

Sie setzen sich an den Tisch. Kleine Pause, die Gäste kommen noch lange nicht. Sie reden und sie erinnern sich.

Ille und Rolf. Das ist eine besondere Fügung.

Alsdenn – zurück in die Sechziger.

Rolf, der junge Schauspieler, kommt überhaupt nicht mehr mit sich selbst als Mann klar. Er hat sich in die Opernsängerin Sieglinde Kahmann verguckt, sie haben ein Kind gezeugt; wenn es nach ihm ginge, könnten sie nun als junge Familie zufrieden werden. Sie haben Arbeit, einen beigefarbenen VW besitzen sie und einen Telefunken Musikschrank. Vielleicht würden sie sich gar einen Fernsehapparat anschaffen und ein zweites Kind. Vielleicht nach Esslingen ziehen und von dort aus zu den Bühnen der Republik reisen. All das wäre möglich, es würde Rolf zusagen.

Aber Sieglinde macht da nicht mit. Er wird nicht klug aus ihr. Sie ist launisch, er kann sich nicht so sehr auf sie verlassen. Sieglinde kümmert sich tadellos um Daniel, den Sohn. Doch Rolf kommt zu kurz. Wenn er auf Daniel aufpasst, hat sie in der Stadt zu tun. Treffen mit Kollegen. Tanzveranstaltungen. Einladungen. Lange Abende nach den Auftritten.

Nach Gastspielreisen kommt sie zurück und ist besonders abweisend. Sieglinde und Rolf reden nicht drüber – aber sie haben sich verloren. Sie macht schneller Karriere als er – und sie setzt ihm Hörner auf.

Dann tritt auf: dieser Bariton aus Island!

Aus ist es mit Sieglinde. Sie ist hin und weg – und sie ist weg aus dem Leben des Rolf Schimpf. Sieglinde macht Schluss mit ihrem Männer-Morden und tut sich mit dem Mann ihrer Träume zusammen.

Sigurður kommt aus Island, hat in München Oper studiert, nun ist er in Stuttgart.

Er ist es für Sieglinde. Sie ziehen – Daniel ist dabei, er wird bei der Mutter bleiben – nach Kassel, nach Graz. 1976 wird Sigurður Direktor des Iceland Symphony Orchestra. Und sie, Sieglinde und er, singen, singen, singen. In China, in Japan, in Taiwan, in der Welt.

2023 stirbt Sieglinde. Mit Rolf ist sie seit Jahrzehnten im Frieden. Er hat sie regelmäßig in Island besucht. Man hat ja einen gemeinsamen Sohn. Rolf hat immer eine Kleinigkeit mitgebracht und war sehr nett zu allen. Über die Verletzung durch Sieglindes Seitensprünge hat er nicht geredet.

Im Todesjahr von Sieglinde sitzt Rolf Schimpf im Altersheim und ist nicht gut beieinander. Er lässt Misserfolge der letzten fast hundert Jahre Revue passieren. Da kommt auch Sieglinde vor.

Rolf Schimpf – zittrig, grantig, wortarm und kämpfend – sagt:

»Sie war nicht gut. Für mich war sie schlecht.«.

»Schlecht« ist die Frau für Schimpf in einer Zeit, in der er eine »gute« Frau bitter nötig hat.

Er kommt nicht voran. Im Theater geben sie ihm die zweiten und dritten Rollen, er wird fast immer gelobt. Aber weiter bringt ihn das nicht. Rolf Schimpf ist kein Hauptdarsteller. Er hat Verträge in der Schweiz, in Österreich, quer durch Deutschland. Ein verlässlicher Kerl ist er.

Mehr aber nicht.

Eine einsame, ungute Zeit.

Manchmal besucht Rolf seine Familie in Esslingen und bestätigt die Verwandten in der Überzeugung, das Schauspiel sei eine Zeitvergeudung für Hungerleider. Manchmal nimmt ihn die Mutter ins Gebet.

»Geht es Dir gut, Rolf?«

»Klar.«

»Wie geht es am Theater?«

»Gute Kritiken habe ich. Gerade war ich Erster Bürger im Besuch der alten Dame. Die Nachrichten haben geschrieben, der junge Mann hat ein gradliniges stilles Spiel mit Zukunft.«

»Das haben sie vor fünf Jahren auch geschrieben.«

»Ja. Der Erich Ponto hat immer gesagt, man muss Geduld haben. Der große Auftritt kommt, wenn man ihn nicht erwartet. Man muss immer bereit sein.«

»Wie lang ist er jetzt tot, Dein Ponto?«

»Vor fünf Jahren ist er gestorben.«

»Eben. Jetzt haben wir '63 – und keiner redet mehr vom großen Ponto. Ich glaube, Du machst Dir etwas vor. Jetzt auch noch die Geschichte mit Deiner Sieglinde ...«

»Naja.«

»Was ist denn mit der? Ist's wirklich aus?«

»Ja. Ich weiß gar nicht, wo sie gerade singt. Wir haben schon lange nicht mehr geschrieben.«

»Und Dein Sohn?«

»Der hat es gut, sie ist eine gute Mutter.«

»Und Du zahlst.«

»Ja. Ist nicht soviel, sie macht mir keine Scherereien.«

»Ist besser, dass das aus ist. Das hat keine Zukunft gehabt. Ich habe sie nie mögen.«

1968. Rolf Schimpf ist auf Tour. Er hat an diesem Abend frei und sieht sich den Auftritt eines Freundes am Schauspielhaus an. Nach der Vorstellung schlägt er sich zu den Garderoben durch. Der Kollege schminkt sich gerade ab.

»Na? Und?«

»Prima! Prima! Alle ganz prima. Du warst auch ziemlich gut,«

»Ach, Rolf! Ist in Ordnung. Was trinken?«

»Unbedingt.«

»Geh' doch schon mal vor. Willste was erleben?«

»Unbedingt.«

»Dann gehste zum Seiteneingang raus, links bis zur Robert-Nhil-Straße. Da siehste die Kneipe schon. An der Ecke. Musst ein paar Stufen runter. Du kannst sie nicht verfehlen. Die haben immer die Musikbox laufen. Ich komm' in einer halben Stunde.«

Rolf Schimpf verlässt das Theater. Will die Ellmenreich queren, da quietscht es. Rolf Schimpf macht erschrocken einen kleinen Satz zurück. »Scheisse, nochmal! Was soll das denn?« Er zeigt den Vogel.

Der Motor des Autos ist abgewürgt worden. Die Tür auf der Fahrerseite schwenkt auf. Eine Person windet sich aus dem Wagen, zuckt entschuldigend mit den Schultern, eine verzweifelte Mädchenstimme:

»Verzeihung. Ach Gott, ist Ihnen etwas passiert?«

Blond. Blitze-Augen. Helle Stimme.

Noch sind die Augen mitfühlend, fragend. Die Stimme klingt nach »Soll ich Hilfe rufen?«

»Alles gut. Ist ja nix passiert. War bloß der Schreck.«

Erleichterung im Blick. Schon was Kesses in der Stimme.

»Ja, der Schreck. Kann ich wohl verstehen. Aber allein lassen darf man Sie jetzt nicht.«

»Ist zu gütig. Wird schon geh'n, denk ich mal.«

»Nee, im Ernst. Wohin wollnse denn? Ich fahr' Sie – wenn's nicht gerade Honolulu ist. Oder ich lade Sie auf einen Kaffee ein. Ein Kaffee?«

Diese Augen!

»Ich bin geschmeichelt, echt geschmeichelt. Aber geht nicht, ich bin verabredet.«

»Achso, tschuldigung.«

»Nicht, was Sie denken. Ich treffe mich mit einem Bekannten aus dem Theater. Und die Adresse ist wohl nicht ganz stubenrein.«

»Wie? Aus dem Theater? Nicht ganz stubenrein? Jetzt machen Sie mich aber neugierig.«

Rolf Schimpf erklärt, er sei nicht aus Hamburg, nur als Schauspieler auf der Durchreise.

»Is ja doll!«

Jetzt lacht sie auch noch. Nicht ein bisschen, nicht verhalten oder schüchtern. Es schüttelt sie, sie lacht vermutlich Tränen.

»Hab' ich was Komisches gesagt?«

»Nee. Doch. Ja klar ist das komisch. Da überfahr' ich schon mal einen netten Herrn – und dann ist der auch noch 'n Kollege.«

»Wie meinen Sie das?«

»Ich habe Sie doch richtig verstanden: Sie sind Schauspieler?«

»Ja, aber ...«

»Jestatten, wenn ick mia vorstelle. Ille Zielstorf, jeborene Zielsdorf. Beruf: Schauspielerin. Fach: Blondet Dummchen.«

»Äh.«

»Ja und? Sie?«

Echt frech und echt blau, diese Augen. Und ein Figürchen!

»Ja! Vazeihung! Pardon! Bitte um Nachsicht! Also, jestatten: Schimpf, Rolf. Jeborener Schimpf. Ledig, wenn't jenehm is. Beruf Schauspieler. Fach: Zweete Reihe. Aber, janz entre nous: aufstrebendet Talent.«

»Was Sie nicht sagen. Weiß das sonst noch jemand, die Sache mit dem aufstrebenden Talent?«

»Ooch ich bin ein verschwiegener Mensch, das binde ich den Leuten nicht auf die Nase.«

»Ich komme darauf zurück, Herr Schimpf, wenn ich darf. Jetzt aber zu etwas Anderem: Was meinen Sie mit *nicht ganz stubenrein*?«

»Wir sind fast schon mittendrin in der Bredouille. Mein Kollege und ich sind in der Kneipe da drüben verabredet. Ich war noch nie da. Mein Kollege hat ein Abenteuer versprochen.«

»Klingt prima. Glauben Sie, Ihr Kollege hat etwas dagegen, wenn ich Sie begleite? Jemand muss schließlich auf Sie aufpassen. Man hat Sie eben überfahren wollen.«

»Da ist was dran. Kommen Sie, passen Sie auf mich auf.«

»Es ist mir ein Vergnügen.«

»Achtung! Stufen!«

Ein langer Abend, eine lärmende Nacht, ein glücklicher müder Morgen. Ille und Rolf sitzen in einem Café an der Alster (Rolfs Kollege ist in einer Kneipe verloren gegangen), essen Eier im Glas und sind verliebt. Es gibt so vieles, was sie sich jetzt, sofort sagen müssten.

Aber sie sind erschöpft. Der Kaffee macht nicht wach. Draußen hasten Frauen und Männer zu ihren Büros, die Schwäne auf der Alster sehen unzufrieden aus. Hamburg ist grau und abweisend. Rolf und Ille ist es egal.

»Bist Du auch so müde?«

»Fürchterlich.«

»Dann müssen wir jetzt wohl ...«

»Ja. Ich kann Dich nicht zu mir mitnehmen. Meine Vermieterin bekommt einen Herzschlag.«

»Das verstehe ich. Wenn die mich sieht.«

»Ach. Aber ehrlich – ich mag sie. Ich kann das nicht machen, einen Mann mitbringen.«

»Ja, und ich kriege schon rote Ohren, wenn ich mir vorstelle, wie ich Dich an der Rezeption vorbei schmuggle.«

»Weißt Du was. Wir dackeln jetzt – jeder für sich – nach Hause und und schlafen uns aus. Den Rest holen wir später nach.«

»Ach, ich weiß gar nicht, ob ich schlafen kann. Ich bin so aufgewühlt.«

»Sicher, Du Dummer. Sicher wirst Du schlafen. Genau wie ich. Und wir werden voneinander träumen. Ganz doll.«

Sie treffen sich wieder und wieder.

Sie erzählen sich alles.

Vom Krieg und von den zwei Verwundungen. Von den guten Familien in Esslingen. Wie die Großmutter mal eine ganze Villa hat versetzen lassen. Vom Vater, den die Nazis umgebracht haben. Von den Rollen, die er so gerne spielen würde. Und von den Rollen, die er spielt. Aber nur nicht aufgeben.

Sie schmiegt sich an ihn und hört zu. Alles wird sie sich merken. Ille weiß, dass sie sich von jetzt an alles vom Anderen merken müssen. So ist das nun mal.

Und sie redet von sich.

»Ich bin eine Hamburger Deern. Eine schöne Kindheit habe ich gehabt. Obwohl meine Mutter mich nach zwei Jahren weg gegeben hat. Sie war keine unrechte Person. Hat als Näherin gearbeitet. Ein Beamter hat sie geschwängert und dann nichts mehr von ihr wissen wollen. 1930 bin ich zur Welt gekommen. Die Mutter hat wohl noch gehofft, der Mann würde seine Familie verlassen. Pustekuchen! Nach zwei Jahren wusste sie nicht mehr weiter und hat mich zur Adoption freigegeben.

Ich kam in eine ordentliche Familie. Naja, die neue Mutter habe ich nie so recht gemocht – und ich glaube, sie konnte mich auch nicht leiden. Ich habe sie immer nur Fräulein Olli genannt.

Aber den neuen Papa habe ich geliebt. Das war der Papel. Er hat eine kleine Firma geführt und ist immer für mich da gewesen, wenn ich ihn brauchte.«

Da hat sie doch direkt auf die Verehelichung mit so einem Hamburger Pfeffersack hin gesteuert, spöttelt Rolf.

I wo!

»Ich wollte schon ganz früh Schauspielerin werden. Keiner weiß, warum. Aber ich habe zum Papel gesagt, ich mach' nix außer Schauspielerei. Nun ja, hat er gemeint. Wenn Du das willst, dann mach' es.

Ich: Mit 18 in die Schauspielschule. Zwei Jahre später Abschluss mit Lob in Obertönen. Ich zitiere aus dem Zeugnis:

Besonders starke Begabung. Sehr ansprechendes Äußeres. Gute Sprache, sehr gutes Auffassungsvermögen. Völlig natürliches und unverbildetes Empfinden. Ein Talent, das wirklich jeder Pflege bedarf.«

Ille arbeitet in Detmold und Hannover, in Kiel,

Mannheim und Berlin. Sie gastiert in kleinen und großen Häusern in der Schweiz und der vergnügungssüchtigen Bundesrepublik. Die mitreißend charmante Schauspielerin singt und tanzt, sie ist die ideale muntere Naive. Immer gibt es Arbeit, sie wird – das sagen alle – Karriere machen.

Männer?

Klar.

Aber nicht wichtig.

Jetzt Rolf.

Der isses.

Sie lebt in Hamburg, er mittlerweile in München. Sie besuchen einander, mühsam ist das. Ille kündigt die Stelle und sucht sich Arbeit in München. Sie ziehen zusammen.

Perfekt.

Und mühsam.

Beide haben Arbeit. Aber die großen Engagements bekommen die Anderen. Oft lachen sie sich scheckig, wenn sie einander abhören. Er plagt sich dann mit schweren Texten ab . Shakespeare. Beckett. Genet. Kleist. Gewichtige Worte aus der zweiten Reihe. Die brauchen ernsthafte Würdigung, mit diesen Texten ist nicht zu spaßen. Also setzt Rolf schon beim Repetieren eine strenge Miene auf, seine Stimme hat immer einen rauhen Nachdruck.

Sie hat es luftiger. My Fair Lady. Der Vetter aus Dingsda ... Jeder Satz auf Pointe geschrieben, alle Minute ein Lacher, ab und zu ein Hohes C. Das lässt sich leicht lernen. Mit diesen Texten lassen sich die Menschen mühelos fangen. Ille kollert und kichert, jodelt und jubelt sich durchs Üben. Das Leben und das Arbeiten: ein Heidenspaß.

Sie lieben es, in München zu sein. Wenn sie frei haben, juckeln sie – es ist noch immer ein VW Käfer, später leisten sie sich leichtsinnig einen BMW – an den Starnberger See, verdösen den Nachmittag am Wasser und kehren abends in einem Biergarten ein. Er ist ein lächelnder freundlicher Zuhörer, sie ist die geborene Unterhalterin. Sie bringt alle am Tisch zum Lachen – er sitzt dabei und ist stolz, dass er sie hat.

»Deine Zeit kommt, Rolf«, sagt sie und umarmt ihn. Er ist 45, sieht sie an und grummelt, es reiche ihm, wenn sie an ihn glaube.

»Rolf, es dauert nicht mehr lange. Ich glaube nicht mal, es ist das Theater. Du und das Fernsehen – das ist es.«

»Glaubste?«

»Klar. Ich sage Dir: Es ist das Fernsehen.«

Er hat ja schon mal rein geschnuppert. Ende der Fünfziger war er auf der Bühne. »Der zerbrochene Krug«. Schimpf hatte sehr wenig Text, viele Konkurrenten vor der Kamera, wenig Licht und hampelte in der dritten Reihe rum. Alles war langatmig und sehr schwarzweiß. Ganz schön viel Theater um ein bisschen Kleist.

Dann war da eine Rolle in »Intercontinental Express«. Lief im NDR. Die Folge hieß »Die Puppe mit dem Porzellankopf«. Regie Peter Zadek. Vadim Glowna spielte auch mit. Der später große Glowna war damals auch Nebendarsteller auf Bewährung: Er gab einen Schwarzfahrer und war in seiner Rolle auch sonst von der Rolle.

Rolf Schimpf war glatt rasiert und harmlos. Ein Mann ohne besondere Eigenschaften, der es seiner süßen Tochter immer recht machen wollte und der ziemlich unter Fuchtel seiner Frau stand

Aber im Lauf der 25 Minuten kam er einem Gauner aus der Ersten Klasse auf die Schliche. Der wurde gespielt vom abgefeimten aalglatten Schönling Günter Schramm (er würde fünf Jahre später als Inspektor Grabert im »Kommissar« den Dienst antreten) und war ein gesuchter Sparkassenräuber.

Schimpf, alias Erich, stellte den Schramm zwischen der Ersten und Zweiten Klasse im Gang des Schnellzugs Hamburg-München.

Mit beherzter Stimme herrschte er, die Waffe im Anschlag, den Verbrecher an.

»Sie sind die Sparkassenräuber, ich weiß es.«

Der Schramm zog den Schwanz ein.

Erichs Frau kriegt die Schnute nicht mehr zu. Ihr Mann war – ein Held. Ein echter Held!

»Ja, Erich!«

Ein Polizist bahnt sich den Weg durch Mit-
reisende.

»Also was ist denn hier los?«

Erich, mit einem Bündel Beute-Scheine wedelnd,
machte jetzt kurzen Prozess.

»Verhaften Sie den Kerl. Hier ist der Beweis.«

»Ja, Erich!«

Das war in den Anfängen. Und da gab es noch
die Episode in den »Fernfahrern«. Gesendet hat's
der SWR 1964. Titel der Episode: »Die Kontrolle«.
Schimpfs Rolle: Assistent des ermittelnden Kom-
missars.

Schimpfs Sätze:

Der Zaun ist in Ordnung. Den habe ich kontrolliert.

Verheiratet? Mädchenname der Ehefrau?

*Ja? Herr Kommissar? Welche Fahrzeuge heute
schon aus der Firma raus sind? Nur die beiden be-
triebseigenen Eineinhalbtonner.*

Ja. In Ordnung. Jawohl, Herr Kommissar.

*Die Wagen müssen sofort zurück, egal, was sie ge-
rade machen. Können Sie die Beiden erreichen?*

*Solange wir die Täter nicht haben, ist für uns jeder
verdächtig. 'n Kassenschrank von 950 Kilo kann man
nicht einfach so in der Westentasche verschwinden
lassen.*

Aber: vielleicht auf einem LKW.

*Was ist denn das eigentlich für eine Abteilung?
Moment bitte!*

Chef! Schauen Sie mal, was ich im Papierkorb von der Dame gefunden habe.

Das ist der Haussmann, ein Fernfahrer.

Sie sind verhaftet.

Ruhe! Na, wird's bald!

Dann beginnt das Glück des Rolf Schimpf. Er ahnt es noch nicht. Er spielt den »Sheriff von Linsenbach«.

Hermann Zeitler, sehr deutsch und fürs Dasein als Frührentner stark unterqualifiziert, bekommt in seiner schwäbischen Kleinstadt die Chance des Lebens, er soll als Parksheriff das »Wildparken« bekämpfen. Das tut er denn auch, es gibt Verwicklungen, es gibt Verstrickungen in der Familie. Mit seiner Ordnungsliebe zettelt Zeitler ein großes Chaos an.

Der Produzent Helmut Ringelmann sieht den »Sheriff von Linsenbach« und hat so ein Gefühl. Er ruft bei Schimpfs an. »Ille, geben Sie mir doch mal bitte Ihren Mann.«

»Ja, gern. Was Berufliches?«

»Ja, das würde ich gerne mit ihm besprechen.«

»Er ist am Theater. Wir können reden.«

»Wie bitte?«

»Ist vielleicht besser. Er ist manchmal ein Schussel. Ich kenne seinen Kalender besser als er.«

»Ich habe da vielleicht eine Rolle.«

»Aha!«

»Eine größere Rolle.«

»Aha.«

»Herbert Reinecker schreibt, Wolfgang Becker macht die Regie.«

»Aja?«

Ille lässt sich die Aufregung nicht anmerken. Becker, Reinecker, Ringelmann – das ist die Crème de la crème des deutschen Fernsehens.

»Sechs Folgen.«

»Hm«

»Hauptrolle. Titel ist ›Mensch Bachmann‹. Ihr Mann wäre Bachmann.«

»Na, das klingt ja interessant. Ich werde es Rolf ausrichten. Ist es okay, wenn er Sie morgen anruft?«

»Ich freue mich, Ille. Ich freue mich.«

Natürlich ruft Rolf an. Natürlich wird er »Bachmann«. Er macht seine Sache toll. Die Menschen lieben ihn.

Während die Serie läuft, springt dem Erfolgs-Produzenten ein ganz wichtiger Mann ab. Siegfried Lowitz schmeißt den Job als »Der Alte« nach hundert Folgen hin.

Ringelmann greift zum Telefon.

»Schimpf!?«

»Sind Sie es Ille? Können wir reden?«

»Klar.«

»Ich hätte Ihren Mann gern als den neuen ›Alten‹.«

»Was ist mit dem Lowitz? Ist der krank?«

»Nicht direkt. Ein bisschen Ärger. Egal.«

»Ist ja großartig. Nee, ich meine nicht den Ärger. Ich meine die Rolle. Ich bin sicher, dass der Rolf Ja sagt.«

Rolf Schimpf ist 61 und hat bis hierhin als Schauspieler durchgehalten. Manchmal hat er große Sorgen gehabt, er würde mittellos ins Rentenalter schlingern. Er ist bekannt gewesen – aber fürs Berühmt-Sein hat es nicht gereicht. Viele hätten an seiner Stelle aufgegeben und eine große Furcht gehabt.

Rolf Schimpf – mit Ille an der Seite – nicht.

Und jetzt:

1985. Ringelmann ruft an.

Bald wird Schimpf im Fernsehen »Der Alte« sein, die Crew dreht eine Folge nach der anderen.

Der Durchbruch.

Der Neustart.

Das Durchstarten.

Die besten Jahre des Lebens.

1986 beginnt mit einem Feuerwerk. Am fünften Januar ist Schimpf in der »Schwarzwaldklinik« als Doktor Basler zu Gast:

Ein weißer Golf mit Freiburger Kennzeichen fährt vor dem Hofgatter vor. Doktor Basler, ein Mann mit kleinem Köfferchen, steigt aus, wirft die

Autotür im Losgehen mit kräftigem Schwung zu, ein Schaf blökt, der Mann ruft:

»Guete Morge, Sebastian.«

Sebastian hockt zwischen Baumscheiben, die zu Brennholz geschnitten werden sollen, und füttert die Enten und Gänse. Mit den Tieren ist er freundlich, der Blick auf den ankommenden Menschen ist voller Misstrauen. Dann erkennt er den Mann. Langsam steht er auf, unverwandt zum Besucher schauend.

»Ah! Guten Morjen, mein Junge.«

»Du wirscht Deine Viecher immer ähnlicher.«

»Ja, Du hast Recht. Die lassen sich genauso wenig dressieren wie ich. Hast sonst noch ein paar Liebenswürdigkeiten auf Lager?«

Er humpelt. Der Besucher sieht jung und lebend aus. Große Brille, buschiger Schnauzer, olivefarbenes Sakko, blaues Hemd, dunkler Schlips.

(Rolf Schimpf, alias Doktor Basler)

»Lass gehen. Übrigens: Du könscht Dir amol neie Hoseträger kaufa.«

»Hab' ja welche. Für Sonntach. – Also, soll's jetzt losgehn? Komm rein.«

Zu den Schafen und Ziegen sagt der Bauer:

»Last ihn rein. Das is 'n Freund.

Schnitt auf ein gemischtes Rudel. Pudel, Pinscher, Zwergesel, Gefieder, Schafe, Lämmer, Ziegen. Alle schauen interessiert in eine Richtung.

Der Bauer zieht den Gürtel der Hose zu und graunzt in Richtung seiner Tiere:

»Was soll denn das? Man guckt nicht zu, wenn einer untersucht wird.«

Der Arzt rollt sein Blutdruckmeßgerät ein, er ist einer, der gut schmunzeln kann. Dann wird sein Gesicht ernst.

»Also, spucke hast müesse, aber scheisse kanscht net. Nachad nimmschd des Bruchband als Ersatz-Hoseträger und lass Di endlich operiere.«

»Ach!«

»Also, bitte: Wennde unbedingt a Bauchfellent-zündung habe willscht ...«

»Was isn das?«

»Das isch was, Sebastian, wo ma ein für alle Mal da Löffel wegschmeisst. Himmelfahrt – oder 's Gegateil.«

»War noch nie im Krankenhaus.«

»Ha! I au net. Auf jeden Fall als Patient net. Aber mit dem Leistenbruch – da gang i heit no hin. Lass doch Deine Viecher vo den Buaben im Dorf ver-sorge. Isch doch nur für a paar Tag'.

»Kommt doch keiner. Die hab' ich doch immer weggejagt von meinen Kirschen.«

»Selbr schuld. – Macht 50 Mark.«

Der Bauer geht ins Haus, kommt mit einem alten Schemelchen zurück.

»50 Mark hab' i gsagt. Bin doch kein Trödler.«

»Was anderes gibt's nicht. Du bist ein Leute-Schinder, das bist Du.«

Der Arzt nimmt wortlos das Schemelchen und geht.

»Nu warte doch mal. Renn doch nicht weg. Bleib doch mal stehn, Mensch!«

Unser Doktor bleibt stehen und dreht sich um.

»Was kost' denn so ne Operation?«

»A paar Tausender, schätz' ich«, sagt der Arzt. »Mit allem Drum und Dran. Wennde dene aber so a Fußbänkle anbietest, dann schicken sie Dich glei wiedr ins Narrehaus.«

»Also schön. Lass ich mich aufschlitzen. Bleibt immer noch die Frage, wer sich um meine Tiere kümmert.«

»Wer keine Freund' hat, wenn's ihm gut geht, der hat auch keinen in der Not.«

»Hab' doch einen.«

Der Arzt schreibt für den Bauern eine Überweisung.

»Nachher isch ja gut.«

»Nee, wartewarte, ich mein doch Dich natürlich.«

»Des han ich befürchtet, drum mach' ich, dass ich weg komm'.«

»Nu hör mal. Is doch nich so schlimm. Machst 'n kleinen Umweg, wennde Deine Patienten besuchst. Die Hunde füttern, die Ziegen melken – die Ziegenmilch kannste alleine trinken.

»Ahso, i hab scho gmoint, die muass i Dir in d Klinik bringa.«

»Wirst mich ja wohl besuchen.«

»Ja was?«

»Na, dann bitte lass bleiben, besuchste mich halt nicht.«

»Is scho guet – i bsuach Di. I weiß zwar net warum, aber i tu's.«

Der Bauer hat noch was auf dem Herzen. Er guckt auf die Überweisung.

»Was sag ich denn da?«

»Was? Wie?«

»Naja, wenn ich da hinkomm' in die Klinik. Was sag' ich denn da?«

»Sagscht dem Professor Brinkmann an schönen Gruß von mir. Und Sebastian: Wasch' Di amol richtig, bevor De hingehst. Du schmeckst a bissle streng.«

»Leb' Du mal mit lauter Ziegen und dem ganzen Kroppzeug.«

»Lass Di net umbringe, Sebastian. Des wär a Verluscht für die Menschheit.«

Karlheinz Schroth (er ist Sebastian) und Rolf Schimpf veredeln die »Schwarzwaldklinik-Folge 16 »Der Mann mit dem Koffer« ungemein. Das sind zwei Schauspieler, die ihr Metier von der Pike auf gelernt haben. Mit den leisen Tönen fangen sie ihr Publikum ein. Schroth ist ein grummelnder, brummelnder, schnoddernder, koddernder Griesgram, der zum Grinsen in den Keller geht. Schimpf schwäbelt und schwätzt, graunzt und grantelt – das alles mit einem schlitzohrigen Lächeln. Sie können das

Kammerspiel und die kleine Geste für die große Bühne. Und sie sind prima Personal für die TV-Regisseure, denn sie können's mit der Kamera.

Mit den Beiden als Gast-Akteuren lässt sich's sogar in der Schwarzwaldklinik« wohl sein.

1986.

28. Februar.

Jetzt hebt die Karriere des Rolf Schimpf ab.

Zum ersten Mal ist er als Kriminalhauptkommissar Leo Kress im »Alten« zu sehen.

Die Folge heißt »Sein erster Fall«.

Im »Zweiten« tritt ein ganz besonderer Kriminaler den Dienst an. Kress wird selten laut. Er ermittelt ohne Hast, er ist nicht auf der Jagd und rennt nicht hinter den Verdächtigen her. Leo Kress lässt nicht locker – er versucht die Täter zu verstehen. Ist unbestechlich, schwer zu beeindrucken, lässt sich nicht hinters Licht führen. Er sieht jeden Freitag gleich gut gepflegt aus, den Schnauzer hat er akkurat getrimmt, der Mantel ist elegant – es ist, als röche er gut, wenn er so um viertel nach acht in die Wohnstube kommt.

Rolf Schimpf wird in den nächsten 20 Jahren eine Konstante in einer Gesellschaft sein, in der es ab und zu drunter und drüber geht.

Als er in Pension geht, sagt Rolf Schimpf im Deutschlandfunk über den »Alten«, den er verkörpert hat:

»Ich habe mir vorgestellt, ich bin Kriminalbeamter – und wie würde ich jetzt reagieren, wie würde ich mich benehmen, wie würde ich mit meinen Kollegen umgehen, wie würde ich mit den Verdächtigen umgehen, wie würde ich mich verhalten, wenn ich einen Menschen überführt habe. So habe ich mich 1985 zusammen mit Ringelmann und den Regisseuren erfunden. Der ›Alte‹ entspricht von Anfang an meiner Art, wie ich mit den Menschen umgehen würde ...

Wir haben im Alten nie große Actionszenen gehabt. Schießereien, Autojagden – das war nicht unser Ding. Das Publikum hat das sehr gemocht.«

»Sein erster Fall«:

Das Zweite Deutsche Fernsehen fasst zusammen: *Helga Marquart traut ihren Ohren nicht. Direktor Schramm ruft sie persönlich an, um ihr mitzuteilen, dass ihr Mann Ingo morgen aus der JVA Stadelheim entlassen wird. Marquart wusste seit einer Woche, dass ihm zwei von acht Jahren Haft erlassen werden. Aber aus wohl erwogenen Gründen scheint er seiner Frau den Freilassungstermin verheimlicht zu haben.*

Buch: Tobias Bertram. Musik: Eberhard Schoener. Regie: Günter Gräwert. Besetzung: Rolf Schimpf, Michael Ande, Charles M. Huber, Jan Hendriks, Jan Meyer, Evelyn Opela, Klaus Löwitsch, Peter Fricke, Udo Thomer, Amadeus August, Toni Berger, Franz Boehm ...

Das ist Elite.

»Sein erster Fall«:

In den ersten 20 Minuten ist Kress gar nicht da.

Da kommt der grundböse Klaus Löwitsch aus dem Knast, die sirenenhafte Evelyn Opela bekommt eine Heidenangst, ein fürchterliches Drama nimmt seinen Lauf. Im Polizeipräsidium nehmen sie die Angelegenheit noch nicht so richtig ernst.

Sie warten auf den Neuen, der sich verspätet.

Kriminalhauptkommissar Gerd Heymann (Michael Ande) redet mit dem Kollegen vom Diebstahl über den unbekannten Chef.

»Er kommt aus Augsburg und heißt Kress.« Heymann kocht für den Kollegen einen Kaffee, der nimmt einen Schluck und ist begeistert. »Ehrlich Gerd, Kaffee kannst Du am besten, da macht Dir keiner was vor. Das werde ich im Urlaub vermissen, den Kaffee beim Heymann.«

Man ist bei der Behörde, da geht man so mit der Zeit um.

»Ach sag' mal Gerd, der Neue: Immer noch nicht da? Wann kommt denn der?«

»Nein. Noch immer nicht da. Keine Ahnung, was der macht. An seinem ersten Tag.«

Michael Ande (alias Heymann, die rechte Hand des Chefs) hat auch besorgte Augen, wenn er lacht. Wenn er sich Gedanken übers Ausbleiben des neuen Chefs macht, ist er ein großer Tragöde.

»Na, dann lass uns doch in die Kantine gehen. Ich fahre gleich nach Spanien, dann nehmen wir noch ein Abschiedsgetränk.«

Der Kollege vom Diebstahl hat es nicht so mit den Regeln im Amt.

Michael Ande schaut den Kollegen sehr betrübt an. Er ist ja ein braver Beamter, jetzt ist Arbeitszeit, man kann doch nicht einfach so in die Kantine gehen. Und schon gar nicht auf ein Abschiedsgetränk.

Aber, andererseits:

Wo er doch nicht da ist, der Chef.

In Andes Gesicht stiehlt sich ein hintersinniges Grienen, und er sagt:

»Na gut.«

Der Kollege und er verlassen das Büro.

Sie müssen einen langen mit Linoleum ausgelegten Korridor ins Gegenlicht marschieren, sie sehen aus wie zwei Westernhelden von hinten.

Schnitt.

Blick auf den Paternoster, der von unten kommt. Erst erscheint das Dach der Kabine, dann ist das sorgsam gescheitelte Haar von Rolf Schimpf zu sehen, ins Bild schiebt sich eine große runde Brille, die Nase, dann ein ausgewachsener Schnauzer. Verwegen. Der Schnauzer des Kommissar Kress in seiner ersten Folge hat etwas Dschinghis-Khan-Haftes.

Schließlich ist der Kriminaler in Gänze zu sehen.

Hellblaues Hemd, dunkle Krawatte, graugüner Trenchcoat. Die Rechte hat Leo Kress lässig in der Manteltasche, in der Linken hält er die zusammengerollte Tageszeitung.

Vierzig Sekunden Paternoster-Fahrt.

Blick aus dem Paternoster an die vorbeiziehende Wand. Blick auf den nächsten Flur. Man sieht durch ein Fenster in den Innenhof des Polizeipräsidiums Punkt wieder eine Wand, die der Paternoster auf seiner ruckligen Fahrt nach oben passiert.

Vierzig Sekunden! Das ist sehr sehr lang. Nichts für Menschen mit »modernen« Sehgewohnheiten.

Schnitt.

Dann tritt Rolf Schimpf, alias Leo Kress, aus dem Lift. Er bleibt im Gang stehen, um sich zu orientieren. Langsam sieht er nach links, langsam sieht er nach rechts. Er steht immer noch vor dem linken Paternoster. Vor den rechten Schacht treten nun zwei Herren.

Es sind Gerd Heymann und der Kollege vom Diebstahl. Heymann sagt, bevor sie einsteigen:

»Der Neue muss ja nicht gleich denken, dass ich die Arbeitszeit in der Kantine mit Trinken verbringe.«

Der Paternoster entführt die beiden nach unten.

Rolf Schimpf hat nur kurz den Kopf gedreht und Heymann beim Sprechen angesehen. Was der gar nicht bemerkt hat. Rolf Schimpf hat kaum eine Miene verzogen.

Nun setzt er sich in Bewegung und geht den Gang entlang. Die Kamera verfolgt ihn von hinten. Auch er sieht aus wie ein Westernheld – auf dem Weg zum Duell.

Schnitt.

Kress betritt sein neues Büro. Leer, kein Mensch. Kress zieht die Augenbrauen hoch, er geht noch einmal zurück auf den Gang und kontrolliert das Namensschild. Ja, es ist sein Büro. Langsam schlendert er durch den Raum. Die Wände sind moosgrün, die Möbel abgeschabt und fleckig. Auf den Tischen haben die Kollegen Ordnung, alle Arbeit scheint getan, die Kugelschreiber und Bleistifte stecken in Bechern, die Telefon sind im exakten Winkel zur Tischkante ausgerichtet.

Nur auf seinem Schreibtisch liegt jede Menge Papier. Zettel über Zettel, kreuz und quer. Das sind die Hinweise auf Anrufe, die er erledigen muss.

Das fängt ja mal gut an. Kress seufzt.

»Hmm!«

Er sieht aus dem Fenster in den Innenhof. Das ist nicht sehr erbaulich.

Über den Rücken des Kriminalhauptkommissars sieht die Kamera ebenfalls hinaus.

Das ist ein tristes Stillleben. Da draußen muss man sich fühlen wie im Innenhof eines Gefängnisses.

Das Telefon klingelt.

Der Neue hebt ab.

»Kress? Herrn Heimann!? Ja, Moment.«

Am anderen Anschluss wird etwas gesagt. Kress verzieht keine Miene.

»Verstehe. Ja, Moment.«

Kress legt den Hörer auf den Tisch, sieht sich im Büro um, geht zur Türe. Blick nach links auf den Gang, blickt nach rechts auf den Gang kommt wortlos zurück, nimmt den Hörer und sagt:

»Nee, der ist nicht da.«

Das sind die ersten Wörter, die Rolf Schimpf als neuer Kommissar in »Der Alte« sagt.

Es ist sein erster Auftritt. Einer von Tausenden. Maulfaul. Pragmatisch. Zuverlässig. Auf den Punkt.

222 Fälle wird er en suite lösen. 20 Jahre eine Institution im deutschen Fernsehen.

In dem Alter, in dem der Mensch – vielleicht schon ein wenig gebückt, ausgelaugt von allen Lebenskämpfen, vielleicht ein bisschen müde und ernüchtert – in den »Ruhestand« wechselt, beginnt Rolf Schimpf eine Karriere, von der die meisten nur träumen.

»Der Alte« fegt am Freitagabend die Gassen in Deutschland leer. Auch in der DDR schalten sich die Menschen ein. In den ersten Jahren müssen die Schauspieler noch in eine Telefonzelle, wenn sie jemanden anrufen wollen. Zuhause haben sie Apparate auf Häkeldeckchen. Später greifen die protzigen Zuhälter in ihren roten Ferraris nach einem Hörer in der Mittekonsole. Dann haben die Menschen aufklappbare Mobilgeräte. 2007, als Schimpf »in Rente« geht, wollen alle die ersten Smartphones.

222 Folgen »Der Alte«:

Die Kanzler in dieser Zeit heißen Kohl, Schröder und Merkel. In der Fußball-Bundesliga feiern München, Dortmund, Bremen, Kaiserslautern und Stuttgart ihre Meistermannschaften. Putin wird Präsident. Das Internet. »Takeshi's Castle«. »Forrest Gump«. Techno und Rave. Inline Skates. Afghanistan. Papst Benedikt.

In dieser Zeit gewinnen die Wahl zum »Wort des Jahres«: Tschernobyl. Aids/Kondom. Gesundheitsreform. Reisefreiheit. Die neuen Bundesländer. Besserwessi. Politikverdrossenheit. Sozialabbau. Superwahljahr. Multimedia. Sparpaket. Reformstau. Rot-Grün. Millenium. Schwarzgeldaffäre. Der 11. September. Teuro. Das alte Europa. Hartz IV. Bundeskanzlerin. Fanmeile.

Und mittendrin: der unverwüstliche Hauptkriminalkommissar Leo Kress.

Ein Schimpf wird nicht krank. Er erscheint – da kann man die Swatch danach stellen – eineinhalb Stunden vor dem Dreh. Ausgeschlafen und gleichmütig. In der Maske ist er lässig-unanstrengend. Schimpf ist nie aufgeregt, er kann seinen Text, er hat sich ausgedacht, wie er die Sätze »bringt«. Die Updates mit den Kollegeinnen und den Kollegen, die Unterredungen mit den Regisseuren sind kurz und klug.

Dann schnalzt die Klappe – und Schimpf wird keinen Fehler machen. Mit ihm ist gut arbeiten.

Geduldig erledigt er die Pressearbeit. Bei den Festen ist er nie der Erste, der geht.

Er wird 70. Er wird 80. Schimpf muss sein. Nicht wegzudenken ist er.

Rolf Schimpf ist schon nach einem Jahr ein Star der Nation. Als die Mauer fällt, ist er Star der Ossis und der Wessis. Ein verlässlicher älterer Freund. Ein Mann der Werte. Ein Star ohne Skandale.

Ille passt auf, dass er am Boden bleibt. Vor allem gibt sie Acht, dass niemand ihrem Mann zu nahe tritt. Die neugierigen Pressefritzen hält sie auf Distanz. Wenn einer mal in der Berichterstattung über die Stränge schlägt, knöpft sich Ille den Typen vor.

Einmal im Jahr trennt sie sich von ihrem Mann. Sie zieht ins Hotel um.

»Geh' auf die Jagd, Rolf«, sagt sie. »Und lasse mich in Ruhe.«

Lächelnd zieht Rolf Leine.

Ille wütet in ihrem Hotelzimmer. Der Boden ist mit Belegen übersät – fluchend erledigt Ille die Vorarbeiten für die Steuerberaterin.

Dann ist sie fertig, alles ist in Ordnern abgeheftet, bei der Steuerberaterin abgeliefert.

Und Ille reist mit dem feinen Gepäck an den Tegernsee. Eine Woche Schönheitskur, das ist drin. Rolf Schimpf findet es wunderbar. Ende September lassen sie sich zu den schönsten Partys während der Wiesn einladen. Sie sind ein strahlendes junges gesundes Paar. Die Schimpfs geben einem das Gefühl, das Alter sei ein herrlicher Jungbrunnen.

Dann geht er in Pension. In allen Zeitungen steht, dass nun, Schluss sei. »Der Alte« wird in den Feuilletons der großen seriösen Blätter gewürdigt, der Deutschlandfunk interviewt ihn eine halbe Stunde lang. Am Boulevard fragen sich alle, wie es ohne ihn weiter gehen werde. An dem Tag, an dem seine letzte Folge über den Sender geht, stellt die »Welt« ein Gespräch ins Netz, in dem Schimpf sogar in Nebensätzen redet. Es ist das Jahr 2007, drei Tage vor Weihnachten.

Schimpf sagt:

Die Entscheidung war eine reine Altersfrage. Ich kann den Zuschauern wirklich nicht mehr weismachen, ich wäre 65 Jahre alt. Da möchte ich den Ereignissen vorgreifen und lieber etwas früher aufhören, als zu warten, bis die Leute sagen: »Hört der immer noch nicht auf?« Eigentlich habe ich ja schon vor längerer Zeit gesagt, dass ich aufhören möchte, doch damals haben mich die Verantwortlichen gebeten, noch ein bisschen durchzuhalten. Aber jetzt ist endgültig Schluss.

Ich habe das mit meinem Produzenten Helmut Ringelmann besprochen, und wir haben vereinbart, dass Leo Kress ganz normal in Rente geht – Verzeihung, in Pension. Ich werde ganz undramatisch aufhören, mein letzter Satz als Kress lautet: »Ihr schafft das jetzt auch ohne mich« oder so ähnlich.

Wir haben die Folge abgedreht und dann gleich zweimal richtig gefeiert! Einmal habe ich das ganze Team eingeladen, dann hat Helmut Ringelmann ein Abschiedsessen gegeben. Aber es war natürlich auch ein bisschen Wehmut dabei, nach all der Zeit ist man ja sehr verbandelt mit den Kollegen und dem ganzen Unternehmen. Das Aufhören fällt mir ganz schön schwer.

Freitag, 21.12.2007, Zweites Deutsches Fernsehen, 2015 Uhr. »Der Alte«, »Jakob«. Ein zwölfjähriger Junge wird auf einem Schrottplatz tot aufgefunden; kurz darauf wird eine wohlhabende Dame in ihrem Haus erschlagen. Zwischen den beiden scheinbar zufälligen Morden besteht für Kress jedoch eine Verbindung. Doch wie die Fälle zusammenhängen ist nicht leicht zu beantworten ...

Regie: Hartmut Griesmayr. Darsteller: Michael Ande, Pierre Sanoussi-Bliss, Markus Böttcher, Muriel Baumeister, Michael Roll, Philipp Moog, Hans-Peter Hallwachs, Tobias Schenke, Maria

Bachmann, Frank Röth, Rolf Schimpf, Ulf J. Söh-
misch, Mitja Zittel, Benjamin Hartinger, Paul Faß-
nacht. Drehbuch: Hartmut Griesmayr, Ute Geber.
Musik: Eberhard Schoener, Helmut Trunz.

Erste Riege.

Kress knackt den Fall. Hernach stehen sie alle
wie begossen im Büro. Dabei gibt's was zum Be-
gießen.

»Du lieber Himmel!« grummelt Kress (Schimpf
kann das toll: mit belegter Stimme graunzen. Als
hätte er einen Kloß im Hals). »Seid mir nicht böse,
aber: Eigentlich ist mir nicht nach Feiern.«

Der treue Heymann (gespielt von Michael Ande)
will das so nicht stehen lassen. Er habe da was vorbereitet. Eine kleine Rede müsse sich der »Alte«
schon gefallen lassen. Nach 20 Jahren und 222
Fällen.

»Lieber Leo! Ich, als der nach Dir Dienstälteste,
bin dazu verdonnert worden, eine Rede zu halten ...«

Das Telefon klingelt. Ein Kollege nimmt ab, sagt,
man komme.

»Tötungsdelikt in der Goethestraße.«

Betretene Stille. Kress sagt:

»Ja, na los, Freunde, worauf wartet Ihr? Die
Pflicht ruft.«

»Willst Du nicht doch mitkommen?«

»Nee, das könnt Ihr sehr gut allein . Habt ja lange
genug bei mir gelernt.«

»Dann holen wir die Feier nach.«

»Ja. Schon gut. Nun haut endlich ab.«

Sie gehen. Kamera von oben auf den alten Kommissar. Einsam in dem tristen Büro. Über dem Kopf des weißhaarigen Kriminals baumelt schlaff eine gelbe Girlande. Der Sekt wird schal, die Canapés sind nicht gegessen. Das Leben ist weiter gezogen.

Es ist ein melancholisches, leises Schlussbild.

»Ja. Schon gut. Nun haut endlich ab.«

Das sind die letzten Worte für Rolf Schimpf als »Alter«.

»Wir hätten in der Wohnung bleiben sollen.«

»Meinste?«

»Dass wir's in der *Grünwalder* schön gehabt haben.«

Rolf Schimpf hört mit der Strampelei auf. Ist ihm recht, dass Ille reden will. Dann muss er sich nicht mehr so blöde verausgaben. Der Doc hat ihm dieses blöde Trimmrad auf den Balkon stellen lassen. Er müsse mit seinen fast neunzig Jahren den Kreislauf trainieren. Schon gut, hat Rolf gebrummelt.

Seither steht das Bike auf dem Balkon, und Ille fordert ihren Mann jeden Tag zum nutzlosen Tun auf. Er klettert in den Sattel, pedaliert vor sich hin, schaut vom neunten Stock des *Augustinums* nach

Süden. Oft kann er die Alpen sehen, die Zugspitze, das Karwendel, die Benediktenwand. Ein wenig weiter östlich die Berge am Tegernsee, dort ist Ille immer noch regelmäßig in der Schönheitsfarm, er kennt sich aus in den Jagdrevieren.

Ja, sie ist noch immer eine elegante, aparte Frau. Im Restaurant des *Augustinums* hält sie – immer perfekt gestylt – Hof. Die Schimpfs gehören zu den *very important persons* im exklusiven Augustinum. Ein Penthouse im neunten Stock können sich nur die Privilegierten leisten. Ille und Rolf begegnen auf dem Flur Hans-Jochen Vogel, dem ehemaligen OB der Stadt. Sie duzen sich mit Machern des Wirtschaftswunders und anderen Größen aus der Wirtschaft. Regelmäßig lassen sie sich in die Stadt chauffieren (Rolf hat den Führerschein abgegeben, obwohl er sich fit fühlte) Ille shoppt ein bisschen, sie treffen sich mit Freunden beim Käfer, im Franziskaner oder am Chinesischen Turm. Die Schimpfs kommen zu den wichtigen Premieren in der Oper, am Resi oder in den Kammerspielen. Wenn Roncalli in der Stadt gastiert, sitzen Ille und Rolf in der ersten Reihe. Und Wiesn-Besuche sind Ehrensache. Ille gehen die Dirndl nicht aus.

Aber Frau Schimpf ist nicht mehr die Heiterkeit in Person. Es ist, als ob sich etwas Düsteres aufs Gemüt legte. Dann grantelt sie, sie zweifelt, man kann es ihr schlecht recht machen.

»Wir hätten in der Grünwalder bleiben sollen.«

Sie mag es nicht, Seniorin zu sein. Die »alten Schabracken« von nebenan stellen ihrem Mann nach. Das Heim ist nicht zentral. Es riecht nach Krankenhaus und Kantinenessen. Das Schwimmbad stinkt chlorig, da mag man nicht ins Wasser. Die Leute mit ihren Rollatoren und ihrer Fügsamkeit. Sind halt alte Leute. Das ist doch nicht sie, die Ille Zielstorf.

»Du hast Recht«, sagt Rolf. »Aber für mich bist Du immer die Ille, die mich mal in Hamburg überfahren wollte. Schau mal, was ich gefunden habe.«

Auf seinem Schreibtisch – einem wuchtigen eleganten teuren Möbel – hat Schimpf einen Stapel Dokumente abgelegt.

»Das ist ja schick. Wo hast Du das denn her.«

»War immer bei unseren Sachen. Ich wollte es schon lange ordnen und in ein Album tun. Schau mal!«

Sie nimmt die karierten Blätter in die Hände und liest vor.

»Nach Jahr und Tag« von Heinz Brausewetter, Premiere am 13. Februar 1951. Rezension in der Morgenpost vom 15.2.1951: »Ilse Zielstorff gab ein junges Mädchen, an dem man seine Freude haben kann.« Hamburger Abendblatt, 14.2.: »Fast der einzige Lichtblick: Ilse Zielstorff als frisches junges Mädel.« Bergedorfer Zeitung, 14.2.: »Diese Neunzehnjährige verfügt schon über ein Register von Gesten, Tönen, Halbtönen, das erstaunen macht.«

»Die haben mich geliebt.« Ille hält Rolf Fotos unter die Nase. »Guck mich an! Kess, wa? Und hier: Da mache ich einen auf dramtisch. Habe ich auch gekonnt. Das da mit den kurzen Haaren – das hat in Bern der Erismann gemacht. Frecher Feger, oder nicht?«

Klar.

»Hier, das war bei Foto-Luben, der hatte sein Studio in Hamburg Grindelhof. Er wollte mich ein bisschen tragisch. Also habe ich in die Ferne geguckt wie die größte Philosophin der Neuzeit. Guck nur, meine Haare: So viele, so lang, und ganz schwarz.

Und Kuck, kuck! Hier. Die Haare zum Dutt. Finger im Mund. Kleines Blödchen. Ich hab' da eine doofe Schülerin gespielt. Der Film hieß *Professor Nachtfalter – sowas tun die Herren immer wieder gern*. Das war vielleicht ein Gewimmel am Set. Der Johannes Heesters hatte die Hauptrolle, und die Helga Feddersen hat zum ersten Mal im Film mitgespielt.«

Stille.

»Möppelchen, hörst Du mir zu?«

»Ja natürlich.«

»Du sagst ja gar nichts.«

»Muss ich denn?«

»Nee. Musste nicht. Wolln wir in die Stadt?«

»Wennde meinst.«

»Ja, wir könnten in die Stadt. Aber Taxi kostet.«

»Ist doch nicht schlimm. Wir haben Geld.«

»Neenee Möppelchen, wir müssen sparen. Das ist teuer hier. Das ist wirklich sehr teuer. Wir hätten an der Grünwalder bleiben sollen.«

Rolf sieht seine Frau an. Er macht sich Sorgen, über die er mit niemandem reden kann.

Seine Frau Ille verändert sich. Und das bedrückt ihn.

LETZTER VORHANG

MIT-MENSCHEN

DIETMAR ZOEDLER

Der Arzt und passionierte Weltkriegssoldat stirbt hochbetagt 2018 in Bad Kissingen. Davor hat sich Rolf Schimpfs Schwager selbst noch in einem Büchlein besungen, das er im Eigenverlag unter die Menschen gebracht hat.

Es ist alles getan.

Wir haben zusammen ein Haus gebaut / Und leben allein darin heute. / Wir haben unserer Liebe vertraut / Und stets nur auf unseren Weg geschaut / Und uns nicht geschert um die Leute. / Die Kinder haben wir auf die Schiene gesetzt, / Sind mit Würden und Werten versehen. / Es ist alles getan. / Darum wollen wir jetzt unseren Weg / Auch gemeinsam und bis zuletzt / Bis zum Ende zusammen gehen.

MARLENE DIETRICH

Die Tochter schreibt es auf:

Ihre Beine verdorren. Ihre Haare schneidet sie im Alkoholrausch mit einer Nagelschere kurz und färbt sie, rosa mit schmutzigen weißen Flecken ... Sie verströmt einen Geruch nach Scotch und körperlichem Verfall ... Der Tod sitzt auf dem verdreckten Laken ... Wie ein Embryo liegt sie da, eingefallene Wangen gewiegt in knochigen Händen, die streichholzdünnen

Beine an den gebrechlichen Körper gezogen, als fürchte sie, noch einmal geboren zu werden und noch einen Tag überleben zu müssen ....

Niemand sollte so sterben. Leise schließe ich die Türe.

Marlene Dietrich stirbt am 6. Mai 1992 in Paris.

LENI RIEFENSTAHL

Ein Jahr vor ihrem Tod gibt eine verbitterte Leni Riefenstahl der »Weltwoche« eines der ungezählten selbstgerechten Interviews in eigener Sache. Sie sagt:

Der Tod wird eine Erlösung von den Schmerzen sein, nicht vom sonstigen Leben. Es geht mir sehr schlecht zurzeit. Ich bin sehr krank und sehr müde. Ich muss sehr starke Mittel nehmen. Morphium. Aber das macht mir den Kopf kaputt. Da passiert es mir, dass ich manche Dinge vergesse. Das kann mir auch in diesem Interview leicht passieren.

Aber sie vergisst nichts. Sie rechnet bis zum Schluss ab. Und sieht sich bis zum letzten Tag im Recht.

Ich stelle mir das Leben mit all seinen Problemen als ein Gepäck vor, das der Mensch auf dem Rücken trägt. Er kann damit so lange gehen, bis er zusammenbricht. Wenn es zu viel wird, klappt er zusammen. Dann ist es aus. Dann wird er krank oder verrückt, oder er wird zum Selbstmord getrieben. Nur wer einen starken Willen hat, erträgt ein schweres Gewicht. Ich bin jemand, der viel ertragen kann. Es hat harte Eingriffe *gegeben, aber ich habe mich immer wieder erholt wie eine Pflanze, die fast verdurstet und dann plötzlich Wasser bekommt und wieder aufblühen kann ... Aber jetzt muss ich leider aufhören, Herr Müller, weil ich meine Medikamente einnehmen und mich hinlegen muss.*

Man hat geschrieben: Sollen wir sie heilig sprechen oder verbrennen? Ich frage mich, warum man mich nicht endlich in Ruhe lässt. Man will, dass ich mich schuldig fühle. Man will, dass ich tot bin. Man hat geschrieben, man hätte mich in Nürnberg als Kriegsverbrecherin anklagen und aufhängen sollen. Aber was habe ich denn verbrochen? Was habe ich denn getan, dass ich so viele Gegner habe? Die Leute sollen mich alle in Ruhe lassen.

Am 9. September 2003 vermelden die Agenturen: Jetzt ist Leni Riefenstahl in Pöcking am Starnberger See gestorben. »Ihr Herz ist einfach stehen geblieben«, wird ein Bekannter zitiert. Sie sei sanft entschlafen.

Gutes Gewissen, sanftes Ruhekissen.

MAX SCHMELING

Der legendäre Boxer trifft sich im Dezember 2004 mit Freunden. »Soviel ist nun mal klar«, sagt er. »Ich werde hundert. Sind ja nur noch 'n paar Monate.« Dann verkühlt er sich, wird ernstlich krank, fällt ins Koma und stirbt am 2. Juni 2005.

Sein letztes großes Interview gibt Schmeling der

Deutschen Presse Agentur zehn Jahre vor seinem Tod. Er diktiert den Reportern ins Bandgerät:

Nach dem Tod gibt es kein Weiterleben als Subjekt oder Erscheinung. Einzig in Form der Erinnerung. Dass über jemanden gesprochen wird. Mir soll man nach dem Tod nicht nachsagen, »als Sportler taugte er eine Menge, als Mensch war er nix wert« ...Angst vor dem Sterben habe ich nicht. Ich habe alles erlebt, wovor man Angst haben konnte ...Wenn ich eines Tages sterbe, möchte ich in aller Bescheidenheit in ganz kleinem Kreise neben meiner Frau auf dem Friedhof in Hollenstedt begraben werden.

So wird es denn auch gemacht.

HELMUT RINGELMANN

Als der Produzent mit 84 Jahren stirbt, »waren wir alle sehr überrascht«, wird sich Rolf Schimpf erinnern. »Er war zwar gestürzt und hatte eine Reha hinter sich – aber er war voller Ideen und Tatendrang.«

Helmut Ringelmann, geboren 1926 in München und aufgewachsen in großen, internationalen Hotels, die seine Eltern leiteten. Schauspielschüler. Dramaturg mit einem Faible für gute Texte. »Rübergemacht« zum Film. Aufnahmeleiter, Produktionsleiter, Herstellungsleiter. Zusammenarbeit mit Max Ophüls (»Lola Montez«) und Stanley Kubrick (»Wege zum Ruhm«, Hauptrolle: Kirk Douglas). Fernsehen, das ZDF. »Derrick«, »Der

Alte«, »Siska«, »Der Kommissar«. Mehr als tausend Morde.

»Ein Freund? Vielleicht nicht. Er war ein sehr sehr guter Bekannter. Jemand, dem ich vertraut habe. Und der mir vertraut hat.« Rolf Schimpf ist von Ringelmann für den »Alten« entdeckt worden. Bei Schimpf wusste er, wen er anheuerte.

Einen Mann der stillen Töne. Einen Acting-Arbeiter, der sich in jedes Team fügen konnte und mit jedem Regisseur zurecht kam.

Ein Rolf Schimpf konnte immer, immer, immer seinen Text, er war nicht krank, mit ihm gab's keine bösen Schlagzeilen. Diesem »Alten« schenkten die Deutschen 222 Folgen ihr Vertrauen.

Schimpf dachte noch einmal nach, als er sich an Ringelmann erinnerte. »Naja, vielleicht hatte ich nicht Recht. Wenn ich es bedenke, kann ich sagen: Ja, er war ein Freund. Wir haben nur kein Getue drum gemacht.«

WARUM?

2015. Münchner Nordfriedhof. Eine kleine Trauergemeinde. Die Sonne scheint.

Bei der Trauerfeier von Ilse Zielstorff redet der Arzt, dem sie immer vertraut hat, über das Ehepaar Schimpf:

»Die Beiden waren das ideale Ehepaar, das einem zeigt, wie man gut zusammen alt werden kann. Sie sind sich immer mit einer großen Zuneigung, auch in der Öffentlichkeit, begegnet und vermittelten eine tiefe natürliche Zärtlichkeit.

Als Ille zum Schluss niemanden mehr erkannte, besuchte Rolf sie jede Woche. Ihn erkannte sie noch – wenn manchmal nicht mit Worten, so doch durch eine körperliche Sprache. In seiner Gegenwart wurde sie ruhiger.

Ohne ihren Rolf wollte sie auch die Welt nicht verlassen.

Nach dem Anruf aus dem Heim, dass es ihr nicht gut gehe, fuhr Rolf sofort los. Als er in ihrem Zimmer ankam, war sie schon sehr schlecht beieinander.

Erst als ihr Mann sich zu ihr setzte und ihre Hand nahm, drückte sie ihm wie zum Abschied die Hand und flog davon wie ein Vögelchen.«

Was für eine Bigotterie vor der Urne einer Frau, die mit einem geraden Lachen gelebt hat.

Wie ein Vögelchen sei sie davon geflogen!

Sie hat sich gequält, sie hat sich aufgelöst, ihr Leben hat sich aufgelöst.

Die Trauerrede für Ille ist nicht tröstlich und nicht innig. Sie ist aufgesetzt und übertreibend, heuchelnd und gleisnerisch, unaufrichtig, scheinheilig, frömmelnd. Ein unaufrichtiger Salbader gibt der Toten »das letzte Geleit«. Ille, in ihren besten Zeiten, hätte sich scheps gelacht über die Verlogenheiten.

Rolf Schimpf lässt die Trauerfeier und den Leichenschmaus im »Seehaus« über sich ergehen. Er hat sich gewappnet für diesen Gang. Einer wie er steht so etwas durch. Einmal kurz über die Augen gewischt – und dann wieder: Haltung!

Auch Barbara Volkmer ist zu der kleinen Feier aus Berlin angereist. Sie hört dem Redner gar nicht zu, wie betäubt ist sie.

Sie hatte gewusst, wie schlimm es um Ille stand. Rolf hat immer wieder mit ihr telefoniert und berichtet, wie schwer die Besuche bei seiner Frau waren. Er fuhr in die Spezialklinik und wusste nicht, was ihn erwartete: Würde Ille ihn erkennen und »Möppel, mein Möppel!« rufen? Oder würde sie an die Decke schauen?

»Babsi«, sagte dann Rolf, »das ist nicht gerecht, das hat sie nicht verdient.«

Dann rief er an und sagte, es sei vorbei. Nun sei sie eingeschlafen. Vielleicht sei es besser. Ob Barbara zur Beerdigung käme? Er zahle auch den Flug.

Klar ist sie gekommen. Die Reise hat sie selbst bezahlt, nun steht sie auf dem Nordfriedhof und in ihrem Kopf summt es.

Erinnerungsfetzen. Die Gedanken jagen einander.

Ille und Rolf auf dem Roten Teppich. Fernseh-preise werden vergeben. Die Schimpfs sind elegant und gar nicht alt. Ille parliert und plaudert, sie lacht und gurrt, sie ist im Rampenlicht und fühlt sich über die Maßen wohl. Rolf ist ein charmanter Mann, ein eleganter Kavalier, ein irritierend netter Kollege. Die Fotografin Barbara muss hart arbei-ten an solchen Abenden. Aber wenn die großen Lichter ausgehen und die Standhaften sich an der Bar treffen, packt Barbara ihre Kameras weg und findet sich oft bei den Schimpfs wieder. Manchmal ist er ein bisschen aufgekratzt, dann wird Ille fah-ren. Betrunken ist dieser Mann nie. Hat er nicht nötig, er braucht keinen Alkohol für gute Laune. Man redet über Filme und Politik, über Erlebtes und Pläne. Die Schimpfs beteiligen sich nicht am Branchen-Tratsch, das ist nicht ihre Art. Sie wollen immer ganz genau wissen, wie es ihrer Freundin geht. Hat sie schöne Aufträge? Wie steht es mit der Kohle? Was ist mit der Liebe? Wohin führt die nächste Reise?

Über Reisen redet Ille gerne. Sie genießt es, mit Rolf in die Fremde zu fahren. Nach seinem Ausstieg als »Der Alte« buchen sie eine Safari in Namibia. Kurz davor bricht sich Ille den Arm. Rolf will alles stornieren. Sie redet es ihm aus. Die Reise wird ein wunderbares Abenteuer.

Barbara erinnert sich an einen Fototermin auf der Wiesn. Ille war ein Model ohne Dirndl, sie brauchte keine Verkleidung. Er schoss ihr ein Lebkuchenherz, sie busselten sich vor dem Riesenrad ab, sie machten einen kichernden Abstecher in den Flohzirkus. Danach setzten sie sich in einem Zelt am Biertisch fest und blieben, bis der Zapfhahn dicht war.

Barbara Volkmer hat immer mit Menschen vor der Kamera zu tun gehabt. Die können sehr kompliziert sein. Oft muss der Fotograf um das gute Bild kämpfen. Der Umgang mit Künstlern ist heikel und nervenaufreibend. »Die Prominenten habe ich ja nicht nur einmal getroffen. Wir sind uns immer wieder über den Weg gelaufen, wir mussten es miteinander immer wieder zu einem guten Bild schaffen. Bei manchen von ihnen hatte ich während der Vorbereitung des Shootings Magenschmerzen, weil ich wusste, wie anstrengend es werden würde.«

Da gibt es eine kapriziöse Dame aus Berlin, die sich immer für eine Schönheit hielt und auch nach

40 Jahren über sich denkt, sie würde die Männerwelt nur durch ihr Gurren und ihre wilde Mähne betören. Fatal daran ist, dass sie mittlerweile die 60 überschritten hat – die wilde Mähne ist nicht mehr sexy, sondern nur noch ungepflegt. Das Gurren hören die Männer nicht mehr.

Diese Schauspielerin kommt zum Fototermin, wirft sich in Pose und sagt »Mach mal!«.

»Der Dame muss ich jedes Mal aufs Neue beibringen, dass sie sich für ein gutes Foto anstrengen muss; sie darf die Nase nicht in die Luft strecken; weil man sonst in die Nasenlöcher schauen kann; sie muss schöne Augen machen, sie muss den Busen nach vorn biegen und den Bauch glatt kriegen; sie muss alles Grelle in der Körpersprache ablegen.«

Nach der Hälfte des Shootings »spüre ich, dass die Zeit für gute Bilder gekommen ist. Wir machen eine Pause, ich kleide die Dame neu ein, die Visagistin kümmert sich um sie.«

Und nun werden die Bilder richtig gut.

Nach der Arbeit steht der Star im Studio und sagt, »Oh, heute war ich gut, was meinst Du, Schätzchen?«

Ja, sagt Barbara Volkmer dann. Packt die Kamera weg, geht zum Kühlschrank, hebt die erste Schampusflasche aus dem Fach.

»Das erste Glas weg auf ex. Das ist der Stress.«

Da ist dieser Staatsschauspieler. Er kommt, sieht und siegt. Meint er. Dabei vergisst er, dass seine Rollen rar geworden sind, dass die jungen Leute ihn gar nicht mehr kennen, und dass eigentlich kein Hahn mehr nach einem Foto von ihm kräht. Man muss ein Bild erfinden, das so einprägsam ist, dass sich die Leute fragen: Wer ist denn dieser Mann? Dann googeln sie ihn, dann sehen Sie, dass er ab und zu noch im Fernsehen auftritt. Dann hat das Foto eine Chance.

»Er hat ein ganz eigenes Lebensmotto: me, myself and I. Er bemerkt die anderen Menschen gar nicht. Wenn er im Studio ist, erzählt er nur von sich und vergisst dabei, in die Kamera zu schauen und mit der Kamera zu spielen. Erst wenn ich ihm gesagt habe, dass ich seine Geschichten nicht mehr hören kann und dass er gefälligst die Biege machen soll, wird er ganz demütig und bettelt fast um das nächste Foto.

Und, wissen Sie, wie die nächsten Fotos werden? Klasse werden sie!«

Und da gibt es diese ganz schlimmen Schauspieler:

Sie sind nicht sehr begabt, sie haben kein Körpergefühl, so richtig toll sehen sie auch nicht aus, sie haben kein Benehmen und keine Bildung, die ganze Zeit beschäftigen sie sich mit ihrem Handy.

Aber sie sind gerade en vogue. Also muss ein Foto mit ihnen her.

Da stehen sie – mit ihrem leeren Gesicht. Sie daddeln mit dem Handy, sind furchtbar gelangweilt und schauen die Fotografin verständnislos an, wenn sie sagt: »Ein bisschen mehr Körperspannung bitte!« Oder: »Du hast die Augen wieder zu gehabt.« Oder: »Denk' an etwas Schönes!«

»Du kommst nicht an sie ran.

An diesem Punkt kenne ich nur noch einen Trick. Der zieht bei den meisten. Wenn ich das sage, dann passiert noch eine klitzekleine Kleinigkeit in jedem Gesicht.

Ich gucke die Person an und sage:

Denk' ans Ficken!«

Es ist ein anstrengender Jahrmarkt der Eitelkeiten. Was für ein Wunder, wenn man in dieser Welt jemandem begegnet, den man da gar nicht erwartet hat.

»Ich war noch am Anfang meiner Karriere, als mich eine Freundin mit einem Schauspieler bekannt machte. Rolf Schimpf kam mit seiner Frau Ille in meine Wohnung im Münchner Lehel, und die beiden waren einfach nur bezaubernd. Nach einem sehr schönen Abend vereinbarten wir ein Shooting.

Rolf und Ille waren wunderbare Profis. Sie zierten sich nicht, sie zickten nicht. Wir arbeiteten Motiv für Motiv ab. Für jedes Bild zog ich einen Schwarzweiß-Film durch – dann ab zur nächsten

Aufnahme. Ille hatte ein berückendes Lächeln. Ihr Mann – der sich eigens den Schnauzer abrasiert hatte – sah, obwohl er schon 60 war, wie ein charmanter, verschmitzter Lebemann aus.«

Die Produktion wurde ein großer Erfolg, weil kurz darauf aus Rolf Schimpf – dem Schauspieler mit den nicht ganz so großen Rollen – »Der Alte« im ZDF wurde. Als Hauptkommissar Kress wurde er ein Star.

»Das ist ja nun schon fast vierzig Jahre her. Rolf und ich haben nicht nachgezählt, wie viele Produktionen wir in diesen Jahren gestemmt haben. Es sind sehr viele geworden.

Wir müssen uns auch gar nicht daran erinnern. Aber wir haben uns immer wieder erzählt, wie viele schöne Stunden der Freundschaft wir gehabt haben.«

Eine Zeit lang dachten sie, es würde immer so weitergehen: Das Leben, ein ständiger Flirt mit dem Glück.

Dann hat Rolf Ille verloren, er musste in seinen letzten Akt. Erschüttert hat die Fotografin mit ansehen müssen, was das Leben aus einem wunderbaren Mann machen kann, wenn er das Leben überlebt.

»Aber auch in seinem letzten Jahr war er immer noch der Profi, der es mir als Fotografin leicht gemacht hat.«

Es war in seinem Apartment im *Augustinum*, einem Seniorenstift im Münchner Süden:

Draußen schien die Sonne. Rolf sagte, er habe eine schlimme Nacht gehabt. »Ich bin fast draufgegangen. Aber jetzt bist Du da, und es ist gut.«

»Rolf können wir Fotos machen?«

»Klar. Was brauchst du denn?«

»Nichts mit dem Rollator und nichts mit dem Krückstock.«

»Brauchst du mich als jugendlichen Liebhaber?« Naja.

»Dann sehen wir mal.«

Rolf Schimpf, 99, setzte sich gerade hin; er stützte seine papierne Hand auf den Tisch vor sich. Dann sagte er, das ist nix und führte die Hand ans Kinn.

Rolf, der Denker.

Perfektes Bild.

Er sah mit einem ernsten Blick in die Ferne.

Rolf, der Visionär.

Er verschränkte die Hände ineinander, blickte durch die elegante Brille forschend in die Kamera, die Lider waren fest und geöffnet, dieser Blick ging einem durchs Mark.

Rolf, der Immer-noch-Wache.

»Es ist – wieder mal – eine dieser ›letzten‹ Produktionen gewesen. Wir wussten es beide. Ich packte die Kamera in die Tasche, mir war ganz flau.«

Rolf Schimpf lächelte zufrieden.

»Das war okay, oder?«

Schwer in Ordnung ist das gewesen. Was für eine Klasse der Mann hatte!

Was für ein Held!

Dezember 2023.

Rolf Schimpf sitzt verloren auf seinem Bett. Er ist noch nicht angezogen – das passt nicht zu ihm. Um elf Uhr vormittags ist Rolf Schimpf, 99, normalerweise wie aus dem Ei gepellt. Darauf legt er Wert. Morgens rasiert er sich, sucht aus dem Restbestand eine anständige Hose und ein gebügeltes Hemd aus. Er spürt, wie hinfällig er geworden ist – aber gerade deswegen müht er sich um Würde. Das ist preussische Disziplin, durch und durch, das funktioniert auch jetzt noch.

Nun aber sitzt er um elf auf dem Bett und schafft das Anziehen nicht. Er hat Angst, er begreift noch immer nicht, warum man ihn auf seine ganz alten Tage noch einmal »verpflanzt« hat.

Die Tür des Altenheim-Zimmers öffnet sich. Rolf Schimpf sieht auf. Im Raum steht seine Freundin Barbara Volkmer.

»Die Babsi«, sagt er. »Ein Wunder, die Babsi. Das ist meine Rettung. Komm', setz' Dich zu mir.«

Rolf, Du Lieber! Was machst Du denn für Sachen?

Am 14. November ist Rolf Schimpf 99 geworden. Die letzten verbliebenen Freunde haben ihn in diesen Tagen im Münchner *Augustinum* besucht, er bekam einen Präsentkorb, es gab eine klitzekleine Feier. An seinem Geburtstag stand in der Münchner *tz* ein liebevoll präsentiertes Porträt ...

Dann war wieder Alltag in der Wohnung. Bis man ihn am letzten Novembertag 2023 in ein anderes Heim brachte.

Es war keine lange Fahrt im Münchner Süden. Gerade mal zehn Kilometer.

Man brachte Rolf Schimpf in den zweiten Stock und sagte: *Hier sind Sie jetzt zuhause.*

Wie sollte er das begreifen?

Fast alles ist weg.

Die Möbel (zum Teil hat schon die Oma in Esslingen mit den Möbeln gelebt): nicht mehr da.

Das wunderbare Swarovski-Fernglas, sündteuer und der ganze Stolz des passionierten Jägers Rolf Schimpf: weg.

Sein Spazierstock mit Elfenbeinknauf und mit Stockdegen, den der durch und durch friedliche Rolf gern in schauspielerischer Grandezza zückt: verschwunden.

Die geliebten Bücher (ein Band mit alten Stadtkarten, Shakespeare in Leder, das kleine Marine-Bändchen, das sein Vater geschrieben hat ...): raus aus seinem Leben.

Das Zimmer ist karg, der Bewohner Schimpf hat keine Küche mehr und ist nur noch die Hälfte Wohnraum wert.

»Wer hat das getan?«, fragt der Mann, der als »Der Alte« ein Liebling der Deutschen war.

Dann redet er sich die Angst von der Seele. Das sei sehr schlimm für ihn, »es gibt Momente, da willste sterben. Aber ich werde nicht sterben. Noch nicht.«

Die Freundin hat ihm ein Tellerchen gerichtet. Plätzchen. Dazu gibt es frischen Tee.

»Ein Wunder«, sagt Rolf Schimpf. Er nimmt ein Keks, noch eines.

»Fein.« Er lächelt.

»Nee«, sagt Rolf Schimpf. »Neenee, den Gefallen tue ich ihnen nicht. Noch sterbe ich nicht.«

Ein paar Tage später, am Mittwoch, dem 13. Dezember 2023, ist Rolf Schimpf Schlagzeile bei der *Bild*-Zeitung.

Altenheim zu teuer – der »Alte« muss mit 99 ausziehen!

Die Geschichte ist Aufmacher der Seite 4.

*Der »Alte« kann sich sein Altenheim nicht mehr leisten
TV Star Rolf Schimpf – Umzug mit 99!*

Tanja May und Franziska von Mutius schreiben:

Einer der größten Fernsehhelden erlebt ein trauriges Weihnachtsfest. Rolf Schimpf (99) war von 1986 bis 2009 der »Alte« im ZDF. Seit seiner TV-Rente 2010 lebt er im Altenheim. Doch das konnte der Schauspieler jetzt nicht mehr zahlen, musste in eine günstigere Einrichtung umziehen.

Vor zwei Wochen räumte Schimpf seine Zweizimmerwohnung in der Münchner Seniorenresidenz »Augustinum«. Dort hatte er inklusive Pflegeleistungen etwa 5700 Euro im Monat gezahlt. Sein Arzt, der auch der Vormund von Schimpf ist, zu Bild: »Ihm geht die Kohle aus. Wenn man zehn Jahre nicht mehr arbeitet und die hohen Kosten von der Rente nicht mehr gedeckt sind, ist das Geld schnell weg.«

Das neue, kleinere Heim am Stadtrand koste 2500 Euro weniger als das bisherige. Der Vormund: »Herr Schimpf wird in seinem neuen Zuhause gut gepflegt. Er hört und sieht sehr sehr schlecht, ist dement und pflegebedürftig.«

Nach dem Tod seiner geliebten Frau Ille (+79) an Pfingsten 2015 hatte Schimpf bei anderen Heimbewohnern Trost gefunden. Viele sind entsetzt. Einer von ihnen zu Bild: »Jetzt ist er in einer völlig fremden Umgebung – das bricht uns das Herz. Der Mann ist 99 Jahre alt. Dem nimmt man nicht sein vertrautes Zuhause weg.

Schimpfs Sohn Daniel Sigurdson (61) möchte nichts Schlechtes über das Augustinum sagen, aber: »Die nehmen es von den Lebendigen. Wenn man die Summen sieht, die die fordern, ist das sehr viel Geld.«

Dagegen sagt Augustinum-Sprecher Matthias Steiner zu Bild: »Wenn ein Bewohner in finanzielle Schwierigkeiten kommt, bemühen wir uns immer, eine Lösung innerhalb des Augustinums zu finden. Entweder durch einen Umzug in eine kleinere Wohnung *oder durch finanzielle Hilfe aus unserem Förderverein.«*

Die Einrichtung bedaure seinen Auszug. Schimpf selbst habe den Vertrag gekündigt. Kündigen müssen – mit 99 Jahren!

Einen Tag später legt die *Bild* nach. Chefredakteurin Tanja May schreibt einen Kommentar mit der Überschrift **Mir tut er leid** .

Text:

Einsame alte Menschen. Allein der Gedanke daran treibt mir Tränen in die Augen. Nicht nur jetzt, mit Blick auf Weihnachten.

Im Fernsehen laufen gerade Werbefilme, in denen Jung und Alt gemeinsam unterm Baum oder in einer Bar sitzen. Die Botschaft: Zeigt Mitgefühl und Herz, kümmert euch um die, die niemanden mehr haben.

Das Schicksal von Schauspieler Rolf Schimpf wühlt mich innerlich auf. Für mich an Herzlosigkeit kaum zu überbieten.

Vor zwei Wochen musste er aus seinem Zuhause raus mit 99 Jahren! Warum? Musste das wirklich sein? Mir tut er leid. Wie alle alten Menschen, die am Ende ihres Lebens einsam sind.

Soweit der Kommentar. Die *Bild*-Reporter lassen auch vor Ort nicht locker, sie recherchieren im *Augustinum* und tun Zeugen des Dramas auf. Eine ist besonders gesprächig.

Jutta Kammann (79, »In aller Freundschaft«), die auch in der Seniorenresidenz wohnt und zu allem und jedem immer einen Kommentar parat hat.

Am 14. Dezember tritt sie erstmals auf. Die Geschichte hat die Überschrift **Wo ist bloß all sein Geld geblieben?**

Die Schauspielerin zu Bild*: »Ich bin zutiefst schockiert. Wie vor den Kopf gestoßen. Ich fasse es gar nicht. Rolf wollte nie weg hier. Und jetzt musste er mit 99 Jahren sein vertrautes Umfeld verlassen!«*

Seit 50 Jahren ist Kammann mit Schimpf (war von 1986 bis 2009 der »Alte« im ZDF) befreundet. Lebt wie er vor bis vor Kurzem in der Münchner Seniorenresidenz »Augustinum«.

Was sie fassungslos macht: Schimpf musste vor zwei Wochen sein dortiges Appartement verlassen und in ein kostengünstigeres Heim umziehen. Obwohl das »Augustinum« Hilfe angeboten hatte, um ihm den Umzug zu ersparen.

Laut seinem Betreuer sei der Schritt notwendig gewesen: »Schimpf geht die Kohle aus«, sagte er zu Bild*.*

Jutta Kammann kann das nicht glauben. Sie sagt zu Bild*: »Mir hat Rolf unzählige Male gesagt, dass er gut vorgesorgt hat. Und dass er so froh sei, dass er soviel Geld verdient habe, dass er sich einen sorgenfreien Lebensabend leisten kann.«*

Er habe nach eigenen Angaben das Zehnfache von ihr verdient, und sie könne sich das »Augustinum« gut leisten.

Kammann zu Bild*: »Rolf war Top-Verdiener und*

hat, bis er 82 wurde, täglich vor der Kamera gestanden. Wo ist also sein Geld, ich mache mir da schon so meine Gedanken.«

Immer dran bleiben. Am 15. Dezember berichtet die *Bild* (und jetzt hat die Kammann eine Hauptrolle im schäbigen Spiel):

Der Alte«-Star Rolf Schimpf – Er weint und fragt: Warum bin ich hier?

Seit 2 Wochen ist TV-Star Rolf Schimpf (99, der »Alte«) in einem Pflegeheim am Stadtrand von München. Er musste sein Zuhause in der Seniorenresidenz Augustinum *nach 13 Jahren verlassen, weil ihm laut Betreuer die Kohle ausgeht.*

Seine Vertraute Jutta Kammann (79, »In aller Freundschaft«) besuchte Schimpf im neuen Pflegeheim und ist erschüttert.

»Rolf hat immer wieder geweint und mich gefragt: Warum bin ich hier? Vorher war gut, hier ist alles schlecht. War doch immer gut, warum bin ich hier?«, sagt Kammann zu Bild. *Sie habe ihn gefragt, »Rolf willst du hier wieder raus?«, da habe er genickt. Sie könne nicht verstehen, warum man Schimpf, der bis ins hohe Alter von 82 Jahren gearbeitet und viel Geld verdient habe, aus seinem vertrauten Umfeld in die Isolation umgetopft habe.*

Dennoch wurde der Vertrag laut Augustinum-*Sprecher durch einen Betreuer von Schimpf – »kundenseitig«, wie es heißt – gekündigt, um Kosten zu reduzieren.*

Kammann mit Tränen in den Augen: »Das ist ungeheuerlich! Rolf hätte bleiben können und müssen. Unsere Seniorenresidenz lässt niemanden fallen, wenn er in finanzielle Schwierigkeiten gerät. Und ich frage mich auch, wo ist das viele Geld geblieben, das er über Jahrzehnte mit seinen hohen Gagen verdient hat?«

Die von der *Bild* sind gnadenlos. Am 16. Dezember fragen sie:

Kein Geld mehr? »Irgendwas stimmt da nicht!« – »Der Alte« kann sich sein Heim nicht mehr leisten. Jetzt spricht sein Krimi-Kollege Charles M. Huber«

Der Assistent des »Alten« ist fassungslos. Charles M. Huber (67) spielte mit Rolf Schimpf (99) von 1986 bis 1997 in der ZDF-Serie. Dass sein damaliger »Chef« nun aus seinem Altersheim ziehen musste, versteht der Schauspieler nicht.

Huber glaubt die Begründung vom Schimpf-Betreuer, dass das Geld knapp geworden sei, nicht.

Er zu Bild: »Rolf war ein Berliner Schwabe, hier ist etwas faul.« Denn Schimpf verdiente zu Beginn etwa 25000 Mark pro Episode »Der Alte«, er drehte mehr als 220 Folgen und soll später gut 20000 Euro pro Episode kassiert haben, dazu gibt es bis heute Tantiemen für Wiederholungen.

Huber: »Sollte Rolf tatsächlich Hilfe brauchen, werden wir für ihn Geld sammeln. Er hat einen würdevollen Lebensabend verdient.«

Dann ist Weihnachten. Und die Bild vergisst Rolf Schimpf erst einmal wieder. Er ist allein in seinem Alten-Verwahrheim.

An dieser Stelle ein kleiner Ausflug in die deutsche Realität. Der Dienstleister Statista hat einen Report über den Pflegenotstand erarbeitet. Da werden alle Daten, so heißt es, kompetent ausgewertet und zusammengefasst. Da heißt es in dem Werbetext:

»Der Fachkräftemangel in der Pflege in Deutschland nimmt dramatische Züge an: In den nächsten zehn Jahren könnten bis zu einer halben Million Pflegefachkräfte fehlen. Die Zahl der Pflegebedürftigen wird weiter zunehmen. Gleichzeitig entscheiden sich immer weniger Menschen für den Pflegeberuf.«

Statista verspricht:

Eine umfassende redaktionelle Trendanalyse. Infografiken und Hintergrundinformationen, erstellt von unseren Branchenexperten.

Dann kommt's:

DETAILS ZUM REPORT

Pflegenotstand in Deutschland.

Format: PDF. Sprache: Deutsch. 48 Seiten. Veröffentlicht: März 2022. Zugriff: download auf dieser Seite. Preis: 595 €.

Jetzt Report kaufen

Na, da lassen wir die 600 Öcken mal stecken und

hören beim Bayerischen Rundfunk rein. Dort machen sich seit Jahren junge Journalistinnen und Journalisten ums Thema »Pflegenotstand« verdient und decken in unschöner Regelmäßigkeit Missstände auf. Das hört sich dann so an:

Verschmutzte Magensonden, mangelnde Hygiene, abgelaufene Medikamente, Desinfektionsmittel und Katheter, Bettgitter ohne richterliche Anordnung und zu wenige Fachkräfte. Auch fand die Heimaufsicht ungepflegte Bewohner vor, teils saßen die Menschen in ihren Ausscheidungen: Die zahlreichen Mängel (...) zeigen deutlich das Fehlen von Pflegefachlichkeit auf. (Bericht aus Passau).

Mehrere frühere Mitarbeiter berichten dem BR übereinstimmend von vertuschten Pflegefehlern. An eine alte Frau denkt Nico jeden Tag, sagt er: »Sie saß nackt auf ihrem Rollator, tot. Überall war Toilettenpapier, überall Durchfall, Urin, Erbrochenes.« Die Bewohnerin war am Rotavirus erkrankt. Nico und frühere Kollegen schildern unabhängig voneinander, dass der Körper der Seniorin auf Anweisung gesäubert und ins Bett gelegt wurde.

Auch in einem anderen Fall decken sich die Schilderungen: Eine Wunde eines Heimbewohners soll nicht versorgt worden sein, woraufhin sich Maden bildeten. Das betroffene Bein musste schließlich amputiert werden, sagen die Ex-Mitarbeiter übereinstimmend. Auch hier seien sie angewiesen worden, das Zimmer zu reinigen und Schweigen zu bewahren.

Das Heim bestreitet derartige Fälle auf BR-Anfrage und weist massive Pflegemängel von sich. Beide Vorfälle seien nicht bekannt. Das Wohl der Bewohner habe »absolut höchste Priorität«. Das Personal arbeite »gewissenhaft«. (Berichte aus Augsburg).

Seit Mai 2020 ermittelt die Staatsanwaltschaft München II gegen die ehemalige Heimleiterin der Seniorenresidenz Schliersee. Inzwischen wurden die Ermittlungen auf drei weitere Beschuldigte ausgeweitet. Die Staatsanwaltschaft wirft ihnen verschiedene Körperverletzungsdelikte vor – bei 88 Bewohnern. Außerdem laufen nach Informationen des Bayerischen Rundfunks 17 Todesermittlungsverfahren. Die Ermittler überprüfen unter anderem, ob die Bewohner an Unterernährung gestorben sind. Zwei Verstorbene wurden exhumiert.

In den vergangenen Jahren haben sich zahlreiche Pflegekräfte und Angehörige bei der zuständigen Heimaufsicht im Landratsamt Miesbach gemeldet und über Missstände im Heim berichtet. Das räumt der CSU-Landrat Olaf von Löwis, der seit 1. Mai 2020 im Amt ist, im BR-Interview ein: »Das haben wir, so schnell und gut es ging, abgestellt. Ja. Ich will das so stehen lassen. Habt ihr gut recherchiert.«

Und so weiter. In einem Fort.

Im Frühjahr 2024 meldet sich auch der rührige deutsche Gesundheitsminister zu Wort.

In Deutschland seien 2023 laut Karl Lauterbach

weit mehr Menschen pflegebedürftig geworden, als demografisch erwartet wurde. Der Bundesgesundheitsminister spricht von einem »akuten Problem in der Pflegeversicherung«. »Demografisch bedingt ist 2023 nur mit einem Zuwachs von rund 50000 Personen zu rechnen gewesen. Doch tatsächlich beträgt das Plus über 360000«, sagt der SPD-Politiker dem Redaktionsnetzwerk Deutschland. »Woran das liegt, verstehen wir noch nicht genau.«

Eine umfassende Finanzreform in der Pflege werde in dieser Legislaturperiode aber wahrscheinlich nicht mehr zu schaffen sein, sagt Lauterbach. »Dafür sind die Ansichten der verschiedenen Ministerien beziehungsweise der Koalitionspartner zu unterschiedlich.« Die Arbeit der Gruppe sei aber eine gute Grundlage für eine große Pflegereform in der nächsten Wahlperiode. Lauterbach: »Dann muss sie aber auch kommen.«

Davon bekommt Rolf Schimpf nichts mit. Er hört nicht Radio, hat keinen Fernsehapparat. Er will nur eines: Dass das aufhört, was sie mit ihm anstellen. Die Pflegerinnen und Pfleger verstehen ihn nicht. Deutsch ist ihnen fremd. Sie radebrechen, wenn sie mit ihm reden. Und es ist wahrscheinlich, dass er sie dann nicht versteht – die Hörgeräte funktionieren oft nicht.

Im Altersheim im Münchner Süden werden die

Patienten sauber gehalten und ernährt. Für mehr ist nicht Zeit.

Es gibt einen großen Kellerraum. Voll gestellt ist der mit Kisten und Koffern, Antiquitäten und Kunstgegenständen. Das sind die Habseligkeiten, die nach dem Versterben eines Heimbewohners übrig geblieben sind. Sie werden eine Zeitlang eingelagert und dann zu Trödel-Experten in der Umgebung geschafft.

Vier Kisten guter Bücher und feiner Bilder, kleiner Kunst und feinen Porzellans landeten nach Rolf Schimpfs Umzug auch in diesem Keller.

Dann waren sie weg.

Dabei ist der Mann noch nicht mal tot.

1. Januar 2024. Rolf Schimpf grantelt über den »Stall«. Schlechtes Personal. Nichts funktioniert.

Komm, Rolf, wir gehen an die frische Luft.

Er protestiert nicht. Er lässt sich beim Pullover und der warmen Jacke und beim Schuhbinden helfen. Setzt sich in den Rollstuhl und sagt:

»Alsdenn!«

Auf dem Flur ist niemand. Rolf stößt ein Gebell aus.

»Hou! Hou!«

Draußen geht ein strammer Wind, die Sonne lugt durch jagendes Gewölk. Rolf genießt es. Manchmal:

»Hou! Hou!«

Zurück auf dem Zimmer hört er sehr gut und

er will Dinge sagen. Die hat er sich zurecht gelegt, die müssen jetzt raus. Ein Satz nach dem anderen.

»Wenn ich hier rauskomme – wo komme ich dann hin? Warum kann ich nicht zurück, was ist das für eine Scheiße?«

»Babsie, Du kannst ja nichts dafür, das sind die Umstände. Aber es ist eine Prüfung. Alles ist verkehrt hier, alles ist doof.«

»Ich wäre weniger traurig, wenn ich nicht so in der Luft hängen würde.«

»Ich weiß gar nicht, was mit mir passiert, das ist das Schlimmste. Ich finde ungeheuer, was mit mir passiert, ich weiß nichts mehr, ich habe doch nichts angestellt, ich bin doch nicht pleite.«

»Ich will, dass die Welt wieder in Ordnung ist.«

»Himmel hilf!«

»Oh Gott!«

»Was sagst du? Ich bin heute gut in Form. Ja, da bist du schuld dran, jaja.«

»Und jetzt bin ich ja heute auf den Füßen gewesen, ich war ja vor dem Haus und an der frischen freien Luft. Das war schön.«

»Der Dieter, mein Bruder, der war Architekt. Wo ist er denn, der Dieter? Ach, tot ist er. Alle sind tot, ich bin bald auch tot.«

»Nee, ich bin bald nicht tot.«

»Ich bin ein zähes Luder, ich bin ein Soldat.«

»Mein Papa war auch ein zähes Luder, bis sie ihn

zu früh tot gemacht haben. Der war immer da für mich, ich vermisse ihn.«

»Die Mama, die war weicher, die wurde leichter krank. Aber kochen konnte sie. Am liebsten hatte ich das Schwäbische, und manchmal gab's Rehbraten. Aber da hatte sie nicht so viel Übung drin, in dem Rehbraten.«

Dann schweigt Rolf Schimpf wieder. Er ist sehr, sehr erschöpft.

Januar, Dreikönig ist vorbei.

»Himmel hilf!«

Das blufft Rolf Schimpf in den dämmrigen Raum hinein. Er liegt, in der Windel und im Unterhemd, unter einer Zudecke und einer blauen Wolldecke. Er liegt geradelängs, die Arme hat er körperseitens über der Wolldecke an den Körper gelegt. Der Kopf ist flach auf dem Bett, Rolf Schimpf ist wie aufgebahrt.

Er atmet ruhig. Die Augen sind geschlossen. Nichts zwinkert, nichts lebt sonderlich.

Barbara geht ans Bett.

»Rolf.«

»Rolf!«

Rolf, Schatz, hörst du mich.«

Sie streicht über seine Schulter. Rolf Schimpf schreckt auf. Er sieht auf, erkennt.

»Babsie.«

Es ist ein Wimmern, ein Heulen, ein Hochjaulen von da unten tief drunten.

»Baabsie. Du.«

»Wo bin ich«, fragt Rolf.

In München Pullach. Erinnerst Du Dich, Rolf. Pullach, das ist im Süden. Da, wo früher der Geheimdienst war.

Ein Zimmer in Pullach, das ist gar nicht so übel in der modernen Zeit.

Wenn Du raus kannst. Dann könntest Du hin zum Penny und eine Salami kaufen. Du könntest den Anorak anziehen und raus an die Isar – oder wenn Du Dir das zu gach den Berg hinunter und hinauf geht, dann könntest Du auch rüber in den Forst. Alles flach, alles Wald, alles potenzielles zu schießendes Wild.

Oder Du könntest rüber zur S-Bahn-Station. Rein in die Stadt. Kaffee. Damen. Menschen.

Aber das kann Rolf Schimpf nicht. Er liegt im Bett – und wenn er unfallfrei zum Klo schafft, hat er für den Halbtag gewonnen.

Ende Januar

Rund ums Altersheim tobt ein Wintersturm. Wenn die automatische Eingangstür sich öffnet, jagen Blätter an der Rezeption vorbei ins Haus. Sie kommen in den Ecken zur Ruhe und legen sich aufs Linoleum. In einem Rollstuhl dämmert eine sehr alte Frau, sie atmet ganz flach und hat die Augen geschlossen. Auf der anderen Seite des Gangs sitzt ein Mann. Er beobachtet alles um sich herum ohne Anzeichen von Rührung.

Er sitzt hier jeden Tag. Der Pfleger schiebt ihn morgens an seinen Platz und holt ihn zur nächsten Mahlzeit ab. Abends wird der Mann ins Bett gelegt, morgens gewaschen und an seinen Platz gerollt. Besuch bekommt er nicht, schon lange nicht mehr. Er kauert an seinem Platz und scheint zu lauern – manchmal folgt er den Vorbeigehenden ein Stück mit den Augen, dann lässt er sie ziehen. Nur seine Augen leben – er ist wie eine Echse, der man nicht trauen mag.

Rolf Schimpf hat schlechte Laune. Missmutig lässt er sich an dem Echsen-Mann und der sterbenden Alten vorbei schieben. In der Cafeteria guckt er die Bedienung feindselig an.

»Was wollen Sie trinken? Bier? Wasser? Kaffee?«

Rolf – der einmal ein berühmter Schauspieler und ein eleganter Kavalier gewesen ist – schweigt.

Sie beugt sich zu ihm herunter – sie ist blond und war einmal eine begehrte Frau, jetzt zerfrisst der Alkohol das letzte bisschen Schönheit – und fragt, ob er Kuchen wolle. Ganz nah ist sie an seinem Ohr, sie hat etwas Zärtliches in der Stimme:

»Mögn's an Kuchen, Herr Schimpf?«

Er bewegt den Kopf kaum. Aber es reicht, um sie zu erschrecken. Sie zuckt zurück.

Er bekommt den Kaffee. Trinkt ihn gierig und böse aus. Er lässt sich zu seinem Zimmer zurück fahren. Er lässt sich beim Toilettengang helfen, ins Bett bringen. Liegt auf dem Rücken, zieht die Decke ans Kinn, fummelt das Hörgerät aus dem Ohr.

Jetzt erreicht ihn niemand mehr.

Rolf Schimpf, 99, hadert mit der Welt.

Man hat ihn einfach vergessen an diesem gottverlassenen Platz, wo alles erstirbt.

16. März 2024. Schlechtes Wetter kommt aus West. Es wird nachmittags stürmen und regnen. Jetzt treiben sich ein paar Wolken rum, ansonsten ist der Himmel blau und unschuldig. Es ist nicht kalt. Ein freundliches anspruchsloses Wetter.

Rolf Schimpf ist egal, was draußen los ist. Er hat sich in den Rollstuhl gehievt, ist zum Tisch gefahren. Er hat die Bremsen einrasten lassen, nun rührt sich der Stuhl nicht mehr. Schimpf sitzt aufrecht da, die Ellbogen hat er auf die Lehnen gestützt, mit den Daumenspitzen hält er das Kinn.

Die Augen des alten Mannes sind geschlossen. Er sieht mürrisch aus, manchmal zuckt die Haut an den Tränensäcken. Rolf Schimpf atmet gleichmäßig und ruhig, er sieht mit seinen raspelkurz geschorenen Haaren aus wie ein sehr alter Buddha-Mönch in einer leichten Baumwollhose und im grauen T-Shirt.

Es klopft an der Tür. Schimpf kann's nicht hören, er hat die Hörgeräte auf dem Nachttisch. Seit Tagen hat er auf taub gestellt. Der 99-Jährige ist in einer Welt, zu der nur er zugelassen ist.

Seine Lebensfreundin Barbara tritt näher, tippt Rolf Schimpf auf die Schulter. Er blickt irritiert auf die Hand, die ihn berührt hat, sieht die Frau an, die unerwartet in seinem Zimmer steht. Er braucht ein paar Sekunden, um sich zurecht zu finden.

Dann explodiert die Freude.

»Babsi! Du! Oh! Ich habe lange nichts gehört, so lange.«

»Eine Woche, Rolf. Vor einer Woche war ich hier.«

»Stimmt. So lange.«

»Wie geht es Dir?«

»Was sagst Du? Ich kann Dich nicht hören.«

Er deutet auf seine nackten Ohren.

Okay. Dann müssen eben die Hörgeräte an den Kopf montiert werden. Das übernimmt er selbst, da lässt er sich nicht helfen.

Heute sind die kleeblattkleinen Batterien und die kastaniengroßen Ersatz-Ohren sperrig. Sie fallen Rolf aus den Fingern, sie lassen sich nicht ordentlich platzieren. Noch immer hört der alte Mann gar nichts – und der Zorn hämmert in seinem Kopf.

»Himmelherrgott noch amal!«

»Scheißdreck, verreckter!«

»Zefünferl, zefix, heilandsdonnerwetter!«

»Himml herrgottsakramend, legg me am Arsch, Scheißglomb verreggts!«

Dann wird er sehr kurz.

»Scheiße!«

Fluchen hilft. Barbara ist genervt und mag nicht mehr helfen. Das ist gut, da fummelt sie ihm wenigstens nicht in die Aktionen. Und weil das Fluchen gut getan hat, werden seine Hände ruhig – und dann funktioniert die Hörhilfe.

»Jetzt passt es. Sag' mal was, Barbara.«

»Hörst Du mich, Rolf?«

»Brauchst nicht so schreien.« Er grinst.

»Gottseidank.«

»Was ist? Bist Du grantig? Ist was?«

»Du hast mich ganz schön angeschrieen.«

»Was habe ich? Ach, ich habe doch nicht Dich gemeint. Ich war sauer auf dieses Huren-Glump.«

Rolf Schimpf überlegt.

»Es tut mir leid, Barbara. Entschuldige bitte.«

Schon vergessen.

Es ist gut, dass er wieder hört. Und dass er sich abgeregt hat. Jetzt kann die Freundin ihn vorbereiten:

In einer Stunde bekomme er Besuch von Thomas Heinze.

»Wer ist das?«

»Das ist Dein Nach-Nachfolger beim ZDF. Herr

Heinze ist der neue »Alte«. Der möchte Dich gerne treffen.

»Ach! Machste Fotos?«

»Klar.«

Dann müsse er sich parat machen. Er habe da einen schönen Pullover, der passe. Es gehe ja nicht um ganz große Aufnahmen.

»Nein, Oberkörper und Porträt. Guter Pulli reicht völlig.«

Den werde er gleich anziehen. Erst einmal mache er sich auf der Toilette fertig.

»Rasiert bist ja.«

»Ja, nicht wahr. Ich habe mich die ganze Nacht rasiert. Jaja, rasiert bin ich.«

Rolf rollt ins Bad, zieht die Tür hinter sich zu.

»Es ist eine Ehre, Sie kennenzulernen. Mein Name ist Thomas Heinze.«

Händeschütteln. Eine fleckige, knochige gelbstichige Hand. Die elegante starke Rechte des jüngeren Schauspielers.

»Ich darf jetzt Ihre Rolle spielen. Können Sie mich hören? Warten Sie.«

Thomas Heinze ist ein gutaussehender großgewachsener Typ, der sich aufs Charmieren versteht. Er trägt ein dunkles prima passendes Sakko, eine dunkle bügelgefaltete Hose, das volle Haar ist lässig auf Jung gezähmt.

»Blaue Augen haste. Dit is jut.« Wenn Rolf will, berlinert er wie ein jebürtiger Dahlemer.

»Ja. Blaue Augen.« Thomas Heinze ist berührt. Er beugt sich zu dem alten Mann, er hat ein Interesse an diesem Leben. Er deutet auf ein Bild.

»Ist das Ihre Frau?«

»Ille, ja. War eine gute Frau.«

Heinze dreht den ovalen Rahmen um. Er liest vor (Heinze hat die sonore Stimme eines gut ausgebildeten Schauspielers):

»Das ist der Mann, den ich fast überfahren hätte ...«

Draußen kommt der Regen ins Land. Grauer, schwarzer Himmel. Eine junge Frau bringt das Mittagessen – deftig dampfende Linsen, es riecht sofort streng in dem kleinen Zimmer. Die Angestellte erschrickt, weil so viele lebendige Menschen in dem Raum sind. »Entschuldigung« sagt sie und stellt die Linsen und den Pudding auf die freie Fläche des Nachttisches.

Thomas Heinze kümmert sich nicht mehr um PR oder das Mittagessen oder seine Rolle – er will dem alten »Alten« soviel Gutes wie möglich tun. Er will ihn seinen Respekt spüren lassen.

»Das Foto da. Der Mann mit dem Rad im Schnee. Das sind doch Sie.«

Rolf blickt auf das Foto.

Seit 30 Jahren begleitet ihn das Bild.

Querformat, sehr quer. Schwarz und weiss. Schnee-treiben. Wetter, bei dem man die Hunde nicht vor die Tür stößt. Ein Mann schiebt sein Fahrrad in den Schneesturm.

»Nein, das bin ich nicht. Das Foto habe ich von meinem Kameramann gekauft.«

»Aber Sie könnten es sein. Entschuldigen Sie, ich habe nur ...«

»Ja.«

Sie essen Kuchen.

Rolf Schimpf schaut auf.

»Ich bin müde.«

»Verstehe.«

»Schön, dass Du vorbei geschaut hast. Denk dran: Geh nicht an die Front.«

Thomas Heinze ist ein netter Mann. Er weiß gar nicht, wie er den alten »Alten« in seiner schreck-lichen Einsamkeit zurück lassen kann. Gibt ihm verlegen die Hand, umarmt ihn verlegen ein wenig. Dann geht die Tür hinter ihm zu.

Rolf Schimpf lässt sich aus dem teuren Pullover helfen. Er rollt in die Nasszelle. Kommt wieder und erklärt:

»Jetzt bin ich müde. Ich lege mich hin.«

Draußen regnet es.

So what?

21. April 2024. Der Regen geht in Schnee über.

Schwarze Himmel über dem Seniorenheim. Auch in den nächsten Tagen wird sich das Wetter nicht ändern. Die Kälte kommt aus Polen.

Rolf Schimpf weiß das nicht. Er geht nicht zum Fenster, war noch nie auf seinem Balkon. Draußen kann es regnen und stürmen, Sonne oder Mond, Wolken oder blitzeblanker Himmel – es interessiert den Mann nicht, der früher den angelutschten Finger in den Wind gestreckt und den Himmel inspiziert hat – und danach konnte er voraus sagen (aufs Grad und auf die Millimeterhöhe der Niederschläge genau), wie das Wetter in den nächsten Stunden sein würde.

»Er hat heute einen schlechten Tag«, sagt die Pflegerin. Schimpf, gut rasiert und sauber frisiert, liegt im Bett und wird es heute auch nicht verlassen. Er ist zornig, weil nichts so klappt, wie er sich das vorstellt. Die Batterien der Hörgeräte, deutet er an, seien im Arsch. Barbara wechselt die Batterien, er fummelt sich die Geräte an die Ohren. »Jetzt ist es gut«, brummt er, dann passt noch etwas nicht – er fingert an seinen Ohren, und der Kontakt zur Welt reißt wieder ab.

»Scheiße!«

»Hallo!«

»Haallo!!«

»Haaallo!!!«

Mehr kommt an diesem Tag nicht von ihm. Er liegt in einem aussortierten orangefarbenen Ge-brauch-T-Shirt (so etwas hätte er früher nie getragen) da, starrt die meiste Zeit an die Decke, sieht mit wütenden Blicken zu, wie Barbara aufräumt, verweigert das Essen.

»Haaallo!!!«

Nach einer Stunde will Barbara aufbrechen. Rolf Schimpf schreit etwas, das wie »Scheiße!« klingt.

Draußen schneit es.

»Sag mal, von wem sind denn die Blumen? Hast Du Besuch gehabt?«

Er antwortet nicht. Heute will er nicht reden.

Die Pflegerin sagt: »Der ist seit ein paar Tagen schlecht gelaunt. Da kannst nix machen.«

Die Blumen hat die Schauspielerin K. gebracht. Drei orangefarbene kurzstielige Rosen – die hat der *Bild*-Fotograf bei der Tanke gekauft. Dann sind eine Sensations-erfahrene Journalistin, der abgebrühte Knipser und die bunt aufgebrezelte Star-Darstellerin zum Altersheim gefahren, haben wie ein Rollkommando das Zimmer gestürmt, Rolf aus dem Bett geholt, ihn auf dem Gang (da ist besseres Licht und der Raum scheint weiter) an einen Tisch gesetzt. Die K. nebendran, sie hat ein verliebtes Lächeln angeknipst, der Fotograf hat draufgehalten und sich dann verdrückt. Die Journalistin hat sich in Rolfs Zimmer umgesehen.

Dann brachte man den alten Mann zurück. Die Geschichte war »im Kasten«.

Sie ist der »Bild« am 2. Mai eine Schlagzeile wert: *Der Alte: Mein neues Leben mit 99.*

Auf Seite 5 erfährt der Leser:

Ein Bett, ein Nachttisch, Familienfotos, zwei Paar Schuhe im Regal und Schokolade auf dem Tisch. So lebt TV-Star Rolf Schimpf (99, »Der Alte«) in seinem neuen Altersheim.

Es ist eine Geschichte, die tief berührt. Der an Demenz erkrankte Schauspieler musste kurz vor Weihnachten 2023 in ein neues Altersheim umziehen. Viele waren entsetzt, dass ein fast Hundertjähriger sein Zuhause verlassen muss, in dem er sich 14 Jahre lang wohlfühlte ...

Der TV-Star liegt im Bett, hat ein frisches Kragenhemd an. Die Vorhänge sind zugezogen, aber Schimpf ist hellwach. Er richtet sich auf, küsst der Reporterin zur Begrüßung die Hand, fragt dann: »Seid Ihr gekommen, um mich abzuholen?«

Ein Foto belegt, dass die Zuckersüß-K. und Rolf Schimpf an einem Tisch gesessen haben. Der Redakteur hat geschrieben:

Rolf Schimpf mit seiner Vertrauten K., die ihn wie BILD in dem Pflegeheim am Stadtrand von München besucht hat.

Vertraute? Das ist ja nun mal krass falsch. Rolf Schimpf kann die K. nicht ausstehen. »Eine Schlange« sagt er, wenn die Rede auf die Dame kommt.

15. Juni 2024. Schimpfs Flur-Nachbarin, sitzt im Rollstuhl auf dem Gang und ist dankbar für ein Schwätzchen. 95 ist sie, der Körper lässt sie immer mehr im Stich. »Das ist sehr ärgerlich. Im Kopf bin ich wach – und jetzt muss ich zuschauen, wie nichts mehr funktioniert.«

Eigentlich mag sie Herrn Schimpf ganz gern. »Nur wenn er so schreit, weil er nichts hört – dann finde ich ihn nicht nett. Gestern hat er einen fürchterlichen Streit mit den Pflegern gehabt.«

Es gibt Tage, da ist Rolf Schimpf reizend. »Da plaudert er endlos. Ein charmanter Mann.«

»Plaudert« sagt sie. Das Wort hat sie in Franken gelernt, dorthin verschlug es ihre Mutter nach dem Krieg mit den Kindern. »Wir sind aus dem Egerland, lebten zwischen Karlsbad und Pilsen, es war schön dort.«

Sie flohen über Hersbruck in Franken nach Pullach bei München. Dort war sie seither zuhause. 72 Jahre. Anfangs war Pullach »ein schönes Dorf«. Später kam der Geheimdienst, und es wurde manchmal seltsam. »Dann ist mein Mann gestorben. Und jetzt warte ich hier, immer noch Pullach – aber schön ist es nicht. Man muss sich fügen. Es kommt, wie es kommt.«

Letzthin hatte sie einen Plausch mit Rolf. Sie glichen ihre Leben ab. Als sie aus dem Egerland flüchtete, wurde er in der Gefangenschaft von einem Franzosen fast tot geschossen. Als sie sich

mit dem Mann ein schönes Leben in Pullach auf-
baute, krauchte Schimpf von einem kleinen Job
zum nächsten und kam nicht hoch. Als ihr Mann
in Rente war, saß er jeden Freitagabend vor dem
Fernseher und sah Rolf Schimpf beim Ermitteln zu.

»Ja« sagt Schimpf. »Ich war der ›Alte‹, ich war
berühmt.«

Die Frau sah ihn an. Ihr Körper ist hinfällig –
aber die Augen sind sehr lebendig und können
auch sehr spöttisch drein blicken.

»Nein Herr Schimpf, Sie waren nicht berühmt.
Sie waren bekannt.«

Da hörte für Schimpf das »Plaudern« auf.

Heute will er nichts von der Nachbarin hören. Kein
Thema. Heute hat er einen großen Blues.

»Was soll aus mir werden? Wo lege ich meinen
Kopf hin, wenn ich nicht mehr hier bin? Wie ist
es mit dem Sterben? Wo sind die Leute, die etwas
für mich tun? Barbara, wo sind die Leute, die
Freunde?«

»Du bist der letzte Mohikaner, Rolf.«

»Was?«

»Du bist ...«

»Mohikaner. Ja ich bin der Mohikaner.«

Pause. Schweigen. Nachdenken.

»Barbara.«

»Ja bitte?«

»Hast Du noch so eine Schnaps-Praline?«

Der Ort der letzten Dinge

Es sind viereinhalb schleppende Schritte vom Bett zum Tisch.

Im Bett döst er die meiste Zeit. An den Tisch müht er sich, wenn es Essen gibt.

Es sind zehn kleine Schritte vom Bett bis ins Bad. Eine Expedition, auf die ihn manchmal ein Pfleger oder die Freundin Barbara begleitet. Jeden zweiten Tag rasiert sich Rolf. Das sind Höhepunkte seiner Zeit in Pullach.

Alle sechs Wochen schiebt ihn eine Pflegerin zum Friseursalon im Erdgeschoss.

Dann geht es zurück in den zweiten Stock. Er lässt sich in sein Zimmer schieben und steht erst auf, wenn es nicht mehr weit vom Bett ist.

Den Weg von der Zimmertür bis zum Balkon ist er noch nie zu Fuß gegangen. Nicht mit und nicht ohne Rollator.

Von der Zimmertür bis zum Balkon sind es ein Dutzend kleiner Schritte.

Interessiert ihn nicht. Er will auch nicht auf den verglasten Balkon. Die Tür nach draußen soll geschlossen bleiben. Das Fenster auch. Die Vorhänge sind zugezogen. Das Zimmer dämmert vor sich hin.

Auch an diesem Augustsonntag verirrt sich nicht einmal eine Fliege in Rolf Schimpfs letztes Zimmer. In zwei Monaten wird er hundert.

Es ist stickig. Das würgt einem die Luft ab.

Sein letztes Zimmer. Geblieben sind von den vielen Bildern fünf Motive, freudlos gehängt:

»Meeresstimmung« in gekräuseltem Blau. Das Ölbild hat sich Ille 1998 geleistet.

Der alte Mann und der Schnee. Ein Lebensmüder Radfahrer schiebt sein Velo durch einen eisigen Sturm. Die Seeschlacht. Das hat sich Rolf gekauft, als er gar nicht mehr wusste, wohin mit den vielen Gagen. Rolf liebte die Geschichten vom Krieg auf See. Der Zeppelin – der Traum vom Fliegen war immer da, aber Rolf hatte Schiss vorm Abheben. Moderne Zeiten – aus Illes Nachlass ist ein österreichisches Durcheinander in Braun. Ein freches Bild, das hat der Anarcho-Ille gefallen.

In den Schränken hat es nur noch wenig Wäsche. Irgendwie sind die guten Sachen nicht mehr da. Ganz oben, auf einem unerreichbaren Regal, stehen ein paar Bierkrüge aus der ehemaligen Sammlung. Die gute Jacke gibt es nicht mehr, das gute Fernglas ist weg – eigentlich alles weg.

Bis auf ein paar Gürtel, ein paar Batterien, ein paar letzte Bücher.

Viel redet Rolf Schimpf an diesem Sonntag nicht. Er isst Pralinen und trinkt alkoholfreies Bier.

»Na prost«, sagt er.

Großes Schweigen. Dann, aus dem Nichts:

»Wenn Du so lange hier bist wie ich, dann fragste Dich nur: Was haben die mit mir vor? Warum reden die nicht mit mir. Kein Wort reden sie. *Guten Morgen, Herr Schimpf. Wie geht es uns? Haben wir gut geschlafen? Hier ist das Mittagessen. Hier sind die Tabletten für die Nacht.* Mehr reden die nicht. Und Du fragst Dich, wie Du nochmal in ein normales Leben kommst. Aber die reden ja nicht mit Dir. Gar nichts sagen die. Ich weiß schon, warum. Du bist leichter zu handhaben, wennde nix weißt.«

Unten im Park schiebt eine Dame aus dem dritten Stock ihren Rollator über die seit Langem nicht gemähte Wiese. Immer wieder bückt sie sich und rupft ein Löwenzahnblatt aus dem Gras. Noch mühsamer als das Kreuz-Beugen ist das Aufrichten. Schnaufend hält sie sich an den Holmen der Gehhilfe fest, nestelt das Blatt in eine orangefarbene Plastiktüte.

Bald ist Mittag. Sie muss schnell machen. Durch nichts lässt sich die Frau beirren. So hat sie es schon gehalten, als sie am Haus einen kleinen Garten bestellt hat. Sie hat sich gebückt und aufgerichtet. Als sie älter wurde, hat sie sich mit den Händen an die Hüften gegriffen und die Schmerzen weggedrückt. Im Garten gab es keine Klagen.

Jetzt zupft sie Löwenzahn. Die Tüte ist halbvoll, eilig schiebt sie den Rollator auf den Rundweg im Park und trippelt zur Automatiktür des Altersheims. Heute ist niemand an der Rezepzion, sie müht sich zum Aufzug, drückt auf die 3.

Als sie auf den Gang kommt, sieht sie schon die junge Frau, die das Essen auf die Zimmer bringt. Gerade noch geschafft.

Heute gibt es Pfannkuchen mit Heidelbeeren. Naja, am Sonntag hätte sich sich schon über einen Braten gefreut – aber man kann nicht alles haben.

Sie legt die Tüte mit dem Löwenzahn auf den Besucherstuhl. Den bekommt die Tochter am Nachmittag. Die Tochter hat daheim einen Hasenstall, die Tiere mögen den Löwenzahn von der Oma doch so gern.

Pfannkuchen an einem Sonntag. Naja, dann ist es eben so. Seufzend isst sie.

Sie wird sich ein wenig aufs Ohr legen. Später kommt die Tochter, die wird sich freuen.

Die Tochter wird aber nicht kommen. Sie besucht das Altersheim nur noch an Feiertagen, oder wenn die Mama Geburtstag hat.

Und die Tüte?

Bleibt bis zum Abend auf dem Stuhl.

Dann nimmt die Pflegerin sie mit und wirft sie in den Müll.

Das ist Routine.

Letzter Vorhang.

NEIN!

SO NICHT!

SCHLUSSAPPLAUS

Rolf, sag' an

Wieviele Treffen es gewesen sind?

Über den Daumen gerechnet waren es 250.

Fast jede Woche hat Barbara Volkmer in den vergangenen sechs Jahren Rolf Schimpf besucht. Am Anfang sind sie in die Cafeteria des Augustinums gegangen. Das ist ein „Seniorenstift" – Schimpf hat es nicht mehr gemocht, nachdem seine Frau gestorben war. Er nannte das Augustinum verächtlich den „Stall".

Er hat es genossen, wenn er von Barbara in eine seiner Münchner Lieblingswirtschaften eingeladen wurde. Oder sie hat ihm eine Limousine geschickt, die ihn zu einer Barbara-Feier brachte. Sie haben gegessen und getrunken, geschwiegen und geredet, er hat sich mit Barbaras Hund beschäftigt, er hat sich für ihre Kamera in Pose geworfen.

2018 war er ein schmucker Ex-TV-Star mit eleganten Manieren.

Dann haben sie sich eine Weile nicht mehr sehen dürfen. Corona.

Danach war er alt.

Man ging nicht mehr in die Wirtschaft.

Leberkäs' und Alkoholfreies auf dem Zimmer. Eine Rollstuhl-Partie im Park.

Rolf war noch immer ein feiner Mann. Aber ihm sind die Wörter ausgegangen.

Dann wurde er umquartiert. In ein billigeres Heim. Weiterhin: jede Woche ein Besuch.

Vor Corona hat er gerne erzählt. Mal dies und mal jenes.

Alles aus seinem fast hundertjährigen Leben.

Vor fünf Jahren saß man im „Gasthof Hinterbrühl". Rolf war in bester Laune und verschmitzt-klar.

„Frag ruhig, was de fragen willst."

„Wie war das mit Deinem Vater? Haben den wirklich die Nazis..."

„Ja, sie haben ihn umgebracht, die Aasbande. Willst Du es wissen?"

„Das hast Du noch nie in der Öffentlichkeit erzählt."

„Nee."

„Sag, Rolf, dürfen wir das Band anmachen. Dürfen wir Dein Leben aufschreiben?"

„Klar dürft Ihr das. Ihr macht das schon."

Seither läuft das Band.

Und so ist das Interview entstanden. Sechs Jahre Gespräche und Pausen und Reden und Verstummen.

Hundert Jahre Leben! Rolf – wie oft sind da die Wei-
chen gestellt worden?

Rolf Schimpf: Ach weeste: dauernd. Ich geb'
Dir mal ein Beispiel. Ich war elf und ein glücklicher Steppke in Berlin. Wir haben in einer Villa
gewohnt, draußen in Steglitz. Die Villa war wie
ein kleines Schloss, mit so Türmen, und drinnen
gab es so viele Räume, dass Du dich verlaufen
hast. Ich hatte mein eigenes Zimmer und einen
Schrank Spielsachen. Die Kindermädchen waren
meistens nett. Die beste Mutti und den besten Vati
von der Welt hatte ich. Wir Geschwister haben ja
nicht mitbekommen, dass der Vater meiner Mutter oft Kummer gemacht hat, weil er es nicht mit
der Treue hatte. Für uns war er der beste Papa
überhaupt. Fescher Marinekapitän, der die Familie
durch jeden Sturm geführt hat. Und eines Tages
war er tot, wir standen an seinem Grab und haben
nichts mehr begriffen.

Du hast nie viel darüber geredet?

Schimpf: Warum sollte ich? An dem Fall meines Vaters haben sich die größten Historiker die
Zähne ausgebissen. Die Nazis haben meinen Vater
ermordet und die Spuren verwischt.

Damit kennst Du Dich ja aus – mit dem Verwischen
von Spuren.

Schimpf: Kannste wohl sagen. Ich habe das alles
gelernt, als ich der „Alte" war. Es gibt doofe Mörder, es gibt abgebrühte Verbrecher - und das, was

die Nazis mit meinem Vati inszeniert haben, war schon nah am perfekten Verbrechen.

Wie das?

Schimpf: Vati war sozusagen der oberste Spion vom Göring – aber er hat den Braunen nicht mehr gepasst, weil er sich nicht krumm biegen ließ. Und eines Tages lag er mit einer Kugel im Kopf im Grunewald. Ein Staatsbegräbnis hat er gekriegt, dann ist die Leiche verbrannt worden – und der Deckel war druff. Jetzt kommen wir wieder zum Thema zurück: Weiche gestellt!

In der Tat hat der Schauspieler Rolf Schimpf kaum über den Tod seines Vaters gesprochen. Er war ein unverbindlicher, freundlicher Gesprächspartner der Journalisten.

Die kamen auch – in den 1980-ern und 90-ern - nicht sofort auf den Gedanken, ihn zu seiner Vergangenheit in den 1930-er Jahren zu befragen. Die strahlenden Rampenlichter richteten sich auf den Schauspieler Rolf Schimpf, auf diesen wunderbaren „Alten", der über Nacht mit 60 berühmt wurde. Über die Nazis redete man lieber nicht.

Du hast gesagt, diese wegweisende Veränderungen hat es „dauernd" in Deinem Leben gegeben...

Schimpf: Klar. Beispiele: Der Hitler hat die deutschen Soldaten nach Russland geschickt, und mir ist hinten in der Ukraine das Ohr kaputt geschossen worden. Der Franzose hat mich vor

Kriegsende gefangen genommen und mir versehentlich das Bein zu Matsch geschossen. Ich hab' mich in die falsche Frau verkuckt – an sowas haste zu knabbern. Dann hab' ich die richtige Frau getroffen – und das Leben war wie ein Paradies. Wir waren arme Kirchenmäuse – aber das hat uns nicht gejuckt.

Bis Du der „Alte" geworden bist.

Schimpf: Genau. Auch so 'ne Weiche, die der Große Manitou gestellt hat. Eines Tages ruft der Produzent Helmut Ringelmann an und meint, ich soll den „Alten" spielen. Da war ich über 60 und hatte bis dahin als Schauspieler nie den großen Erfolg gehabt. Ich habe es geliebt auf der Bühne und vor der Kamera – aber mein Mann von der Sparkasse hat das Flennen angefangen, wenn er mich gesehen hat. Und dann sagt der Ringelmann, der Schimpf wird der „Alte". Plötzlich ist: alles anders.

Du warst auf einen Schlag berühmt.

Schimpf: Ja, nicht nur. Ich konnte mir leisten, was ich mag. Ich konnte den Anderen die Zeche bezahlen, wenn mir danach war. Wenn ich ein besonderes Fernglas wollte, habe ich es mir geleistet. Ich konnte Ille auf den Händen tragen, wenn mir danach war.

Du hast die Puppen tanzen lassen können.

Schimpf: Halt, mein Freund! Das bin ich nicht. Ich brauche den Roten Teppich und den großen Schwof nicht. Ille war die, die es ins Licht gezogen hat. Ich habe mich lieber am Tisch festgehalten und dem Treiben zugesehen. Ich habe es gemocht, das ich so vor mich hin schmunzeln durfte, wenn die Anderen die dufte Sause hatten.

222 Folgen von der „Alte" mit Dir in der Hauptrolle...

Schimpf: Doll, was? Der Ringelmann hat gesagt, er will den Schimpf, weil er sich auf den verlassen kann. Der kommt pünktlich, der kann seinen Text, der macht keine Zicken. Recht hat er gehabt. Der Helmut war ein großer Menschenkenner.

Ja, das Divenhafte kannte man nicht von Rolf Schimpf. Irgendwie warst Du ein Mann ohne Eigenschaften. Keine Skandale. Keine lauten Interviews. Niemand, der etwas Abträgliches über Dich berichtet hat.

Schimpf: Ach, weeste, ist doch nur normal. Ich bin kein Überflieger und kein Genie. Ich bilde mir nix auf mich ein. Aber ich weiß, was ich kann. Schauspieler ist auch nur ein Beruf. Und dass die Leute nicht schlecht über mich geredet haben, liegt ja auch daran, dass ich nicht schlecht über sie geredet habe. Wobei:

Ja bitte?

Schimpf: Wobei ich ein paar Themen immer in der Öffentlichkeit vermieden habe.

Die da wären?

Schimpf: Ich habe nur einmal übers Jagen mit einem Journalisten gesprochen. Der kam von

einem Fachblatt und hat sich für Sachfragen interessiert. Das war ein angenehmes Treffen, und er
hat alles richtig aufgeschrieben.

*Warum, bitteschön, soll der „Alte" nicht übers Jagen
reden?*

Schimpf: Weil er dann gleich nach dem Weltkrieg
gefragt wird. Nach dem Soldaten-Sein. Vielleicht
recherchiert einer und fragt mich nach meinem
Vater, der von den Nazis ermordet worden ist. Ich
erzähle es – und weisste, was dann in der Zeitung
steht? Der Schimpf is 'n Nazi.

Warum, bitte, soll das einer schreiben?

Schimpf: Das ist so. Ich würde ehrlich antworten
– und damit grabe ich mir die Falle selbst.

Versteh' ich nicht.

Schimpf: Hör zu, ich sag's nicht zweimal. Nicht
mal mit guten Freunden habe ich da drüber geredet, wenn es nicht nötig war. Aber Du hast gefragt – also ganz ehrlich: Ich bin kein Nazi und
habe mit den Gedanken von denen nichts am Hut.
Ich habe mich sowieso immer aus dem Politischen
rausgehalten. Hitler war ein Verbrecher und das
Dritte Reich war ein Verbrecherstaat. Aber die Soldaten – die Soldaten – die...

Red' bitte weiter.

Schimpf: Das waren wir. Nichts haben wir begriffen, wir sind marschiert, weil man es uns gesagt hat. Die Einzigen, auf die ich mich verlassen
habe, waren meine Kameraden. Das einzige Leben,

was ich als 20-Jähriger hatte, war das mit den Kameraden. Und als mich die Granate fast getötet hat, haben die Kameraden mich gerettet.

Warum hast Du nicht irgendwann mal Nein gesagt?

Schimpf: Ich bin kein Nein-Sager. Mir ist es immer darum gegangen, anständig zu bleiben. Das habe ich auch ganz gut geschafft. Ich habe niemanden gelinkt, ich habe nicht groß gelogen, ich habe keinen Scheiß gebaut.

Wir sitzen jetzt hier im Wirtshaus. Man kennt Dich, man mag Dich. Du gehst auf die Hundert zu. Eine ganz schöne Lebensleistung, Respekt.

Schimpf: Ach, hör auf. Es ist keine leichte Zeit. Ich höre ganz schlecht, das Sehen macht Mühe. Die Knochen sind müde. Ille ist tot. Ich bin sehr allein, all meine Menschen sind gestorben. Dafür gibt es nur ein Wort: Scheiße.

Und trotzdem sitzt Du hier, hast Dich rasiert, bist aus dem Ei gepellt und freundlich zu allen.

Das ist doch auch einer von den Momenten, für die sich vieles lohnt. Schau Dich doch mal um: Die vielen Menschen, die lachen und reden. Die Kellnerin mit dem tollen Ausschnitt im Dirndl. Das beste Essen auf dem Tisch. Wie sagt man so schön: Essen ist der Sex des Alters. Und die Erinnerungen, wenn sie gut sind. Ich war ja als Junger schon zweimal tot, ich kann es mir jetzt erlauben zu sagen: Das Leben ist, wie es ist. Man muss drum kämpfen.

Rolf, wie geht's?

Wieviele Treffen es gewesen sind? Über 250 mal hat Barbara Volkmer ihren Freund Rolf in den letzten sechs Jahren besucht.

Am Anfang sind sie in die Cafeteria des Augustinums gegangen. Das Augustinum ist ein „Seniorenstift" – Schimpf hat es zwar manchmal verächtlich den „Stall" genannt – aber es war seine letzte Heimat.

Oder sie waren außerhalb. In einer Wirtschaft, einem Café, einem Biergarten. Einmal holte Barbara Rolf auf eine Party, er genoss es sehr.

2023 bestimmte sein „Betreuer", er solle in ein billigeres Heim umziehen. Rolf landete in Pullach, wo er das Haus seither kaum mehr verlassen hat.

Seit 2018 hält die Fotografin und Rolfs langjährige gute Freundin Barbara Volkmer die Treffen in einem Kalender fest. Entstanden ist das Protokoll des Alterns – und entstanden sind Notizen aus dem hundertjährigen Leben eines Mannes, der nicht aufgeben wollte.

2018

1.8. Wir ziehen von Berlin nach Dachau um. Ich sitze auf einer Kiste und rufe Rolf im Augustinum an. Er brüllt:

„Schimpf!"

Ich brülle:

„Rolf, ich bin's. Babsie."

„Ach, Babsie, toll. Wie geht's in Berlin? Wann ziehste um?"

„Bin schon umgezogen. Bin in Dachau."

„Oh, toll. Kannst mich ja mal besuchen. Is ja nich mehr so weit."

„Ja, Rolf, ist nicht mehr so weit. In einer Woche komme ich."

„Hach, das ist prima. In einer Woche, sagst Du? Am Achten? Wann genau?"

„Zwei Uhr, passt das?

„14 Uhr meinste?"

„Ja, 14 Uhr."

„Dann hol' ich Dich am Empfang ab. Ich freue mich."

8.8. Rolf hat sich für den Besuch eine gebügelte Hose und das gute Sakko angezogen. Er wartet am Eingang, ist sehr galant.

Im Zimmer brüht er Tee auf und serviert feinen englischen Kuchen.

Das Apartment ist sauber und aufgeräumt.

„Funktioniert der Fernseher?"

„Klar. Fax und Computer gehen auch. Das muss heute schon sein. Braucht man wie ein Handy. Sonst biste alt."

Auf dem Balkon steht ein Trimmrad, auf das er sich mit Disziplin setzt und radelt. Das hat er seiner Ille versprochen.

27.10. Rolf geht auf den Balkon – es ist ein goldener Oktober und kräht in Richtung Süden.

„Was haste gesagt, was machst Du?"

„Ich fliege nach Ägypten."

„Ägypten. Prächtig. Da waren wir auch. Pyramiden. Kairo. Nilfahrt. Wunderbares Land. Machste Urlaub?"

„Nein, Arbeit. Ich fotografiere einen Schauspieler."

„Achja. Kenne ich den?"

Er wartet die Antwort nicht ab.

„Schau Dir ja das Tal der Könige an."

24.11. Im Hotel von Luxor klingelt nachts das Handy.

„Ja bitte?"

„Babsie, bist Du das?"

„Ach, Rolf, ja, das bin ich. Ich bin in Ägypten..."

„Ich weiß schon, Babsie. Ist teuer, das Telefonieren. Und spät isses auch. Wollte nur mal
wissen, ob das mit dem Handy auch in Ägypten
funktioniert."

29.12. Zu Weihnachten gibt es selbstgemachte
Marmelade und Kekse, Südtiroler Speck und
Kaminwurzen. Die Plätzchen sind „prima", die
Quittenmarmelade ist „sauer". Also wechselt Rolf
ins Salzige.

„Wo ist denn der Speck her?"

„Direkt vom Markt am Brenner."

„Ja. Hm. Gut, gut." Mit einem scharfen Jagd-
messer schneidet er liebevoll hauchfeine Scheiben.
„Ganz hervorragend. Brenner. Jaja – das erkennt
man doch gleich."

Er liest mir aus Kunstbüchern vor. Gulbransson
mag er. Picasso besonders, wenn das Bild blau
ist. Er erzählt von einer Bilder-Ausstellung seines
Kollegen Carl Heinz Schroth im Arabella in München – da hat er dem Freund gleich mal einen Öl-
schinken abgekauft.

Ja, das Kunstvolle liebt er.

Er geht zum Schreibtisch, holt sein Swarovski-
Fernglas. „Ist teuer gewesen – aber jede Mark war
das wert."

Früher hat er es für die Jagd gebraucht. Und jetzt?

„Kiek mal in die Fenster, mach' ich auch manchmal."

Wie bitte?

„Naja, wenn nüscht im Fernsehen kommt."

2019

1.1. Er hat den Blues. Hat schlecht geschlafen, wegen der Knallerei.

„Die Raketen – das ist doch wie im Krieg."

„Jetzt übertreibst Du."

„Und wenn schon."

Später beruhigt er sich. Mit Ille, erzählt er, hat er gerne ins Neue Jahr gefeiert. Manchmal musste man auch drehen. Da gab es nicht mal einen Sekt.

Er deutet auf eine Fotografie seiner Frau.

Die Ille!

Sie liebte großen, auffälligen Schmuck, gerne Modeschmuck, besonders große Ohrringe und Ketten; sie ging gerne stundenlang shoppen. Extravagant war sie. Einmal kaufte sie sich türkisblaue Pumps, mit denen sie über den roten Teppich stolzierte. Dazu ein kleines Schwarzes - aber jeder guckte auf die Schuhe. Sie sagte: „Dit is der blaue Panther. Da passen doch die hohen Hacken."

Klamotten, Gewürze, Kunst, Trödel... nichts war sicher.

„Was kostet das?"

Immer war's zu teuer. Immer musste gehandelt werden.

Wenn sie was „geschossen" hatte, rief sie an...

Rolf und ich quatschen an diesem ersten Januar zwei Stunden über Ilse Zielstorff, über seine Ille.

Er erzählt. Dann schweigt er wieder. Dann kommt wieder so eine Geschichte.

„Rolf, Du bist jetzt..."

Weiß schon, weiß schon, ich bin ein alter Sack."

„94 bist Du jetzt. Du solltest langsam die Geschichten über Dein Leben aufschreiben lassen."

„Meinste?"

„Ja, ich meine. Bald biste hundert."

„Stimmt. Dann wird das jetzt aufgeschrieben. Frag' mich – dann erzähl' ich's Dir."

31.1. Gut, reden wir nochmal über Ille.

Sie liebte ihre Auftritte.

Sie gurrte und säuselte, sie keifte und flüsterte laut – und wenn ihr nach Ausflippen war, überschlug sich ihre Stimme. Da war sie besser als die von ihr hochverehrte Ida Ehre.

Ille konnte singen und tanzen – das Tanzen liebte sie besonders.

Sie konnte Stimmen imitieren (Schweine, Hühner, Kühe, Katzen); sie ging auch gerne mal als Heidi Kabel ans Telefon.

„Kaabel!?"

„Wen wolln Sie s-prechn? Schimpf?! Nee. 'n Schimpf hammer nich. Hier is Kaa-bell."

Der Anrufer legte auf.

Es klingelte wieder. Jetzt war der Schwabe Schimpf dran.

„Haalo, grieß Gott. Wia? Sie went wen spräche? Schimpf? Mir hent koin Schimpf do hanne. Falsch verbonde."

Und der Abend war gerettet.

Einen Dialekt musste sie nur einmal hören – dann ging es auch schon mit ihr durch. Sie brachte alle zum Lachen. Für alle witzigen Einlagen war sie zu haben, konnte pfeifen und bellen, wie eine Sirene tröten, wie ein Elefant trompeten... Und sie konnte bellen!

Und wie!

Wenn Ille ihren Mann – er war wegen einer Kriegsverletzung auf einem Ohr so gut wie taub - auf einer Gala oder im Theater verloren hatte, bellte sie. Wenn es also im Zirkus Krone bei „Stars in der Manege" (oder bei den Salzburger Festspielen) bellte, war das in der Regel Ilse Zielstorff.

14.2. „Deine Ille hat den Luxus gemocht, oder?"

„Ja. Das war schön, als wir uns die Dinge leisten konnten."

Ein besonderer Laden war das extravagante „etcetera", geführt von Meisi und Helmut Grill, in der Münchner Wurzerstrasse, gleich neben dem Hotel „Vierjahreszeiten".

Dort bekam man Besonderes. Geschirrtücher

mit Anarcho-Aufschriften. „Eine Hand wäscht die andere". „Nicht mit mir". Satirische Bavarica, „schräge" Waren. Einen Mülleimer, auf dem stand „Haltet Bayern sauber".

Hier trafen sich die Querköpfe der Stadt und kauften, was das Zeug hielt. Alle kamen: Loriot und Lohmeyer, Janosch und Flora, Ungerer und Ude, Helnwein und Hurzlmeier. Und natürlich Ille und Rolf Schimpf, der jüngste „Alte" von München.

Bei Meisi Grill war Vernissage – und wer bellte mit?

Ille, die mal wieder den Rolf verloren hatte.

Im „etcetera" kauften sich die Schimpfs auch den einen oder anderen Paul Flora. Den liebten sie so sehr, dass ihnen das Kichern nicht verging, wenn sie tagtäglich auf die Bilder kuckten. Und wenn ein Bild langweilig wurde, dann tauschten sie es gegen ein neues aus.

Auch am „Wilderer Stammtisch" im etcetera fehlten Rolf und Ille nie. Das passte so gut, denn Rolf war ja passionierter Jäger.

28.2. „Manchmal ärgere ich mich übers Alt-Werden."

Schimpf nestelt an seinem Hörgerät, und nichts will klappen.

„Das ist saublöd. Früher war ich so geschickt."

Rolf liebte das deutsche Museum. Dort verbrachte er Tage. Technik, Mechanik - alles fand er so spannend, dass er die Zeit vergaß. Er liebte die olle JU 52 und alles, was fliegt.

Technik und wie sie funktioniert, damit konnte er sich immer beschäftigen. Die Freunde bewunderten, was für ruhige Hände er hatte.

„Kleine Dinger fummeln, das habe ich immer geliebt."

2.3. Besuch bei Rolf. Er ist mies drauf.

16.3. Besuch bei Rolf. Er sagt, dass er den Winter satt hat.

23.3. Besuch bei Rolf. Er sagt, dass wir mal wieder in die Wirtschaft gehen sollten.

3.9. Insektenplage in Rolfs Zimmer. Er ruft an: Ich soll was gegen Fliegen mitbringen.

7.9. Besuch bei Rolf. Es sind keine Mücken, in der Wohnung wimmelt es von Motten. Überall sitzen sie, überall fliegen sie, Larven in allen Räumen. Eine biblische Plage. Das wird ein großer Kampf. Rolf und ich stehen auf dem Balkon und sehen durchs Fenster zu, wie Detlef zwei Dosen Insektenspray in den Räumen verteilt. So!

„Dann sind'se wohl alle tot. Wa?"

16.9. Sie sind wieder da! Nicht so viele wie vor einer Woche. Aber: großer Kampf. Während ich wische und schrubbe und tote Motten entsorge, trinkt Rolf Tee und isst den mitgebrachten Kuchen.

„Fein."

23.9. Diesmal ist es nur noch das Schlussgefecht. Die letzten Motten: ab mit Ekel!

30.9. In München ist Wiesn – und Rolfs Wohnung ist mottenfrei.

Hurrah!

9.11. Besuch bei Rolf. „Kommste zu meinem Geburtstag?"

„Ich komme zwei Tage danach. Ich glaube, zum Geburtstag kriegst Du Besuch. Dein Betreuer und so."

„Ach, geh mir mit denen. Die kommen sonst auch nicht. Die lassen sich nur am Geburtstag blicken."

16.11. „Wie der Geburtstag war? Ich weiß nicht mehr."

Kein guter Tag.

Rolfs Sohn Daniel ist aus Berlin gekommen.

Wir gehen spazieren. Rolf sagt, „wir bringen die Babsie zum Auto". Trotz des Rollators kippt er nach hinten. Er blutet aus dem Ohr, er schreit

„Aua!", wir rufen den Rettungswagen. Er kommt nach zehn Minuten – in dieser Zeit schreit Rolf unaufhörlich. Man bringt ihn ins Krankenhaus. Am Abend dann Entwarnung.

18.12. Seit dem Aufenthalt in der Pasinger Klinik ist Rolf nicht in Form. Er ringt um die Wörter. Heute fällt ihm „Tintenfisch" nicht ein, das macht ihn wütend.

26.12. Die Sprache ist zurück. Rolf zitiert Valentin: „Früher war die Zukunft besser."

Er erzählt aus der Ehe.

Ille liebte es, sich in der Gruberfarm am Tegernsee verwöhnen zu lassen. Das mochte er auch – schließlich konnte er in dieser Zeit auf die Jagd.

Und sie beide liebten Sylt. Immer wieder Sylt.

Stundenlang gingen sie am Strand lang. Mit dem Wind, gegen den Wind. Spazierengehen war sowieso ihr Ding. Oder Radfahren. Am Isar-Hochufer nach Süden und auf dem Rückweg in den Biergarten der Menterschwaige. Dann hat jeder sein Buch aus dem Rucksack gezogen, und sie haben geschmökert – mein Gott, was sie für Leseratten waren!

Oder sie haben die neuen Rollen durchgesprochen. Einmal wurde sie für einen wunderbaren Film engagiert. „Das Deutschlandspiel". Regie: Hanns-Christoph Blumenberg. Peter Ustinov spielte mit. Und Rudolf Wessely. Sie, Ilse Ziel-storff, war Margot Honecker.

Das Blut fror einem, so gut spielte sie.

Euphorische Kritiken.

Und wenn sich Rolf mal wirklich über seine Ille ärgerte, zischte er (manchmal schlug er dabei gar die Hacken zusammen): „Jawoll, Frau Honecker!"

2020

8.2. Die Bewohner des Augustinums sind im Haus „gefangen" – draußen ist es klirrkalt und gefähr-lich glatt. Rolf deutet auf ein Foto im Flur. Es zeigt einen uralten Mann, der sein Rad durch einen Schneesturm schiebt. Rolf sagt:

„Und da draußen ist das gleiche Scheiß-Wetter. Der Winter ist nix für Alte."

15.2. Daniel ist zu Besuch. Vater und Sohn haben sich nichts zu sagen.

Rolf zieht mich am Ärmel.

„Versprich mir, dass Du nächste Woche kommst. Alleine."

Auf der Heimfahrt erinnere ich mich, wie ich die Schimpfs kennen lernte.

1983 war das. Da wohnten Ille und Rolf am Starn-berger See. Rolf ging regelmäßig zum Schwim-men.

Meine Mitbewohnerin Bina hatte mit Ilse Ziel-storff in Hamburg Theater gespielt. Das Stück hieß „Napoleon in New Orleans".

So kam es, dass Ille nach dem Gastspiel in Hamburg zusammen mit Rolf bei uns in der WG auftauchte.

Bina zeigte den Schimpfs Porträts, die ich gerade von ihr gemacht hatte. Wir saßen in der Küche, tranken Tee – und Ille meinte. „Solche Fotos hätten wir auch gerne."

„Super."

„Aber," mischte sich Rolf ein. „Babsie, bisher haben wir in der zweiten Reihe gespielt!"

„So what?" (das sagte die „Babsie", die zu dieser Zeit noch in der dritten Reihe spielte).

Beide waren charmant und gerade heraus. Ilse, von ihrem Mann auch liebevoll „Möppel" genannt wurde, hatte viele amüsante Spleens.

Sie aß für ihr Leben gerne Blaubeeren und dachte immer, etwas hinge zwischen den Zähnen.

Das wurde unser running gag beim Fotografieren.

„Ille, Vorsicht, Blaubeeren!"

„Au, Kacke!"

Vor dem ersten Mal hatte Rolf ein Bärtchen. Das wurde fürs Foto weggeschabt. Und so habe ich die ersten Bilder vom späteren „Alten" ohne den typischen Schnauzer gemacht.

Die Fotos halfen, dass Rolf Schimpf seine Rolle in

der Fernseh-Serie „Mensch Bachmann" bekam. Er schickte die Porträts an den Produzenten Helmut Ringelmann. Der sah etwas Vielversprechendes in dem Schauspieler und engagierte Rolf.

Dann war es vorbei mit der zweiten Reihe.

Nach „Mensch Bachmann" kam „Der Alte". Plötzlich war Rolf Schimpf berühmt.

Er zog mit Ille in den Süden von München. Denn jetzt gab es ganz viel Arbeit – da war es gut, wenn man in der Nähe der Bavaria Studios wohnte.

22.2. „Rolf, weißt Du noch, wie Ihr mir damals geholfen habt, als es mir dreckig ging?"

„Klar weiß ich das. Du warst arm dran. Wie eine Kirchenmaus."

1995 hatte ich ein schweres Jahr. Meine Agentin hatte mich betrogen, ich konnte meine Miete nicht zahlen.

Da kamen Rolf und Ille in der Sternstraße vorbei - mit einem Fresskorb. Für meinen Hund Iggy gab es Wienerle. Für mich die obligatorischen Handtücher: „Nicht mit mir" und „Eine Hand wäscht die andere". Leckereien vom Dallmayr - und ein Kuvert mit 200 Mark und einem liebevollen Brief. Ich war gerührt.

Rolf schmuste mit Iggy, legte sich bäuchlings bei mir im Studio auf den Fußboden, spielte mit dem Hund und steckte ihm ein Würschtel in die Schnauze.

Und sie haben sich weiter gekümmert.

Ille rief an und erkundigte sich immer wieder, wie ich wieder auf die Beine käme.

Im Jahr drauf klingelte am Ostersonntag das Telefon: „Babsie bist Du da? Rolf und icke wollen vorbeikommen?" Dann standen sie schon vor der Tür. Feierten mit mir russische Ostern. Wodka und Kaviar. Es musste schließlich eine Mietdroschke bestellt werden.

Rolf erinnert sich an diesem Februartag sehr gut. „Wenn Ille helfen wollte, war sie großartig. Ich habe das geliebt."

Es ist ein schöner Besuch an diesem 22. Februar. Wir machen Quatsch mit einem orangefarbenen Hut. Wir essen gut und haben Spaß beim Fotografieren.

„Jetzt ist bald Schluss mit dem Winter. Dann können wir in den Biergarten."

„Auja, Biergarten wäre fein. Und vielleicht mal Schwabing. Ich mag Schwabing im Frühjahr."

„Ja, Rolf – nicht mehr lang, und wir fahren nach Schwabing."

21.3. Nix Schwabing!

Corona. Quarantäne. Lockdown. Masken-Menschen. Das Augustinum wird zur Geschlossenen. Wir telefonieren. Rolf versteht nicht, was los ist. Er fragt, ob ich morgen komme. Oder übermorgen.

Oder wenigstens Anfang nächster Woche. Corona, Corona, Corona – was soll der Scheiß?

Rolf ruft oft an, manchmal mitten in der Nacht. Er verzweifelt; will wissen, was eigentlich los ist in der Welt.

6.5. Erster Besuch nach dem Lockdown. Alle haben Angst. Er ist sorgsam angezogen und verwirrt. Will mich nicht loslassen.

Er hat keine Wörter.

„Rolf, wie geht es Dir? War es schlimm?"

Er tastet nach meiner Hand.

„Babsie."

Sein erstes wirkliches Wort nach Corona.

Ein Pfleger kommt und sagt:

„Ach, Rolf!"

23.5. Er ist noch immer sehr beschädigt. Wir wollen ein Selfie machen, dem Gerät geht der Strom aus; Rolf verzweifelt, ein Desaster ist das Ganze.

„Was wird mit mir?"

8.8. Rolf ist nicht auf seinem Zimmer – man findet ihn endlich im Casino. Er wartet aufs Mittagessen. Aber das ist schon vorbei.

10.10. Der Sohn ist da. Rolf will, dass ich dabei bin.

Zwei Menschen. Keine Wörter.

14.11. „Was haste denn da?"

Weißwurst und Brezn. Wir sieden die Würste, sie kommen mit süßem Senf auf den Teller. Er setzt sich an den Tisch und beginnt. Wenn Rolf ,Weißwürscht' behandelt, hat das etwas Rituelles. Er schneidet sie längs an, schiebt mit dem Messer das Fleisch aus der Haut. Filetiert appetitliche Happen, die er durch den Senf zieht. Dann isst er. Großer Genuss. Oh, ist das gut!

Er schließt die Augen.

„Danke."

28.12. Zum letzten Mal in diesem Jahr im Augustinum. Ihn interessiert nicht sehr, dass das Jahr zu Neige geht. Was ihn immer interessiert: Wann er den Hundertsten hat.

Auf der Heimfahrt denke ich darüber nach, was für ein großartiger Mann er immer gewesen ist.

Weil Ille und Rolf erst spät zu guten Gagen kamen, hatten sie zwei Lebensabschnitte.

Anfangs mussten sie mit dem knausern, was sie so verdienten. Das war manchmal arg wenig.

Dann ist er der „Alte" geworden. Geld spielte keine große Rolle mehr. Sie verwöhnten ihre Freunde, die Verwandten und Bekannten und Teammitglieder mit kleinen Präsenten.

Rolf verschenkte Bücher und Erstausgaben, hörte genau zu, wenn man über Filme, Platten, Inszenierungen und Reisen erzählte.

Er merkte sich, was sich die Freunde so wünschten.

Und eines Tages lag bei ihnen ein Kuvert im Briefkasten, oder der Postbote stand mit einem Päckchen vor der Tür.

Seine Geschwister Hans, Ulla und Dieter wurden immer von ihm bedacht. Rolf war einfach großzügig.

Wenn Ille und Rolf jemanden mochten, waren sie helfend und treu.

Er hielt sich gern im Hintergrund. Für die großen Auftritte hatte er ja Ille. Und sie war eine perfekte Managerin der Karriere.

Sie war herzlich, frech, schnell im Kopf, informiert. Ille, die Netzwerkerin, wusste immer, wer wo was drehte.

Sie saß im Funk gerne nach getaner Sprechrolle in der Kantine, hörte den Kollegen genau zu - und war dann informiert.

So steuerte sie Rolfs und ihre Karrieren durch die Jahre.

2021

14.2. „Warum bringste Blumen? Hab' ich was verpasst? Ist wer gestorben?"

„Nee, Rolf. Die sind für Dich. Heute ist Valentinstag."

„Valentinstag. Ja. Da habe ich für Ille immer den Fleurop kommen lassen."

Das ist jetzt so ein Moment, in dem Rolf seine Trauer nur in den Griff bekommt, wenn er sich an die guten Zeiten erinnert.

„Da war diese Tänzerin, diese Lebenskünstlerin. Valeska Gert hieß sie. Das war vielleicht eine Nudel."

Ein paar Jahre führte sie in Kampen auf Sylt ein originelles Lokal, den „Ziegenstall". Sie selbst nannte sich die Katze von Kampen.

Ille freundete sich mit ihr an. Da hatten sich zwei gefunden.

„Ich hatte Valeska zum ersten Mal im „Hexen-kessel" in Berlin gesehen, wo ich verbotenerweise reingewitscht bin, denn ich war zu jung. Tucholsky nannte sie 'ne dolle Nummer. Das wollte ich sehen. Sie war offen und voller Vertrauen, fragte mich aus, und ich gab an wie ein Sack Sülze, dass ich Schauspielerin werden will.

Sie schmunzelte nur. Sie war ein Ereignis und sie mochte mich Kleene.

Ich wurde Schauspielerin und als ich las, sie sei auf Sylt, suchte und besuchte ich sie. Jede Saison war ich da – ich spülte auch mal ab, wenn die Groschen sehr knapp waren, wenn ich ein Engagement hatte, schrieb ich ihr eine Karte."

6.3. Rolf führt aus. Wir gehen ins Casino, es gibt Kaffee und Torte. Am Nebentisch sitzen drei aparte Damen. Sie tuscheln, dann steht eine auf und kommt an unseren Tisch. Sie guckt streng drein.

„Guten Tag, Herr Schimpf. Guten Tag, die Dame. Ich hab' da mal 'ne Frage."

Ja bitte.

„Sind Sie die Freundin von Herrn Schimpf."

Ach du Schreck! Was soll man da sagen?

„Äh, nein."

Im Abgehen sagt die Dame „Gut so!"

Rolf ist so entzückt über die Szene, dass ihm der Kuchen von der Gabel fällt.

„Hättest ruhig Ja sagen dürfen. Das wäre ein Spaß. Hier sind zu viele Damen unterwegs."

3.4. Es gibt was zu erzählen. Rolf war am Karfreitag beim neuen Pferd des „Betreuers". Er ist immer noch ganz hingerissen von der Begegnung mit dem Tier. Diese klugen Augen. Die weichen Nüstern. Das Vertrauen, das sofort da war.

„Im nächsten Leben werde ich Pferdeflüsterer. Da haben alle was davon."

10.4. „Babsie, das Leben wird jeden Tag schwieriger!"

Wie er das meine?

„Die Teekanne ist jetzt auch im Arsch."

Über die Jahre hat sich Rolf mit dem Tee-Ritual seine kleine Flucht aus dem bösen Alltag geschaffen. Jetzt hat die Glaskanne einen Sprung. Und das Ritual ist – so klagt er – für immer perdü.

„Ach, Rolf, das ist nicht so schlimm. Ich kaufe eine neue und bringe sie nächste Woche mit."

„Wenn ich Dich nicht hätte! Weißte, was wir jetzt machen?"

„Was denn?"

„Ich zieh' mir was Schickes an, und wir gehen ins Casino. Dann isses halt heute kein Tee – dann isses Kaffee."

17.4., 24.4., 1.5., 8.5., 15.5., 22.5. Eine schlechte Zeit. Rolf hat Schwierigkeiten beim Sprechen, das Hörgerät funktioniert oft nicht. Er ist im Zwist mit dem Pflegepersonal. Der Mann, der sonst immer auf gute Kleidung achtet, bleibt auch tagsüber im Schlafanzug, die Hose hat Brandflecken – ein Unfall mit dem Wasserkocher.

Rolf flucht viel.

12.6. „Die Frau ist in Ordnung."

Eine neue Pflegerin kümmert sich um Rolfs Etage. Sie behandelt ihn liebevoll. Wenn sie etwas sagt, versteht Rolf die Sätze. Eigentlich hat sie keine Zeit – aber ein kleiner Plausch ist immer drin. Rolf nippt am Eierlikör und sagt: „Es könnte schlimmer sein. Ich bin zufrieden."

3.7. Am Vorabend hat er noch angerufen.

„Wann kommste morgen?"

„Um zwei. Wie immer."

Ich bin pünktlich. Klopfe. Niemand macht auf. Kein Geräusch aus der Wohnung. Eine Pflegerin kommt mit dem Schlüssel.

In der Wohnung ist keiner.

Im ganzen Augustinum: kein Rolf Schimpf.

Ich fahre nach Hause. Abends rufen sie aus dem Seniorenheim an. Er ist wieder da. Sie haben vergessen mich zu informieren, dass Rolf zur Urnenbeisetzung seines Bruders Dieter geholt worden ist.

10.7. „Rolf, wo warst Du denn letzte Woche? Ich habe Dich besucht, aber Du warst nicht da."

Er will nicht drüber reden. Entschuldigt sich wieder und wieder. Er hat Angst, dass ich ihm etwas übel nehme.

„Du kommst nächste Woche. Versprochen?"

Ja. Versprochen.

31.7. „Rolf nächste Woche ist Party bei mir. Du bist Ehrengast. Ich schicke Dir einen Fahrer."

„Oh, das ist toll. Was soll ich anziehen? Ich suche das raus und lasse die Sachen reinigen. Schreibst Du mir bitte den Termin auf. Große Buchstaben bitte."

Er klebt den Zettel an die Wand und freut sich wie ein Kind auf Weihnachten.

5.8. Einer der ersten Gäste:

Rolf Schimpf.

Leinenjanker, bayerisch-edel. Helles Hemd. Helle Popelinehose. Leder-Turnschuhe. Frisch vom Friseur getrimmtes Haar, gepflegter Schnauzer. Spazierstock (ein Erbstück, aus dem man ein Florett machen kann).

Prächtige Laune. Neugierige Augen (so wohnt sie also, die Babsie).

Ein Rolf Schimpf kommt nicht ohne Geschenk. Diesmal ist's eine bibliophile Rarität – Reportagen von Egon Erwin Kisch. „Den magste doch."

Er genießt das Fest. Plaudert mit allen – vor allem mit den Frauen gibt es viel zu bereden.

Es gibt Roastbeef mit diversen Dips, italienische Spezialitäten, Baguette aus einer französischen Bäckerei, Tiramisu, Zwetschgendatschi, die Schauspielerin Jutta Speidel hat extra Kuchen gebacken. Eis und Pralinen aus Zürich. Es gibt Champagner und Bier und Grappa.

Rolf lässt nichts aus.

Er ist der Star des Abends. Ein eleganter, charmanter Mann, in dessen Nähe sich jeder wohl fühlt.

Und manchmal fragt ein Gast: „Sag' mal, wie alt ist der Rolf?"

„Bald 97."

„Wahnsinn! Das ist echt der Wahnsinn!"

Um halb elf zupft er mich. „Babsie, jetzt werde ich ein bissl müde. Ich werde fahren."

Man bringt ihn zur Limousine, er steigt würdevoll ein, noch ein kurzes Winken mit einer Hand (die Queen kann es nicht besser), dann schließt der Chauffeur den Schlag.

Wir winken, der Wagen verschwindet in der regnerischen Sommernacht.

Alle sind sehr gerührt und reden darüber, was das für ein schönes Erlebnis gewesen ist:

So einen außerordentlichen Menschen getroffen zu haben.

14.8. Augustinum. Rolfs Wohnung.

„Das war eine schöne Feier, Babsie. Das machen wir bald wieder, ja?"

Herbst Ihm hat die Feier so gut getan. Er muss manchmal raus, unter die Leute. An Sonntagen führen wir Rolf von nun an zum Mittagessen aus. Um halb zwölf Uhr wartet er am Hintereingang des Augustinums, er ist immer überpünktlich. Sorgfältig gekleidet, schick behütet, festen Schritts den Rollator bugsierend.

Wir fahren durch den Süden der Stadt. Passieren mehrere Kliniken, in denen er als Patient gastiert hat. Wegen des Magens, wegen der Augen und der Ohren, wegen der Schultern und der Knie. Er deutet auf die Krankenhäuser, benennt seine Krankheiten und erinnert sich an die behandelnden Professoren.

Wir kommen an einer kleinen Straße in Thalkirchen vorbei, er jauchzt jedes Mal auf, weil dort sein Büchsenmacher das Waffengeschäft hatte. Rolf zählt die Gewehre auf, die sein Leben begleitet haben.

31.12. Feier im Augustinum. Champagner.

„Mir geht es gut. Babsie, auf ein schönes Neues Jahr!"

Gutes Neues, Rolf.

„Is ja nicht mehr lang."

Was, Rolf?

„Nicht mehr lang – dann bin ich hundert."

2022

Jede zweite Woche im Wirtshaus. Die Bedienungen freuen sich, wenn Rolf in die Stube rollert.

„Ja, der Herr Schimpf. Auch wieder da. Was mög'n wir denn heut'? Ein Bier zuerst einmal, gell?"

„Wie bitte?"

„Achso, Entschuldigung. EIN BIER, GELL?"

Bier, ja.

Dann gibt es Schweinebraten oder Ente mit Knödeln. Blaukraut. Lachs mit Reiberdatschi. Matjes. Schwäbische Platte.

In der Saison nimmt er Spargel. „Den rücken'se im Augustinum nicht raus. Ist ihnen wohl zu teuer."

Er erzählt, wie gern er immer gekocht hat. Im Regal steht das alte handgeschriebene Rezeptbuch von der Mutter. „Sie hat alles gekonnt. Sogar das Marzipan hat sie selbst gemacht."

Rolfs Mutter Gretel kochte grandios, er machte es ihr nach. Er stellte sich jede Woche mit dem Rezept des legendären Wolfram Siebeck aus dem „Stern" an den Herd und kochte das Menü nach. Ille setzte da mehr aufs kreative Chaos. Sie war ein bisschen wie der dänische Koch von den „Muppets". Warf die Zutaten in die Höhe, rief „römtömtömtöm", fing die Zutaten mit der Pfanne auf und brutzelte los. Das Ergebnis: immer für eine Überraschung gut. Rolf Schimpf über seine Frau: „Sie kocht fast tadellos! Soßen, Hasenfutter und Nudeln kann sie."

Und sie verstand sich auf fesches Ausgehen. Mich führten sie ins Tal zum „Schneiderbräu" und auch zum „Ederer". Da liebten sie das Schnitzel.

Und wenn sie es sich leisten konnten, war es der Winkler, der Witzigmann, der Bräuer, das Humpelmayr, das Tantris.

Sterneköche und Sterneküche.

Rolf sagte immer:

„Schwere Jahre zählen doppelt!" Und freute sich, dass er seine Ille endlich nach Herzenslust ausführen konnte.

Im Jahr 2022 genießt er die Ausflüge in seine Lieblingslokale im Münchner Süden.

Am liebsten ist er in der Harlachinger Einkehr. Dort kennt man ihn noch aus der Zeit, als er mit Ille geradelt kam.

Am 15. Mai fahren wir auf die Einkehr zu, 200 Meter vor der Wirtschaft kollabiert der Wagen. Totalschaden. Ich und das Auto werden vom ADAC abgeschleppt, Detlef und Sputnik fahren Rolf im Taxi zum Augustinum und schlagen sich mit der S-Bahn nach Dachau durch.

Einen Monat später wird Sputnik eingeschläfert. Krebs, an allen Stellen.

Rolf ruft jeden Tag an und redet über den Hund.

In der Wirtschaft gibt es nur zwei Themen: kaputte Autos und der Tod des Hundes.

Einmal fällt der geplante Besuch flach, weil sich Rolf wundgelegen hat.

„Ich werde alt."

„Ach, red doch keinen Quatsch. Aber, à propos: Wie oft hast Du Dich impfen lassen?"

Er sieht mich mit seinen blauen Augen an. Ist da was Verschmitztes? Oder doch etwas Renitentes?

Auf jeden Fall blitzen die Augen.

„Impfen! Geh mir weg! Ich lass' mich doch nicht impfen. Wir kennen doch die Spätfolgen nicht."

23.10. Mit Rolf vor der Urne seiner Frau am Friedhof. Es schnürt einem die Kehle zu. Vielleicht später mehr.

Abends telefoniere ich mit meiner besten Freundin. „Manchmal bin ich richtig wütend auf mich. Ich sehe Rolf an einem schlechten Tag, sehe, wie einsam er ist und wie der Körper ihn im Stich lässt. Dann denke ich, der Mann hat so vieles überlebt, jetzt überlebt er sich selbst. Das ist so ungerecht."

Sie sagt: Aber es gibt doch auch gute Tage."

„Ja. Dann ist er froh, und ich bewundere ihn. Und ich bin wütend auf mich selbst – wegen meiner Gedanken über die Ungerechtigkeit."

31.12. Rolf im Augustinum besucht - mit 'ner Buddel Champagner. Er ist fröhlich.

2023

Er will nur noch in die Harlachinger Einkehr. Da kennt er die Menschen, das kommt er mit dem Rollator klar. Keine Experimente.

4.3. Das Essen ist prima, aber Rolf geht es schon vor dem Apfelstrudel nicht gut. Er will schnell ins Augustinum zurück. Ich rufe an, eine Pflegerin möge ihn bitte am Hintereingang abholen.

Jämmerlich steht er neben dem Wagen.

„Entschuldigung, dass ich Dir das Essen versaut habe."

„Ist nichts passiert, Rolf. Jetzt schlafe Dich gesund. Nächste Woche bin ich wieder da."

„Ich freue mich, Babsie."

Zwei Tage später ruft er an, er wolle nicht mehr ins Restaurant. Dafür sei er wohl zu alt.

Vielleicht, wenn es etwas zum Feiern gibt.

Naja, dann schon.

Und auf jeden Fall zu seinem Hundertsten.

19.3. „Babsie, ich habe kein Geld mehr."

„Wie bitte? Das kann nicht sein. Du hast doch die Karte, und unten gibt es einen Automaten. Da gibt es immer Geld."

„Ich habe keine Karte mehr. Ich kann mir nicht mal 'n Keks kaufen."

Es ist wirklich nichts da. Leere im Portemonnaie. Kein Glück mit der Karte, kein Glück mit dem Pin.

„Hier hast Du mal 50 Euro – wir sehen nächste Woche weiter."

26.3. 50 Euro Taschengeld.

Es ist ein Desaster. Der Mann, der mehr als 20 Jahre lang einer der Bestverdiener im deutschen Fernsehen war, kommt nicht mehr an sein Geld. Er ist schon glücklich, wenn ich ihm am Sonntag 50 Euro zustecke und den Kühlschrank auffülle.

Sein „Betreuer" windet sich am Telefon. Er könne auch nicht erklären, wie es zu dieser Situation gekommen sei. Der „Betreuer" sagt – und sein fränkischer Akzent klingt sehr drohend:

„Es is nix mehr da. Vielleicht hat er die Damen zu oft zum Kaffee und Kuchen eingeladen."

Später erklärt er (das Fränkische klingt in diesem Augenblick fürchterlich schäbig), er sehe sich nach einem neuen Heimplatz für den Rolf um. Das komme alles viel zu teuer, mit der Zeit.

Man spart.

Auch die Infusionen, die Rolf Schimpf immer sehr geholfen haben, bekommt er nicht mehr.

Kleine Misshelligkeiten werden zu Unglücken. Einmal hat er kein Toilettenpapier mehr. Kann sich auch keines im Laden kaufen.

Rolf ist sehr zornig.

27.5. Rolf ruft an, wo ich bleibe, er will nicht zum „Treffpunkt".

Treffpunkt.

Das ist eine Beschäftigungstherapie im Keller des Augustinums. Da soll Rolf auf Knöpfe drücken, wenn er ein Tier erkennt. Oder er soll an einem Stein rumschnitzen. Oder einer liest einen Schwachsinn vor.

„Ich bin doch nicht blöd. Und ein Kind bin ich auch nicht. Die wollen mich ruhig stellen hier. Ich muss hier weg."

Ich besuche ihn, in seinem Gesicht wütet Panik.

Ich denke: Das gibt's doch nicht, es kann doch nicht immer schlimmer werden.

Das ist ja wie letztes Jahr am Friedhof:

Nur noch Unglück.

Damals, am 22. Oktober, waren wir am Nordfriedhof. Rolf stand mit seinem Rollator vor dem Urnengrab von Ille, er war ein gebrochener Mann.

Danach erinnerten wir uns, wie das war mit den letzten Jahren seiner Frau.

Rolf versuchte sie bis zum Schluss zu beschützen.

Einmal – ich war zu Besuch in München – trafen wir uns am Nockherberg. Rolf erzählte mir beim Mittagessen, wie es um Ille stand.

„Sie vergisst ihr Leben."

Ich rief ab und zu an.

Die aufgeweckte Ille wurde einsilbig und mürrisch.

Dann: das letzte Telefonat.

Lang sagte sie nichts.

Sie seufzte.

„Ach Babsie!"

Sie schwieg. Sie legte auf.

Wir haben nie wieder gesprochen.

Ille kam nach Schwindegg, östlich von München, eine Stunde Fahrt.

Behütetes Wohnen bei Demenz.

Rolf besuchte sie anfangs täglich mit dem eigenen Wagen; dann wöchentlich, mit dem Bus.

Sie hielten Händchen, und Illes Seele entspannte sich.

Er machte Fotos mit dem Handy.

Zum Schluss konnte sie nicht mehr sprechen.

Über ihren Tod hat er nur ein einziges Mal geredet:

Er war erleichtert, dass sie gehen konnte.

Er öffnete die Fenster. „Ihre Seele ist gegangen. Sie hatte es hinter sich."

Im Mai 2015 starb Ilse Carola Zielstorff.

Rolf rief mich an, ich fuhr nach München zur Trauerfeier. Der Sarg war mit bunten Sommerblumen geschmückt. Der Raum lichtdurchflutet. Rolf war soldatisch tapfer. Dieter, sein Bruder, begleitete ihn. Die Reden: schlecht. Es war grässlich. Trotzdem:

Rolf bewahrte Haltung - er blieb mit seinem Schmerz allein und zeigte ihn nicht.

Ein Jahr später rief Rolf zu Pfingsten in Berlin an und weinte: „Babsie, ich muss mich verabschieden! Ich werde heute Nacht sterben."

Drama, Drama!

Ich stauchte ihn zusammen. „Jetzt wird nicht gestorben! Du gibst hier nicht den sterbenden Schwan!"

„Wann kommst Du denn ?"

Natürlich starb er nicht. Die Frage „Wann kommst Du wieder?" begleitet mich bis heute.

2024

Die Einträge ins Rolf-Buch werden kürzer.

24.1. Rolf besucht, er ist ganz gut drauf.

16.3. Rolf besucht, er ist verwirrt.

23.3. Ich bin für ihn Gretel, seine Mutter, ich bin Ille, ich bin Babsie.

4.4. Rolf will nur weg.

26.5. „Jetzt sterbe ich."
   „Haste auch Weintrauben?"

23.7. Rolf hört nix, liegt im Bett, er isst und hält meine Hand.

15.8. Rolf hört nix, die Hörgeräte sind kaputt, es ist Feiertag und kein Pfleger in Sicht.

25.8. Rolf im Bett, die Hitze macht ihn krank.

6.9. Es gibt Alkoholfreies und Leberkäs'. „Oh, wie fein!"

15.9. Fototermin (bald ist der Hundertste), Rolf posiert mit einer Sachertorte. Ich richte die Kamera her – als ich nicht hinsehe, stiebitzt er die 1 von der 100 und schnabuliert sie weg.

Hehe!

Oft kommuniziere ich via Notizbuch. Er fragt, ich schreibe die Antwort in großen Buchstaben auf. Oder ich frage ihn etwas, indem ich es notiere. Er liest sich alles selbst vor. Dann redet er. Es sind „Gespräche" über alles und jeden:

Schokolade aus der Schweiz. Sprüngli-Schoki.

Wir warten auf Dolly. Die Schauspielerin. Sie kommt aus Schwabing. Fürs Geburtstags-Foto.

Das sind gute Fotos geworden. DANKE!

Wir wohnen in Rosenheim.

Guten Appetit!

Wie geht es Dir? (er antwortet: „besser.")

Herzliche Grüße von Lothar Bredl (er liest es und sagt: „zurück")

Er kommt Dich besuchen (er sagt: „Fein, danke.")

Es ist nicht mehr lange. In einem Monat wirst Du hundert.

28.9. Ich schreibe „Wir müssen mehr reden". Rolf liest gründlich. Er sieht mich an und lacht. Und dann, schriftdeutsch, fehlerfrei und bühnenreif:

„Ja, so ist es. Lass uns reden."

QUELLEN

Aufsess Florian Freiherr von und zu, »Sturm-geschütze marsch – Die Einsatzwege der Sturm-geschütz Batterien Abteilungen und Brigaden«, Selbstverlag, 2007.

Babel Andreas, »Marlene Dietrich in Bergen«, Celler Zeitung, 2022.

Beuys Barbara, »Asta Nielsen: Filmgenie und Neue Frau«, Insel Verlag, Berlin 2020.

Brinkbäumer Peter, »Leni Riefenstahls 100jähriges Vermächtnis für Hollywood«, Telepolis, 2002.

Conrad Andreas, »Biografien der NS-Zeit: Marlene Dietrich verleugnete ihre Schwester – die eine war Star und Hitler-Gegnerin, die andere NS-Mitläuferin: Heute wird ein Buch über Marlene Dietrich und ihre Schwester Elisabeth vorgestellt«, Tagesspiegel Berlin, 2017.

dpa, »Max Schmelings letztes großes Interview vom 7. April 1993«, Mitteldeutsche Zeitung, 1993.

Fekete Julius, »Denkmalpflege um 1900 – die Translozierung eines Fachwerkhauses in Esslingen«, Denkmalpflege in Baden-Württemberg – Nachrichtenblatt der Landesdenkmalpflege, 1993.

Flicke Wilhelm, »War Secrets in the Ether«, Aegan Park Press, Walnut Creak California, 1994.

Fröbe Gert, »...als wär's heut gewesen, Hamburg, 1978.

Frohn Axel, »Die verleugnete Schwester«, Spiegel, 2000.

Fuhrer Armin, »Forschungsamt des Reichsluft-fahrtministeriums. Görings private Spitzel-Armee: Sein Geheimdienst überführte sogar Goebbels«, Focus, 2018.

Fuhrer Armin, in »Görings NSA – das Forschungs-amt im Dritten Reich«, lau Verlag Reinbek, 2019.

Fuhrmann Uwe, »Eine proletarische Geschichte Deutschlands: Hans (Johannes) Stetter (1885-1963)«, JahrBuch für Forschungen zur Geschichte der Arbeiterbewegung, 2013.

Fuhrmann Uwe, »Die Entstehung der »Sozialen Marktwirtschaft« 1948/49. Eine historische Dis-positivanalyse«, UVK Verlag Tübingen, 2017.

Gertz Holger, »Heller wird's nicht – als Franz Beckenbauer anfing zu strahlen, lag München in Trümmern. Jetzt nimmt die Stadt Abschied von ihm. Es bleibt die Gewissheit: Die besten Jahre sind vorbei«, Süddeutsche Zeitung, 2024.

Göring Hermann, »Der Prozeß gegen die Haupt-kriegsverbrecher vor dem Internationalen Ge-richtshof Nürnberg«, Nürnberg, 1947.

Heing Bridey, »Marlene Dietrich: The femme

fatale who fought social and sexual oppression«, CNN, 2017.

Heise Katrin, »Es war eigentlich eine sehr harmonische Zeit«, Deutschlandfunk, 2007.

Hellwig Raimund, »Geliebt und beneidet: Der ›Hitlerjunge Quex‹«, evangelisch.de, 2013.

Hepp, Andreas (1998): »Fernsehaneignung und Alltagsgespräche«, Wiesbaden, Westdeutscher Verlag.

Jäckel, Michael (Hrsg.) (2005): »Mediensoziologie – Grundfragen und Forschungsfelder«, Wiesbaden, VS Verlag.

Hitler Adolf Hitler, »Mein Kampf: Eine kritische Edition«, Institut für Zeitgeschichte München-Berlin, 2022.

Höhne Heinz, »Die Zeit der Illusionen. Hitler und die Anfänge des Dritten Reiches«, Econ Düsseldorf, 1991.

Hugk Friedrich, »Der Tod hört mit – das Geheimnis der braunen Blätter«, Quick, 1950.

Huber Rudolf/Wolfgang, »Staat und Kirche in der Zeit der Weimarer Republik«, Dokumente zur Geschichte des deutschen Staatskirchenrechts, Berlin, 1988.

Irving David, »Göring: eine Biographie«, Rowohlt Hamburg, 1989.

Loiperdinger Martin, »Rituale der Mobilmachung.

Der Parteitagsfilm ›Triumph des Willens‹ von Leni Riefenstahl«, Leske + Budrich, Opladen 1987.

Jähner Harald, »Wolfszeit – Deutschland und die Deutschen 1945-1955«, Rowohlt Berlin, 2019.

Junge Traudl, »Bis zur letzten Stunde – Hitlers Sekretärin erzählt ihr Leben«, Claassen Verlag, 2002.

Kreuder Peter, »Nur Puppen haben keine Tränen – Erinnerungen«, dtv München, 1971.

Kruse Peter, »Bomben Trümmer, Lucky Strikes – die Stunde Null in bisher unbekannten Manuskripten«, wjs Verlag Berlin, 2004.

Kuball Michael, »Der verbotene Film vom Ostfeldzug 1941 bis 1942«, Youtube.

Kurowski Franz, »Sturmartillerie – Fels in der Brandung«, Maximilian-Verlag Herford, 1965

Lehmkuhl Tobias, »Der doppelte Erich. Erich Kästner im Dritten Reich«, Rowohlt Berlin, 2003.

Maier Heike, »Der Stuttgarter Tumult 1948 und Ludwig Erhard«, Archiv0711 – der Blog des Stadtarchivs Stuttgart, 2021.

Marquart Oliver, »Marlene Dietrich: Erste deutsche Schauspielerin von Weltruhm«, Sonntagsblatt München, 2022.

Mezger Theo, »Die Fernfahrer – die Kontrolle«, SWR, 1964.

Müller André, »Man will, dass ich mich schuldig fühle. Dass ich tot bin – Leni Riefenstahl, Hitlers geniale Filmemacherin, wehrt sich noch mit hundert Jahren an allen Fronten, sogar gegen ihre Verteidiger«, Weltwoche, 2002.

Piper Ernst, »Der faule Zauber von Nürnberg«, Spiegel 2008.

Riefenstahl Leni, »Ich bedaure zu 100 Prozent, Hitler kennengelernt zu haben«, Spiegel Hamburg, 2003.

Riva Maria, »Meine Mutter Marlene«, btb München, 2000.

Rodek Hanns-Georg, »Der Mann, der den Nazi-Propagandafilm erfand«, Die Welt, 2013.

Schatz, Heribert (Hrsg.) (1996): »Fernsehen als Objekt und Moment des sozialen Wandels«, Opladen, Westdeutscher Verlag.

Schmedemann Anna, »Repräsentation des gesellschaftlichen Wandels in den deutschen Fernsehserien ›Der Alte‹ und ›Der Landarzt‹ – Eine Längsschnittanalyse von 1976 bis 2012«, Wien.

Schwarzer Alice, »Propagandistin oder Künstlerin?«, EMMA, 1999.

Seydel Renate (Hrsg.): »Asta Nielsen. 1881–1972. Ein Leben zwischen Kopenhagen – Berlin und Hiddensee«. Demmler Verlag, Ribnitz-Damgarten 2011.

Spiegel der, »Der Faun und sein Wunschtraum – Interview mit Loriot über Komik, Umgangsformen und Filme«, Spiegel Hamburg, 1988.

Stolte Ulrich, »Der Tag, an dem die Waffe schwieg«, Stuttgarter Zeitung, 2015.

Suchsland Rüdiger, »Verbotene Filme – konfisziertes Propagandakino der Nazis«, DLF, 2014.

Toepser-Ziegert Gabriele, »NS-Presseanweisungen der Vorkriegszeit. Edition und Dokumentation. Bd. 3/I: 1935«, München, London, New York, Oxford 1987.

Trahms Gisela, »Ein Autor der Ebene. Erich Kästner während des Nationalsozialismus«, Tagesspiegel, 2023.

Ulrich Volker, »How Marlene Dietrich went to save her German sister from the Bergen Belsen death camp«, The Mail on Sunday London, 2021.

Vetten Detlef, »Der Mann, der nicht singen konnte – und die Frau, die nicht klimpern durfte«, Vaduz, 2024.

Wegner Bernd, »Das Deutsche Reich und der Zweite Weltkrieg«, für das Militärgeschichtliche Forschungsamt der Bundeswehr, 2007.

www.lexikon-der-wehrmacht.de, »Sturmgeschützabteilung 277«.

Wystrichowski Cornelia, »Der Alte kann ganz schön muffig sein –Heute löst Rolf Schimpf in der Serie ›Der Alte‹ seinen letzten Fall als Kommissar Leo Kress. Seit dem Jahr 1986 hat er immer diese Rolle gespielt. WELT ONLINE sprach mit dem 83-jährigen Schauspieler über amerikanische Krimiserien, seinen Nachfolger und unspektakuläre Abgänge«, Welt online, 2007.

Zäck Daniel, »Hitlerjunge Quex – die Minderbedeutung von Individualität und die ambivalente Rolle der Frau im nationalsozialistischen Jugendroman ›Der Hitlerjunge Quex‹«, Helmut-Schmidt-Universität – Universität der Bundeswehr Hamburg, 2013.

Zimmermann Peter, »Propagandafilme der NSDAP«, Reclam Stuttgart, 2005.

Zitelmann Rainer, »Ob ›Tatort‹ oder ›Derrick‹, der Mörder ist immer der Unternehmer«, The European, 2024.

Zoedler Dietmar, »Aus meinem Leben«, Eigenverlag (das Exemplar ist »Für Rolf« gewidmet)

Auf ein Motiv von der ersten Porträt-Sitzung schrieb Rolf Schimpf 1984: *Babsi! Ich hab mich unglaublich über Dein Bild ge-freut. Du bist Spitze! Dein Rolf*